本书由2021年度大连外国语大学出版基金资助，并获得辽宁省教育厅科学研究基金项目（项目号：2020JYT14）支持。

探索商业40世界

李远刚

◎ 著

——赢在未来

中国财经出版传媒集团

经济科学出版社

Economic Science Press

图书在版编目（CIP）数据

探索商业 4.0 世界：赢在未来/李远刚著. —北京：经济科学出版社，2021.9

ISBN 978 - 7 - 5218 - 2697 - 5

Ⅰ.①探…　Ⅱ.①李…　Ⅲ.①商业模式 – 研究　Ⅳ.①F71

中国版本图书馆 CIP 数据核字（2021）第 137390 号

责任编辑：周国强
责任校对：靳玉环
责任印制：张佳裕

探索商业 4.0 世界

——赢在未来

李远刚　著

经济科学出版社出版、发行　新华书店经销

社址：北京市海淀区阜成路甲 28 号　邮编：100142

总编部电话：010 - 88191217　发行部电话：010 - 88191522

网址：www. esp. com. cn

电子邮箱：esp@ esp. com. cn

天猫网店：经济科学出版社旗舰店

网址：http://jjkxcbs. tmall. com

固安华明印业有限公司印装

710 × 1000　16 开　18.5 印张　310000 字

2021 年 9 月第 1 版　2021 年 9 月第 1 次印刷

ISBN 978 - 7 - 5218 - 2697 - 5　定价：98.00 元

（图书出现印装问题，本社负责调换。电话：010 - 88191510）

（版权所有　侵权必究　打击盗版　举报热线：010 - 88191661

QQ：2242791300　营销中心电话：010 - 88191537

电子邮箱：dbts@ esp. com. cn）

前　言

　　人类步入文明时代可以说是从火种的出现开始，从古至今，我们社会的发展变革都离不开技术的创新。蒸汽机的诞生让人类进入了蒸汽时代，实现了工业化生产；电力的发明使得科学技术的创新突飞猛进，大大促进了经济的发展；而互联网的出现，则让人类进入信息共享的社会，改变了人类社会的组织和生活方式。现在，我们即将进入，或者说已经进入了一个新的时代——数字化时代！

　　随着云计算、物联网（IoT）、大数据、人工智能等数字技术的发展，这些数字技术正在掀起技术革命的第五波浪潮，人类社会的数字化趋势越来越广，越来越深入，数字技术正在逐步应用到我们触摸到的全面领域，我们正站在一个时代变革的重要节点。数字化时代让人不禁对未来充满遐想，"它"究竟将会给我们带来一个什么样的未来！

　　数字化技术正在慢慢颠覆着我们现有的商业模式，我们未来的生活场景也会随之变得更加便捷、智能化，无人机应用、汽车自动驾驶技术、5G实时通信、生物医疗保健等正在不断取得突破性的新兴技术初显端倪。它们就像一颗颗正在发芽的种子，以后是茁壮成长为参天大树还是半路枯萎，我们不得而知，但就是这种未来的不确定性，才让我们对数字化时代充满了无限的想象。

　　数字时代的商业领导者已经掌握了业务的基本原则，并重新构想了它们的运作方式。传统的客户细分已经让位于大规模的个性化，通过扩展可寻址的市场来释放其指数价值。企业的力量已被放大到生态系统的力量，借助敏捷、云计算、大数据、人工智能和其他技术支柱，具有了预演未来的能力，为企业提供了规避风险和探索新的增长途径的自由空间。

2019 年，我联合几位曾在几家跨国公司工作的前同事，共同开发此商业 4.0 的框架，以帮助全球的企业能更好利用数字技术的力量来推动其增长和转型。为了深入了解数字技术究竟是如何在快速变化的商业环境中发挥巨大影响的，在过去的两年里，我们调查了全球 1 500 多位高级管理人员，并对来自不同行业的 30 多名管理者进行了详细的采访。经过对调查结果的分析之后，我们筛选了一组经过精挑细选的商业 4.0 行为的领导者，为读者展现他们正在创造的收益以及他们在追求目标过程中所面临的挑战。这项调查的结果被凝聚在这项研究中。我们发现了一些有用的见解，我认为这些见解对您来说也许是有价值的。我希望其中一些发现会与您正在经历的事情产生共鸣，而另一些会启发您重新想象。

在我为本书的构思、撰写夜不能寐、辗转反侧的日日夜夜里，一些花旗的前同事（他们目前分布在欧洲、美国和亚洲的一些科技、咨询和教育科研机构）给予了我莫大的支持和鼓励，而学术界、国内产业界的一些专家也为本人的系统研究提供了大量合理化建议。另外，我要衷心感谢孙茂华、艾永芳、孔涛、丁健、杨林、张东亮、文卡特·艾尔、彼得·文森特、于东浩、梁焱燨、黄翰松、刘健、张宏琛、张旌旆、鄂锦睿等在撰写过程中不仅多方查阅资料、整理调查数据、翻译外文资料，而且还不厌其烦地反复细核全书，在此表示诚挚的感谢。由于时间仓促和水平有限，本书难免存在错漏之处，我们会在后续研究中继续补充和完善。

最后，我本着渴望分享的心愿，热切期待着凝聚着多人心血和汗水的本书能赢得读者的共鸣。

李远刚

2021 年 4 月 3 日

于大连·星海湾畔

目　录

商业 4.0 概述

1.1　智能时代的业务转型，赢在商业 4.0

过去二十多年，全世界范围内的所有企业几乎都遭遇了以互联网为代表的数字技术的颠覆性冲击。事实是令人震撼的，自 2000 年以来，数字技术带来的颠覆性冲击已令半数的《财富》500 强企业从榜单中消失，而 2020 年上榜的互联网相关企业共有 7 家。[①] 互联网、物联网、云计算、大数据、区块链和人工智能等信息技术的革新使原有的企业运营逻辑不断被颠覆。在工业时代，企业多处于卖方市场，主要集中在以提高生产效率、商业生产以物为中心的行为模式。到了信息时代，生产力已经得到大幅提高，市场上的产品供大于求，企业必须想办法吸引客户消费，商业生产开始以客户为中心进行转型。企业价值链高端环节的内涵被重新定义，企业内部运营价值链也需要优化组合，这对原有的商业逻辑造成了极大冲击。尤其是移动互联网技术的广泛应用带来了社交化、即时化的商业变革，而智能互联网则使商业模式更加场景化、数字化，信息技术的发展促使商业模式不断升级。近年来，大规模个性化定制、免费商业模式、"产销者"（prosumer）等众多新鲜概念层出不穷。

---

① 智东西 . AI 时代企业生存之道！管理者必看，四大秘诀和四个基本问题［EB/OL］. https：// baijiahao. baidu. com/s？id＝1637773346220344213&wfr＝spider&for＝pe，2019 - 06 - 30.

1.1.1 商业 4.0 行为的概述

众所周知，无论你是否准备好，数字化转型都在重塑企业。当危机来临时，机会总是紧随其后。数字技术的兴起彻底颠覆了传统行业、公司和消费者，为重新定义商业的各个方面提供了丰富的可能性。每一个企业都面临着要么创新发展要么消失的选择。那么，你的企业已经有了商业转型战略、有了数字化转型战略吗？据一项最新的调查，74%的企业高管说他们企业已有数字化转型战略，但仅有15%的高管相信他们公司有足够的能力去执行数字化转型战。① 数字化转型不是特指信息技术的运用，它是重新定义整个业务逻辑，从战略层面到运营层面，从企业内部流程到外部供应网络。为了在数字化转型中取得成功，信息技术不只是要起到支持作用，更应该参与到企业的转型战略中。数字化转型也不只是运用信息技术来服务企业，它实际上是基于科技创造全新的商业行为模式。正如阿里巴巴、京东和拼多多等平台，它们不仅仅是提供网上商城，而是颠覆并彻底改变了整个消费的行为。我们将此称为商业 4.0 的转型。

商业 4.0 是世界各地企业或组织的下一波变革浪潮。云计算、物联网（IoT）、大数据、自动化、机器人、区块链和人工智能（AI）等数字技术是这一波浪潮的重要推动者，但仅仅利用数字技术实现现有功能的机械转化是不够的。相反，很多企业正在积极以数字技术作为基础，从以下四个关键方面来推动企业进入下一个层次的商业行为（商业 4.0 行为）：

（1）推动大规模个性化。大规模地将个性化的产品和服务提供给单个客户甚至是一笔交易的市场。

（2）创造指数价值业务模型。创造具有可重复性、多层次的交易价值，发展并开拓新市场的商业模式。

（3）构建生态系统。与供应链内外的合作伙伴合作，创造新的产品和服务。

---

① 李凯. 数字化转型——数字商务时代所有企业的必答题［EB/OL］. https：//bs. nankai. edu. cn/2021/0304/c9014a341483/page. htm，2021－03－04.

（4）接受风险。用敏捷的方法战胜和超越僵化的计划和运营障碍。

现在几乎所有企业都已经着手进行数字化转型，但大多数企业还没有真正意识到数字化转型的全部潜力，从而发挥其全部潜力。一些参与者渐渐明白，仅仅采用数字技术还不足以获得他们期望的丰厚回报，他们需要的是在战略层面进行变革。但是其中一些最成功的企业已经迅速调整了原本的业务战略，以充分利用数字技术提供无限可能性。

为了深入了解数字技术究竟是如何在快速变化的商业环境中发挥巨大影响的，我们调查了全球近 1 500 名管理者，并对来自不同行业的 30 多名高管进行了详细采访。经过对调查结果的分析，我们筛选了一组经过精挑细选的商业 4.0 行为的领导者，为读者展现他们正在创造的收益，以及他们在追求目标过程中遇到的障碍。

研究发现，完全采取了商业 4.0 行为的公司（领导者），占比 9%，相比那些尚未采取任何商业 4.0 行为的公司（跟随者），有更强的经营业绩。①

我们根据企业采用了商业 4.0 行为的程度，把企业分为三种类别：

（1）领导者：有 9% 的应答企业采取了所有四种商业 4.0 行为。

（2）初期采用者：82% 的企业已经采用一、二或三种商业 4.0 行为。

（3）跟随者：9% 的组织没有采用商业 4.0 行为。

以下是我们研究企业商业 4.0 行为转换的重点发现：

（1）个性化方面的进展最为明显。我们的研究发现，数字化带来的最突出的商业效益来自为客户提供更个性化的服务。相比之下，大多数公司都在苦于努力推动指数价值和接受风险。

（2）收益在增加，但不是对所有企业而言。采用商业 4.0 行为，给公司带来了更加广泛的商业盈利点。其中最主要的是增加收入、更高的盈利能力、进入新市场以及促进客户关系。在这些领域，领导者企业比其他成员获得了更多收益，尤其胜于那些跟随者企业。

（3）商业 4.0 公司的领导者也是技术领导者。通过调查揭示了商业 4.0 行为的成熟度和技术采用之间的强烈联系。比如说，领导者企业更愿意并且更有开发能力去开发自动化、人工智能、物联网和区块链等方面。

---

① 作者团队的调研。

（4）规模化很重要。大公司比小公司更有可能采取这四种商业 4.0 的行为。因为大公司有更多的资源支持技术升级，但更重要的可能是由于他们的能力和在跨多个业务单元和地域上扩展新能力的需要。

（5）部分行业和地区正在逐渐领先。金融银行和电信行业表现强劲，而制造业、零售和消费品行业正在迎头赶上。北美地区的企业是大规模个性化领域的领先者，而拉丁美洲地区的企业在推动指数价值和接受风险方面略有领先。

处于商业 4.0 领导者的企业拥有四个独特的特质：

一是通过使用数字技术，他们在单个客户层面实现了交易的个性化，即使是单笔的交易，他们也能使其大规模化。这使他们极大地改善了客户体验并获得更高的收入。

二是他们开发的新的商业模式，使它们能够创造多层次的价值，例如，除了提供产品外，还提供服务或数据，以便于扩大它们的目标市场。

三是处于领导者的企业还通过建设生态系统，与多个层次参与者积极合作、共享数据、优化流程、开发新产品和服务并致力于提高他们的创新能力。

四是即使是从根本上要改变他们的业务模型，他们也能敏捷果断以及随时准备好接受风险。正如我们下面所展示的，他们通过这些行为，比初期的采用者和跟随者企业获得了更清晰的收益。

通过商业 4.0 行为转换获取更大的收益。采用了商业 4.0 行为的领导者企业的努力显然正在为他们带来回报。这些回报表明，在大规模个性化、创造新价值、利用生态系统甚至接受风险方面，领导者企业已经能够破解其中奥秘。这表明他们清楚地知道如何和在哪里部署使用数字技术，以及要改变哪些流程来利用它们。

因此，领导者企业能够使回报最大化。例如，60% 的领导者企业（大大超过初期采用者或跟随者），期望在未来三年内超过 10% 的收入增长（见图 1 - 1、图 1 - 2）。

领导者企业比初期采用者或跟随者企业更有可能通过他们的个性化努力来提高客户盈利能力（78% 的领导者相对于 60% 的初期采用者和 35% 的跟随者），并通过参与协作系统来提高他们的收入（分别为 57%、43% 和 27%）。

领导者企业通常也更敏捷，更有可能推出新产品或快速更新现有产品。因此，采用商业 4.0 行为的全面组合，极大地提高了企业取得卓越业绩成果和运营成果的可能性。

令人鼓舞的是，在我们的调查研究中，大多数企业已经采用了至少一种商业 4.0 行为（见图 1－3），许多企业都会在某一种行为的成熟度曲线上开始运行。例如，68% 的企业还没有引入敏捷实践，这是接受风险和其他行为的一部分，也是建立一种有利于转型的文化的关键，即超越他们有限的业务领域。相反，70% 的领导者企业认为敏捷支撑着"公司中的每一个过程"。超过一半（55%）的调查对象目前正在广泛使用云计算技术，预计到 2022 年将有高达 90% 的人使用云技术。

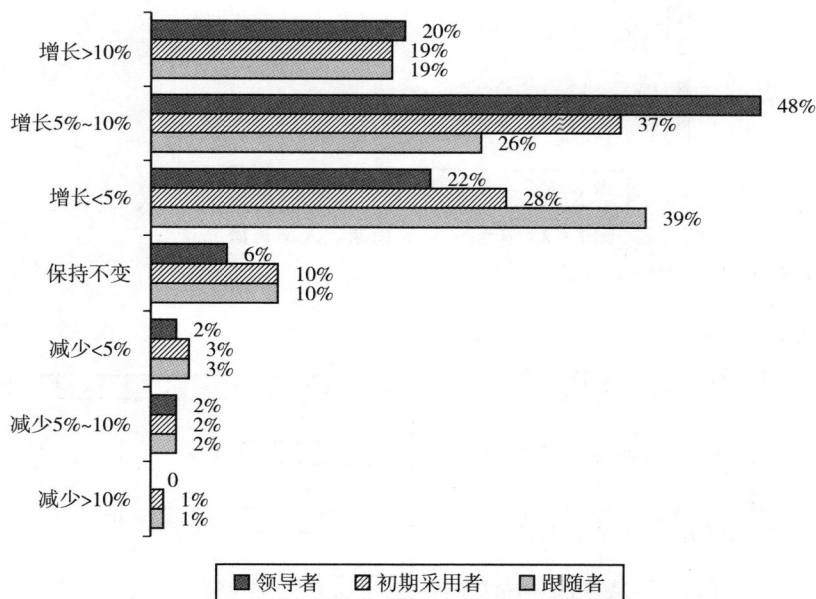

图 1－1　过去三年收入增长情况

资料来源：作者团队的调研。

5

| | 领导者 | 初期采用者 | 跟随者 |

图 1-2　未来三年的预期收入增长情况

资料来源：作者团队的调研。

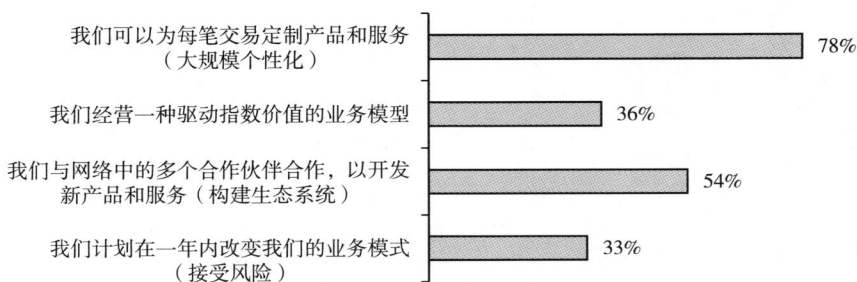

图 1-3　采用商业 4.0 行为的百分比

资料来源：作者团队的调研。

1.1.2　通往商业 4.0 的路径

1.1.2.1　个性化驱动

企业正在加紧准备以满足数字客户不断增长的需求。这就需要企业在商业战略上进行战略转变。满足不同的细分市场已经不够了；相反，公司需要专注于一个细分的客户市场，也常常是单一交易市场。这说明市场细分正在让位于个性化的市场需求。

英国零售商 N 布朗（N Brown）的首席信息官亚当·沃恩（Adam Warne）表示：“大规模个性化可能是客户服务的下一个演变，这是一种能让顾客感受到被品牌宠爱的东西。”

此外，大规模个性化不仅局限于一次性体验、产品或服务。采用大规模个性化的企业可以在每一次、每一时刻、每一次交互、每一笔交易的基础上都做到这一点。

大多数企业已经意识到追求大规模个性化的必要性，超过四分之三的企业表示，他们能够针对个人交易进行定制。对于这些公司中的大多数来说，个性化对他们的利润有积极的影响，对于一些公司来说，它有助于减少客户流失（如图 1-4 所示）。

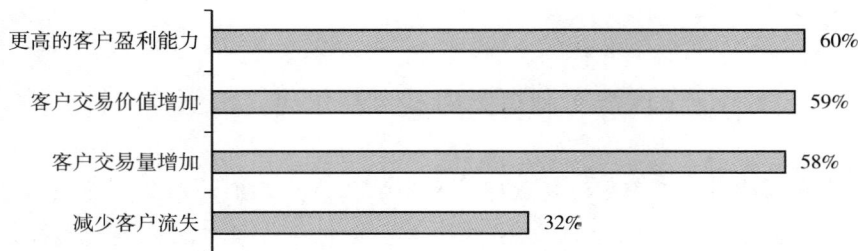

图 1-4　获得大规模个性化好处的受访者百分比

资料来源：作者团队的调研。

与其他行业相比，更多的制造商和保险公司（83%）正在追求大规模个性化。许多类型的制造商（如汽车制造商）在根据客户个人喜好定制产品方面经验丰富，基本都使用数字技术来提高这种服务能力。个性化使用在北美地区的企业比其他地区更普遍（84%）。

然而，在个性化的服务方法上，这些公司也需要通过更大的工作量来聚焦个性化。例如，他们更多地根据过去的购买行为来分析设计个性化的服务，而不是根据以前浏览行为或来自第三方的客户行为数据（见图 1-5），这表明他们主要是对过去的偏好做出反应，而不是利用数字技术来预测客户未来可能想要什么。这进一步证实了大多数公司都处于商业 4.0 的早期阶段。

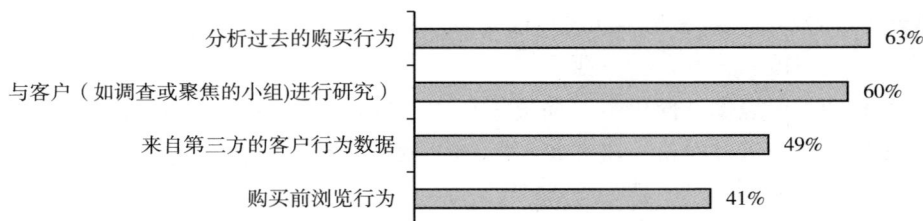

图 1-5 公司个性化服务的方法

资料来源：作者团队的调研。

📋 **案例分析**

全球汽车制造商通过个性化建立价值

汽车制造商一直都很清楚数字化和个性化能为他们的业务创造价值。一些原始设备制造商（OEM），俗称代工厂，为客户提供定制他们购买的汽车的能力。

例如，许多汽车公司利用云计算和移动互联网等技术，让消费者通过APP 在线浏览汽车配置，并自己装配他们理想的汽车，如发动机规格、轮廓、内饰、配件和颜色等。

近年来，从一些汽车厂商的举措中，我们发现了汽车个性化的一些表现。在国外，厂商定制已经相当成熟。奔驰汽车公司最高时定制订单生产占到80%，在其生产车间里，每个工人手里都拿着一个小本，上面详细记录着买车人的种种需求，比如天窗要隐藏的、门把手要红色的、座椅是皮质的或者是绒布的等等。种种需求都可以通过订单方式进行，消费者所做的就是等待自己私人定制的个性汽车送上门来。

在北美市场上销售的丰田花冠，其个性化定制既有电动车窗、ABS这样看起来很基本的配置，也有车身稳定系统、电子导航、无钥匙进入系统这些很时髦的配置功能及设备。如果不按照需要事先进行定制，你会发现买回家的只是一部裸车，而其售价也仅仅是1.4万美元左右。另外，在这两年搞得锣鼓喧天、吸引眼球的个性改装案例就是新奥迪A6L的个性化定制，消费者可以在7个不同配置的技术包、20个单选装备和8种车身颜色里根据个人喜好个性化定制爱车。除了五花八门的舒适装备外，在这份相当详细的清单里，消费者甚至可以在空气悬架和机械悬架中进行选择。在新奥迪A6L上，厂商出厂前的个性化定制方案中，已经显露出很多科技的含量。

一家汽车公司的高管在接受采访时表示："我们的产品非常复杂，配置精良，所以我们的客户可以随意调整车辆配置，选择他们想要的任何东西。他们可以选择许多不同的内饰、颜色、引擎、传输和多媒体系统。通过广泛提高每位客户的个性化水平，我们全球品牌的价值得到了显著提高。"

1.1.2.2　创造指数价值驱动

企业通过使用数字技术来开发新的收入，并扩大其潜在市场，从而创造指数级价值。并借此取得了多层次的利益，满足自己客户需求并扩大客户群体，这些行动促使他们区别于竞争对手。

例如，一家实体零售商与电子零售商合作，将其实体店作为网上购物的提货点，从而增加实体店的客流量。一个搜索引擎可以通过利用它收集的数据来盈利。利用云计算技术、大数据挖掘和分析和其他技术的力量，可以帮助企业在多个层面释放价值并挖掘新的价值。

同时，通过数字技术转型到产品服务化，以提供服务来增加或取代商品销售，是制造行业创造新价值的重要手段之一。世界上最大的轮胎和橡胶公司普利司通公司为我们提供了一个例子。

普利司通公司副总裁兼首席数字官三枝幸男表示："我们正从一家提供轮胎配件的公司，转向通过提供轮胎作为服务来帮助客户提高生产率和减少业务暂停时间的公司，此举是由大数据挖掘和分析的结果驱动促成的，而这无疑将有助于把我们的业务范围扩大到新兴领域和面向服务领域。我们为客户创造价值，但这也意味着我们是在价值链的前沿运作，而不是在下游竞争。"

中国一家液压器生产商的首席执行官丁维力也说："我们过去主要给钢铁厂、机车厂、重工机械厂等提供各种液压器配件。现在，我们通过提供液压器保养、维修、实时更换、定期检测等服务的方式来代替过去的单一采购，从而帮助客户提供生产效率、降低成本和减少设备检修和停运的时间。这些都是由我们自己的一套数据采集、分析的结果来驱动的，这种新兴业务的服务模式，已经成为我们公司的主营业务，占到公司利润总额的70%。"

在我们的调查中，领导者企业都很快就发现了这个机会，但其他企业也在进行这种商业 4.0 行为转换，尽管转换速度较慢。在接受调查的企业中，不止一个公司表示，他们已经从自己的计划和交易中获得了指数级的价值。此外，其中一半的企业预计在今后三年内会这样做。

总体来说，在我们的调查中，保险行业和电信行业在实施这种行为的转换进展最快。例如，保险公司通过汽车维护、健康监测和其他补充服务产生的收入，扩大了保费收入，已经成为其核心的收入流。

我们的调查发现，企业正在更细分的层次上寻找指数价值业务，而不仅仅是追求利润（见图 1-6）。一些企业正在利用数字技术瞄准更广泛的客户，或者，换句话说，寻找新的市场。另一些企业则通过与生态系统中的合作伙伴共享客户数据来创造价值。值得注意的是，通过商业 4.0 行为转换，降低成本是这种行为的一大好处，因此，创造新价值是向商务 4.0 转换的首要考虑因素。

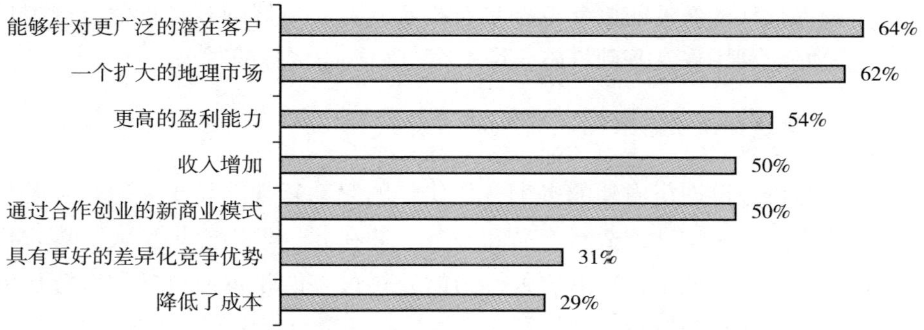

图 1-6 从指数价值方法中受益的受访者百分比

资料来源：作者团队的调研。

📋 **案例分析**

瑞典邮政（PostNord）率先推出"仓储即服务"

瑞典国有通信服务提供商瑞典邮政（PostNord）扩大了其投资组合，为北欧地区提供了物流解决方案。该公司正在开发一种名为 ecNOW 的新式仓库服务概念，目标客户是规模较小的电子商务运营商。这些运营商可能还处于早期阶段，但由于规模逐步扩大，无法在自己的经营场所存放货物。他们需要一个物流设施，包括仓库、分销网络和围绕他们的一切（包括客户支持系统等），但是自建的话，这可能会非常昂贵。

瑞典邮政（PostNord）公司的思路是建立一个标准化的方案，让这些中小规模的电子商务公司可以购买仓库空间和补充服务，涵盖了基础物流设施、仓库、分销网络、客户支持系统等。它可以为许多小型电子商务公司提供标准服务，在利用现有空间和基础设施的同时创造巨大的规模经济。瑞典邮政（PostNord）首席信息官伯恩·埃克斯泰特（Bjorn Ekstedt）解释道："我们希望可以做到让您在结束了一天的工作之后，通过客户网站轻松订购这些产品。电子商务公司只需进入，订购他们想要的仓库解决方案，然后就可以离开了。就是这么方便简单。"

这种寻找到的额外的服务业务具有指数效益：更好的客户价值、规模优势、能更好地利用现有基础设施，增加客户对核心服务的需求。

1.1.2.3　构建企业生态系统

企业与供应链网络内外的多个合作伙伴的互动越来越频繁，以增强各自的创新能力，加速推动创造新产品和服务，并在此过程中提供更大的客户价值。在被调查的行业中，采取这种行为的公司最多的是生命科学和医疗保健行业、电信行业和制造行业，尽管这一做法在各个行业中都很普遍。

例如，汽车制造商与消费电子产品生产商、娱乐公司、电信公司和其他服务提供商在数字平台上合作，以支持互联网汽车产品。银行和保险公司转型升级到 OpenBank 平台，使用应用程序编程接口（APIs）来共享数据，而这些数据可用于创建新的金融服务。

日本航空公司是运输行业参与广泛企业生态系统的一个很好的例子。"为了覆盖客户旅程的所有阶段，我们必须与其他行业和企业建立生态系统，"该航空公司负责创新的执行官西畑智博（Tomohiro Nishihata）说，"在我们的系统平台上，我们与多达 70 家不同的公司合作，为旅客提供从住宿到购物等全系列的服务。"

利用生态系统的能力是继大规模个性化之后最可能被采纳的商业 4.0 行为。然而，要让企业从中获得最大价值，我们还有很长的路要走。正如一家全球科技公司的首席技术官阿南斯·克里希南（Ananth Krishnan）所说："大多数公司，即使是那些可以创建小型生态系统的公司，它们努力为客户的需求动态配置生态系统，但是建立一个大型的生态系统也是一个挑战，因为大多数公司在他们的生态系统中通常只有几十个合作伙伴。"

例如，接受调查的企业与现有供应链合作伙伴合作的可能性显著低于与竞争对手合作或收购初创企业以促进创新的可能性，尽管这些战略可以带来好处（见图 1-7）。对于许多人而言，规避风险和对未知事物的恐惧可能会阻止他们采取此类大胆的举措。

尽管如此，企业仍然有充分的理由对生态系统采取大胆的态度。比如，在开发新产品和服务时，合作伙伴帮助他们增加了收入并进入了新市场（见图 1-8）。其他好处包括试用和开发新产品和服务的能力，这可能反映了在需要保持现状的企业，在操作的范围内采用破坏性思维的挑战，以及在创新过程中降低了风险。

图 1-7　公司如何利用广泛的生态系统

资料来源：作者团队的调研。

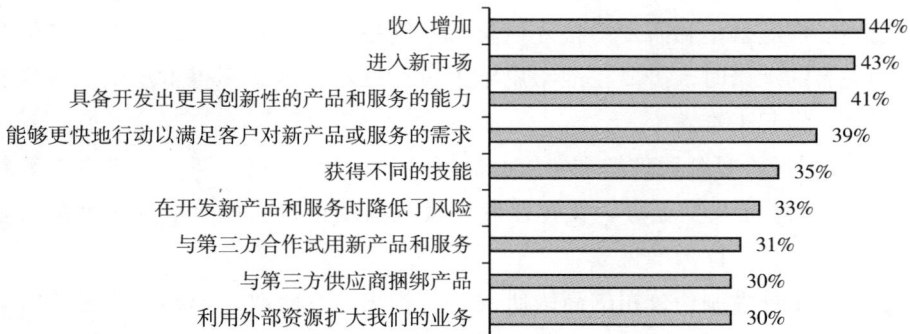

图 1-8　利用生态系统获得不同好处的答复者的百分比

资料来源：作者团队的调研。

利用生态系统还可以帮助许多企业解决当前正在苦苦挣扎的技能短缺问题，因为它可以提供该企业所缺乏的不同类型的技能组合的访问权限。随着各行各业对与数字技术相关技能的需求的增长，必将造成全球经济结构性失业，因此，我们可以预期，越来越多的企业将会利用生态系统来扩大其人才基础。

1.1.2.4　接受风险

ICICI 伦巴第综合保险公司（ICICI Lombard General Insurance）的首席运营和技术主管克里斯·纳亚克（Girish Nayak）认为，谨慎行事在商业上有其局限性，他说："如果你想走在其他人前面，你就需要尝试一些新的东西。"

开发一个全新的产品、进行一次收购、改变商业模式或者任何其他主要的行动都在某种程度上涉及风险。如果做不到这一点，企业可能会损失业务，导致那些愿意尝试新业务模式或实施非常规方法的公司痛失良机。毕竟，数字技术让企业比以往任何时候都更容易面临风险。敏捷开发方法、云计算、自动化和人工智能都是帮助企业减少测试新产品或新想法所需时间（通常是资源）的工具和方法的例子。用阿南斯·克里希南（Ananth Krishnan）的话来说："如果从想法到执行的周期缩短，企业完全可以改变方向，以适应不断变化的内外部环境，这要比一个时间规划死板的人长达几个月或几年的重复工作好得多。"

尽管如此，接受风险是商业 4.0 中最难以被接受的行为。原因很简单。在计划、产品营销和研发中接受风险，特别是在履行对客户、员工和其他利益相关者的承诺时，需要在战略思维上进行根本改变。不得不承认，这说起来容易，做起来难。

"接受风险是公司理解和实施的最困难的行为，"阿南斯·克里希南解释道："如何才能改变业务、文化或商业模式来真正接受风险，这对大多数企业来说都是一个巨大的挑战。"

一家全球性制药公司的高级研发主管指出，及时改变思维方式是非常有必要的。他解释说："许多制药公司已经成立了一个专门的创新小组，负责推动如何更快、更经济、更有效地收集临床试验数据。挑战不仅仅在于创建新流程，还在于在公司内部获得支持，以便在更广泛的基础上扩展这些新流程。对于我们这样一家制药公司来说，这种学习接受新方法和技术带来的风险以及整个药物开发过程中固有的巨大风险的行为，会转化为一种竞争优势。"

最成功的企业品牌所表现出的一种接受风险的形式是商业规划的灵活性，这意味着在提前战略规划时，它们能够适应不断变化的客户需求和市场条件。在整个企业中采用敏捷方法是创建这种灵活性的一种方法，敏捷不仅仅应用在 IT 领域，敏捷方法是通过增量的、迭代来开发软件的一种首当其冲的方法。当环境发生变化时，企业能够迅速改变路线，无论是面临失败的风险还是出现的新的市场机会，敏捷均为企业提供了抓住机遇的手段。

正如一家全球技术公司的业务和技术服务总裁克里希南·拉马努贾姆（Krishnan Ramanujam）所指出的，"敏捷不仅仅是实现技术的一种方式，也是一种新的业务操作模式，一种通过采用敏捷的工作方式来运行业务的方式，一种快速、最小可行的工程产品方法论和一种以产品为中心的业务方法论"。

目前，接受调查的公司中，相对较少的企业能够呈现出其企业内部规划的高度灵活性；大多数企业仍在多年规划周期内运作（见图1-9），考虑到整个行业的转型速度，这远非理想状态。然而，积极的消息是，有迹象表明这将发生变化。例如，三分之一的接受调查的企业计划在未来一年内将改变其业务模式，以满足不断变化的客户要求；一半的公司计划将在三年内这样做（见图1-10）。

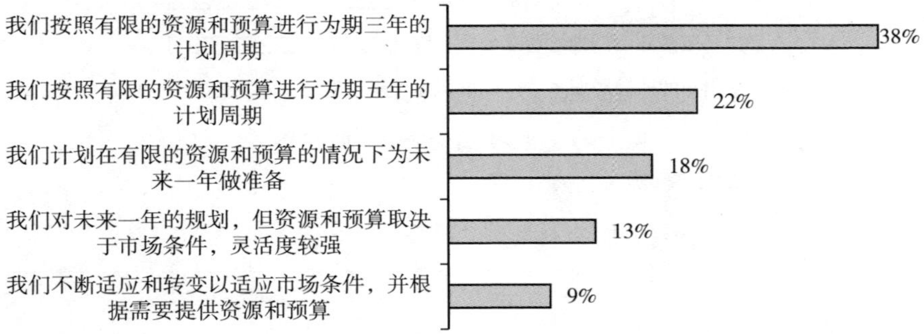

图1-9 正在走向更灵活规划的受访者的百分比

资料来源：作者团队的调研。

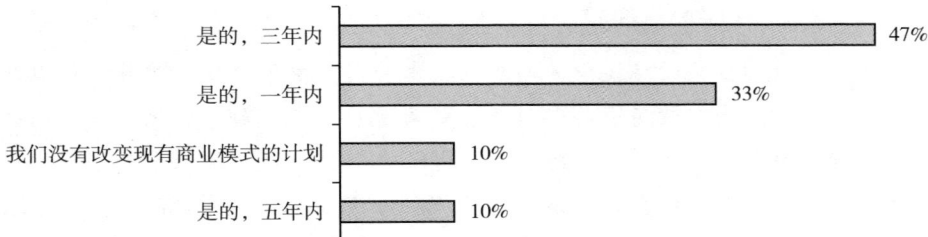

图1-10 公司适应业务模式的意愿

资料来源：作者团队的调研。

当企业考虑是否重置他们的风险方法论时，企业应该牢记，在商业计划中接受风险会给企业带来广泛的商业利益，包括更高的生产力、更强的业务可持续性、更快的上市时间以及更低的商业成本。对风险的接受也使企业能够更动态地运作，几乎一半采用灵活计划的企业表示他们已经提高了创新能力和将创新想法转化为新产品的能力，同时 40% 的企业表示他们可以给产品团队更多的自主权（见图 1-11）。

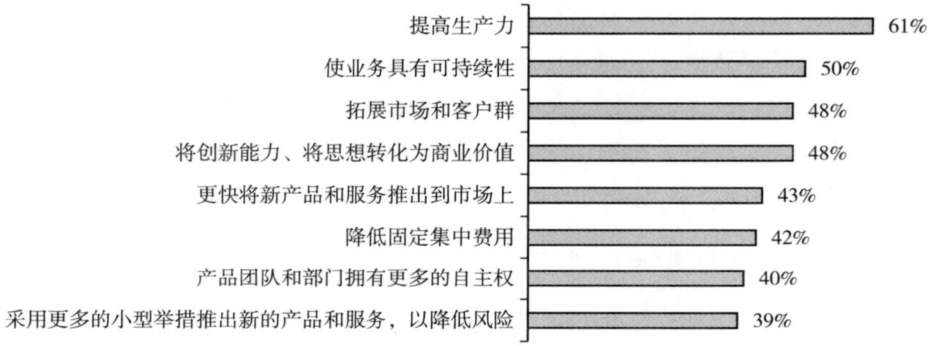

提高生产力 **61%**
使业务具有可持续性 **50%**
拓展市场和客户群 **48%**
将创新能力、将思想转化为商业价值 **48%**
更快将新产品和服务推出到市场上 **43%**
降低固定集中费用 **42%**
产品团队和部门拥有更多的自主权 **40%**
采用更多的小型举措推出新的产品和服务，以降低风险 **39%**

图 1-11　接受风险所带来的好处

资料来源：作者团队的调研。

📋 **案例分析**

密西西比州政府跃入云端

在一个快速变化的环境中，颠覆性技术为提高决策效率和改善公民参与度提供了新的机会，政府公共部门正在努力适应越来越趋紧张的预算，而缺乏具有专门技能的人才使该问题更加复杂化。

密西西比州就业安全部已经找到了一种方法来克服这些挑战，并通过采取一种关键的改变行为——接受风险来将它们转化为优势。他们迈出了第一步，这是美国州政府公共部门机构中第一个将失业保险系统迁移到云端的州。

就业安全部技术支持和创新办公室主任穆罕默德·贾拉洛丁（Mohammed Jalaluddin）认为，这项举措需要处理美国联邦机构之间相互传输的大量数据，两者都必须遵循严格的信息安全和数据保护规则，以前他们并没有在云中管理过此类数据。他说，与这些云计算服务机构合作了两年，帮助该部门了解了如何在公共部门使用云计算服务。

穆罕默德·贾拉洛丁说："我们缓解了大家对数据安全的担忧，并为其他州树立了先例。我们开辟了自己的道路。"

1.1.3 技术驱动商业 4.0 行为转换

商业 4.0 行为的采用得益于其强大的数字技术开发的能力。管理云端的 IT 应用程序和基础设施、自动化业务流程、从数据观察中发现独特的客户行为和市场洞察，并使用传感器和人工智能来预测和实时响应，所有这些都为企业商业 4.0 行为转换提供了基础。

云计算正在成为所有高级数字功能的基石。例如，产生大量数据的生态系统只有在云端无限存储容量的支持下才是可持续的。类似地，许多基于人工智能（AI）的应用程序需要云计算技术的巨大数据处理能力来产生和执行分析。"云计算技术无疑极大帮助我们扩大了业务规模，实现了业务增长"，接受我们采访的一位高管这样说道。

大多数公司了解云计算对他们在数字时代的竞争能力意味着什么，它们正在将其 IT 业务迁移到云环境中。然而，在物联网、人工智能和其他数字技术的发展方面，商业 4.0 的领导者公司比调查的其他类型的公司执行得更加坚定。

值得注意的是，领导者公司似乎对云计算技术的使用和物联网、人工智能、自动化和区块链能力的开发给予了广泛的同等优先级（见图 1-12）。这表明了一种可能性，即使用所有这些功能将比使用一两个功能带来更好的业务回报。

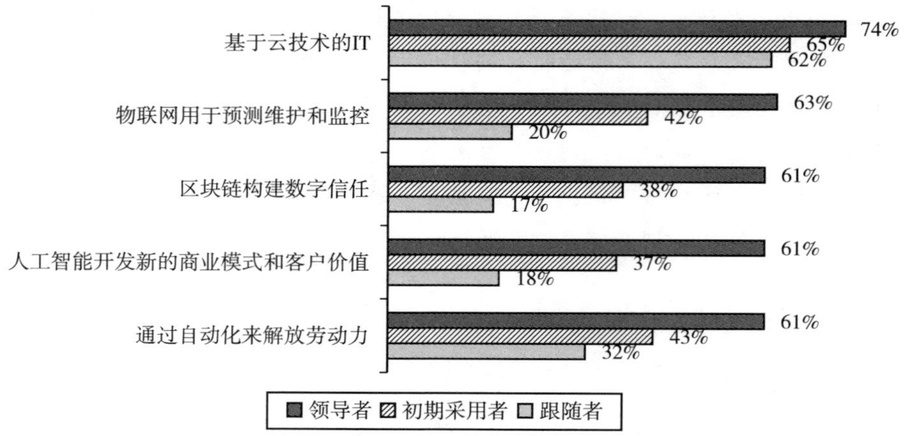

图 1-12　领导者、初期采纳者和跟随者采用数字技术的情况

资料来源：作者团队的调研。

利用云服务的企业已经从使用云计算的过程中看到了显著的好处，其中包括改进的大数据分析能力、更好的数据安全性以及更低的运营成本。其他优势还包括能够更快地更新或推出新产品，以及灵活的访问处理能力。

1.1.3.1　更新、更具颠覆性的工具

截止到 2020 年，参与调查的每个公司都将开始把 IT 应用迁移到云上，但同时也将大力推动新兴技术和颠覆性技术的发展，如人工智能、物联网和区块链。

一家全球科技公司的零售、消费品、旅游、交通和酒店行业主管普拉克·保罗（Pratik Pal）表示，成功的企业与不太成功的企业相比，更重要的是能够充分利用大数据。他表示："人工智能和机器学习等技术有可能对那些把数据当成竞争优势的企业产生重大影响。"

我们也期望看到企业将自动化技术（RPA）进一步推向企业实际应用，比如在客户服务、财务、人力资源和其他功能中包含更多的前台和后台业务处理流程。英国零售商 N 布朗（N Brown）的首席信息官亚当·沃恩（Adam Warne）表示："自动化技术（RPA）将是该零售商当前的技术投资重点，通过自动化技术（RPA）将消除流程中的摩擦，使新的商业模式能够无缝运行。

更重要的是，我们将能够把员工最大程度从手工工作中解放出来，让他们得以更多地使用大脑。"

如图 1-13 所示，我们还可以看到不同行业部门响应数字技术的变化。

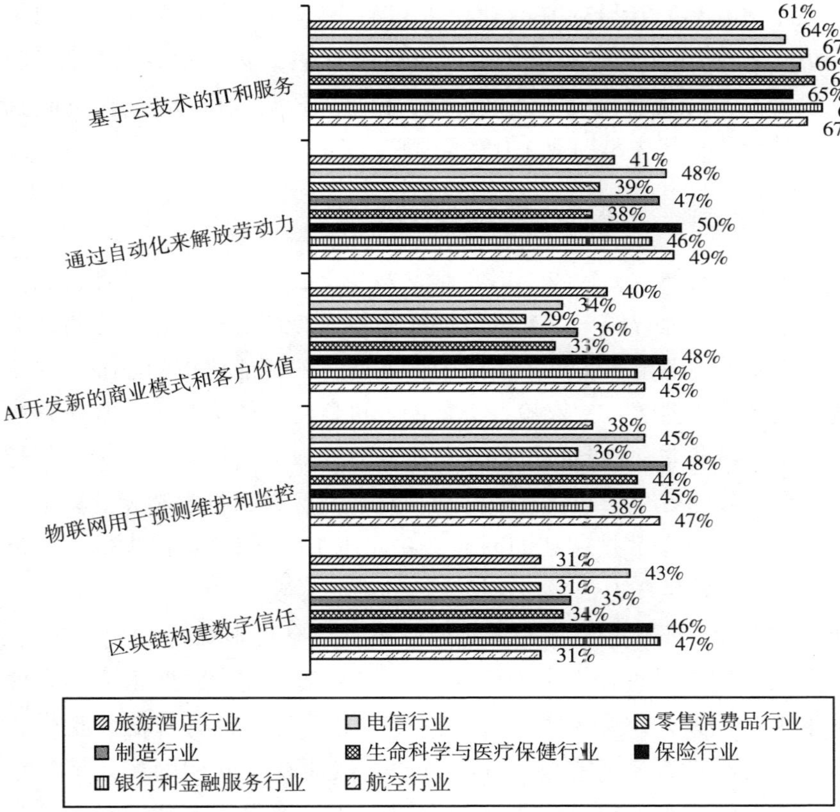

图 1-13　各行业采用数字技术情况

资料来源：作者团队的调研。

1.1.3.2　敏捷方法

在整个企业中广泛地推广敏捷方法，可以补充上述数字技术的实现，并为企业提供商业 4.0 行为转换的新能力。

70% 的领导者企业声称敏捷方法已经开始运用到他们公司中的每一个过

程。这并非巧合，而在整个调查样本中，只有 1/3 的人声称敏捷方法支撑了他们公司中的每一个过程，在跟随者公司中这一比例为 14%。[①]

通过采用敏捷方法作为运营模式，企业可以提高进入市场的速度，并在需要的时候允许自己快速失败，使他们更容易接受风险。敏捷技术在与自动化技术（RPA）结合时在行业业务转型中作用特别强大。这体现了机器优先方法：使用数字技术作为流程执行的默认工具来设计任何新流程，或重新设计并简化现有流程。克里希南·拉马努贾姆（Krishnan Ramanujam）指出"敏捷和机器优先是商业 4.0 的阴阳"。

1.1.3.3 数据智能：数据化，商业创新的基础

无数据，不智能；无智能，不商业。人工智能是一场技术革命，它必然会将商业越来越多地智能化。未来数据智能将成为商业的基础，也将成为数据时代的全新的商业范式。对于当前的商业而言，智能化指的是商业决策会越来越多地依赖机器学习、依赖人工智能。机器将逐步取代人，在越来越多的商业决策上扮演非常重要的角色，它能取得的效果远远超过今天人工运作产生的效果。伴随着互联网技术，特别是物联网、数据科学和云计算能力持续的高速发展，基于数据智能的商业必将超越 1913 年横空出世的福特流水线，给人类整体的生产力带来一次根本性的巨大突破。

所谓数据化，不仅包括客户的经营数据，还有更多维度的数据被记录、分析和融入，构成了对客户全方位的描摹。与此同时，数据化更是一件高收益的事情。例如，"客户对经营的投入程度"这一很有价值的指标，传统金融机构几乎没有任何有效的获取方法。然而在互联网的场景下，早上几点卖家在系统平台上线了，买家的询问在几秒钟内能得到回复，这些数据都可以很直观地反映出卖家的投入度，最终计算出买卖双方的消费者行为程度。

"数据化"本质上是将一种自然生活现象转变为可量化形式的过程。它来源于人类测量、记录和分析世界的渴望，是文明进步的基础。维克托·迈尔和肯尼思·库克耶在《大数据时代》一书中对人类的数据化历史做了充满

---

① 作者团队的调研。

洞察的描述，"计量和记录一起促进了数据的诞生，它们是数据化最早的根基"。现在，我们已经看到，自己在互联网上留下的每一处"足迹"都被数据化地记录下来，成为各种应用推送个性化服务的关键依据。脸书（Facebook）实现了人际关系的数据化，带来了很多全新的应用，例如通过分析选举前用户的行为数据来"计算"选民的投票倾向，成为有史以来最准确的选前民调；通过分析某便利店某商品被售卖的时间、频度等数据来"计算"促销的力度和时机。我们还看到文字被数据化、地理方位被数据化、情绪感受被数据化。与我们每个人息息相关的是身体健康状况的数据化。互联网和物联网技术使我们可以低成本、全方位地记录数据，只有当我们拥有足够大量、足够多维度的数据时，才能真正客观、真实而深刻地理解我们周遭的环境、事物的本原以及我们自己。

本质上，就如同蒸汽机是我们进入工业文明的第一步、电是我们迈入电气化的现代工业的第一步，数据化毫无疑问是我们进入以数据智能为核心的智能时代的第一步，也是我们这个时代最重要的创造之一。

1.1.4 商业 4.0 转换的障碍

利盟国际（Lexmark International）首席信息和合规总监布拉德·克莱（Brad Clay）认为，企业处于稳定状态的观念已成为过去。他解释说："在一段剧烈变化的时期之后，是一段稳定时期，然后是另一段剧烈变化的时期。最困难的事情是在人们习惯了持续多年的一切如常的情况下，帮助他们以不同的方式思考变化。"

人类的天性是习惯成自然，他们不愿意改变。对于一个企业也是如此，企业的高级管理人员不能领导和提供恰当水平的支持企业变革，是企业在成功实施重大业务转型时面临的最大挑战之一。当一个企业寻求商业 4.0 转型时，也没有什么不同（见图 1 - 14）。例如，在接受风险时，传统的企业文化是企业转型的主要障碍。由于企业文化在一定程度上不可避免地会被公司高层领导团队的行为习惯和态度所体现，当高层领导个人不愿意接受风险，这就会影响到其他员工的工作行为。相应地，我们的研究也发现，缺乏高层领导支持是采取所有商业 4.0 行为转换的主要障碍。

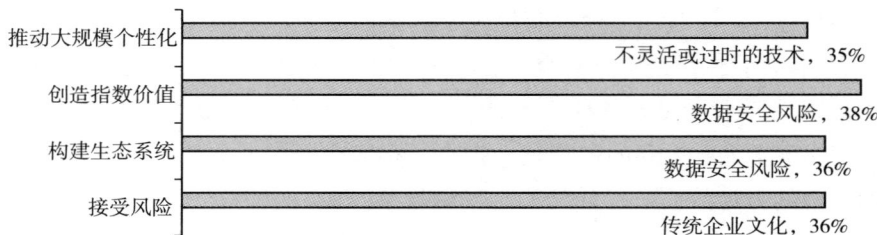

图 1 - 14　每种商业 4.0 行为的具体障碍的百分比

资料来源：作者团队的调研。

同时，技术相关的因素阻碍了企业在更具体细分领域的进一步发展（见图 1 - 15）。例如，数据安全风险似乎阻碍了许多企业（38%）寻求创造指数级价值的新收入来源（包括数据销售）。当开发大规模个性化应用时，僵化传统文化思想或使用过时的技术是企业商业 4.0 行为转换进展停滞的主要原因。

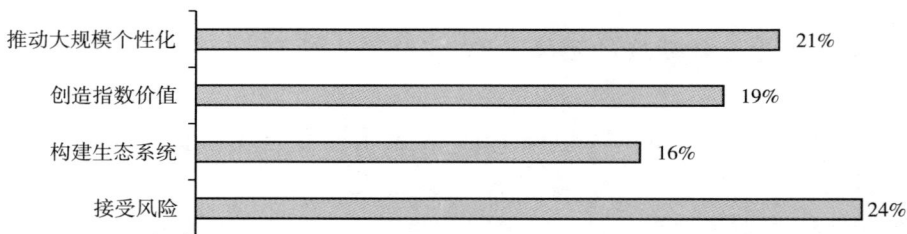

图 1 - 15　认为缺乏领导力是采用商业 4.0 行为的最大障碍的受访者的百分比

资料来源：作者团队的调研。

最终，只有引入新的投资或者新的管理团队才能解决过时技术带来的挑战，但在某些业务领域，这样做的成本正在下降。

至于数据安全风险，目前企业都开始把工作迁移到云环境中，同时使用云服务带来的其他各种各样的、负担得起的基础性解决方案，这些基础性解决方案以前可能是他们需要花费高成本甚至凭现有自有资源无法实现的。目前提供云计算服务的模式具有很强的数据安全保护措施，不会带来无法克服的安全问题。超过半数的受访者（以及超过半数的领导者）认为，将更多的业务操作迁移到云上有助于提高企业操作的安全性。

一家全球技术公司的业务和技术服务总裁克里希南·拉马努贾姆（Krishnan Ramanujam）解释道："一直以来，企业都是在稀缺资源的优化配置下运行的，以解决业务问题并交付价值。多亏了数字技术，我们才有机会转变业务范式，通过优化稀缺资源的理念转变为利用丰富资源的范式。在这种方法中，我们会想，我可以用什么来解决这个业务问题？这种丰富的资源可能以人才、资本的形式存在，在我们的处境中，最常见的形式是数据。"

高管们经常说，人才短缺阻碍了他们实现技术变革的最佳计划。我们的调查小组也不例外，许多人表示，内部大数据挖掘和分析技能人才的缺乏阻碍了企业大规模推动个性化的努力。

与有限的预算和被孤立的技术相比，技能差距被视为对数字化转型本身更大的障碍。商业 4.0 行为的企业的领导应该能够用灵活的思维去克服这些困难。比如，通过在其企业的整个生态系统内获取所需的技术技能、资金和其他资源就是这样的一种方法。一位企业高管指出："你永远不会有足够的资源来做所有你需要做的事情。公司必须与生态系统合作，并以不同的方式思考如何完成这些事情。"

为了获取稀缺的大数据挖掘和分析的人才和资本等资源，商业 4.0 的世界需要思维的转变，从关注稀缺性转向利用生态系统提供的丰富的人才和其他资源。我们采访的一家全球汽车制造商的一位高管表示："无论是在产品开发、制造还是信息通信技术领域，争夺最优秀人才的竞争正成为一项重大的战略挑战。"一家全球金融集团的首席执行官（CEO）说："我们公司最大的资产不是我们的资金、客户，而是我们的员工；我们把我们的核心员工视为最大的资产，但是如何留住核心员工是我们面临的最大挑战，所以我们更需要面向全球、面向所有我们的合作伙伴来共享资源。"在这种情况下，商业 4.0 行为的转变可能会有效地提高速度和可伸缩性。

1.2　商业 4.0 变革，智能时代到来

人类文明的发展，主要不是依靠人脑的进化，而是通过社会化合作的不

断创新和发展，带来生产力的大爆发。如今这个时代，互联网和人工智能技术的不断发展，给企业以及整个人类社会带来了全新的可能性。智能时代已经来临，每个人都要顺势而为。有大抱负者要敢于取势，甚至勇于造势，只有这样才能成为新经济时代的弄潮儿和引领者。那么，智能时代的商业究竟是什么？我们的未来又会因此发生何种改变呢？

数字化趋势加强，产业的发展与科学技术的进步相伴而生。从某种意义上来说，产业的形态是由科学技术的样式塑造的。智能时代来临，特别是互联网、大数据、云计算、区块链和人工智能技术将推动产业的数字化进一步发展，数字化将成为产业发展的最大特点和优势之一。

自互联网尤其是移动互联网技术出现并大规模的应用之后，人类社会就进入了数字化时代，时刻连接互联网的电脑、Pad、智能手机等终端通过将资料数字化从而实现各种资料的大容量存储以及快速远距离传播。5G 网络的商用，不断提升的网络速度和质量将社会越来越多地纳入互联网之中。毫无疑问，5G 技术的出现将进一步延续这种数字化发展趋势并推动其深入发展，2G/3G 网络背景下无法实现的 VR/AR、人工智能技术的广泛应用、图像远程实时的超高清传输，在 4G/5G 技术的支持下都将成为现实。这种数字化趋势加强的最直接的表现就是移动终端的大批量增加，最终实现"万物互联"，将实体产品的生产和消费的整个过程纳入互联网数字技术的控制之下。未来的世界，数字化技术的运用将成为我们生产和消费文化产品的最重要方式。

需求个性化以及生产和消费分层，在数字时代，伴随着技术的进步，全球消费者群体将不断扩大，多样化和个性化的需求将成为下一阶段市场关注的重点，并直接导致显著的产品生产和消费的用户分层现象。对于工业制品，人们追求统一标准以实现完美的使用效果，而对于文化产品，人们更期待达到差异与不同进而表现自我的效果，获得心理上的满足。从这个角度来说，"人工智能＋大数据"技术在 5G 网络的支持下提供了一个更加开放的应用平台和更加便捷的应用通道，将用户需求的多样化和个性化无限放大，方便每一个人选择与自己的兴趣和风格相符的产品和服务。这将在产品的生产和消费上呈现出明显的分层现象，即拥有同一种爱好和风格的人极易与其他人区别且形成一个又一个不同的群体（俗称"圈子文化"），群体成员拥有相似或者相同的产品生产和消费观念。

1.2.1 智能时代的特征，数字化转型

1.2.1.1 数字化转型，未来十年的商业巨变和机会

在一个剧烈变革和转型的时代，我们很难看清未来，越是这样，越需要有一个相对长期的规划。随着大数据、人工智能、即时通信、移动互联、社区网络、区块链等现代信息技术和媒介的快速发展与普及，整个社会已进入数字化时代。"数字化"对于今天企业的价值创造来讲，既是一次必须把握的机遇，也是一场不小的挑战。自 2000 年以来，数字化技术颠覆了整个经济，《财富》500 强企业在短短二十年间进行了重新洗牌，半数企业从榜单上消失。如今，5G、人工智能（AI）以及工业互联网等新兴技术应用在不断推动经济社会的转型升级及企业地位的更替，数字化转型更是被视为"新世界"与"旧世界"之间转换的一把金钥匙。据 IDC 预测："到 2021 年，全球至少 50% 的 GDP 将以数字化的方式实现，数字技术将全面渗透各个行业，并实现跨界融合和倍增创新。"①

表 1 - 1 是 1999 年、2009 年、2019 年全世界市值排名前 10 位的公司榜单。在二十年间，只有一家公司是一直留在榜上的——微软。这是一个大变革的时代，但是更大的变化是从 2009 年到 2019 年，在短短的十年时间内，除了微软和强生公司之外，其他八家公司都是第一次上榜。2019 年，如果与 1999 年对比的话，主题应该是王者归来，微软以 10 500 亿美元市值回归第一，在这二十年期间微软有过互联网时代初期的迷茫，但是总算重新找到了自己的方位。与此同时，信息技术板块全面崛起，全球市值前十公司有七家是科技公司。特别是六家互联网公司从十年前几乎默默无闻，到今天成为全球领先的公司，市值基本上都在 5 000 亿美元以上。这些互联网的巨头科技企业，究竟做对了什么，已经做了什么？

---

① IDC. 2018 中国企业数字化发展报告［R］. 2018.

表 1 – 1　　　　1999 年、2009 年、2019 年全球市值排名前 10 位的公司

序号	1999 年	2009 年	2019 年
1	微软	中国石油	微软
2	通用电气	埃克森美孚	亚马逊
3	思科	中国工商银行	苹果
4	埃克森美孚	微软	字母表（Alphabet）
5	沃尔玛	中国移动	脸书（Facebook）
6	英特尔	沃尔玛	伯克希尔·哈撒韦
7	NTT	中国建行	阿里巴巴
8	朗讯科技	巴西国家石油	腾讯
9	诺基亚	强生	维萨
10	BP 石油	壳牌石油	强生

资料来源：资本实验室. 全球市值最大公司的巨变：20 年，已是沧海桑田 ［EB/OL］. https：//baijiahao. baidu. com/s？ id = 1641262321655918692&wfr = spider&for = pc，2019 – 08 – 08。

　　企业要想基业长青，长久的生存发展，就必须紧跟时代变化，及时做出战略上的调整，进行商业行为的转型。我们正处在一个向数字化快速转型的时代，数字化转型成为产业变革主旋律的关键节点，抓紧数字化转型的关键时机对于企业存亡有着至关重要的意义。特别在智能时代，企业在数字化转型上要取得成功，主要从三个重要方向上进行创新，或者最少把握住两个，并且在这些方向上都有了具体的突破。

　　1. 互联网化。

　　身处互联网时代，特别是移动互联网时代，你有没有"触网"，有没有"在线"，是最重要的一个环节。如果你的企业连上了互联网，特别是具备了互联网的思维，所有的优势才能为你所用；如果你跟互联网完全没有关系，这个世界可能只会离你越来越远。只有懂得如何将物理世界转换映射到互联网上的虚拟世界中，你才会有在这个时代中立足的根基，这也是微软能够二十年一直在榜单中占据一席之地的原因。因此尽管很多传统企业都在讲互联网转型、O2O，但实际上，他们根本就不懂什么才是互联网化。以本部分的观点来看，包括智能手机、平板电脑在内的硬件互联网化可以分为"四化"。

（1）商业模式的互联网化。凯文·凯利早就预言，未来的硬件一定是免费的，当然要真正达到硬件免费需要一个过程，在中国的环境里更是如此，但是硬件的价格降低，朝着零利润的方向发展，至少在美国这样的互联网大国早就成为一种趋势，尽管移动端的利润趋近于零，但是通过内置的各种增值服务，同样可以建立起互联网化的商业模式。

（2）产品体验的互联网化。在过去手机的主要功能是打电话、发短信，即使内置的一些小游戏也非常简单，但是现在智能手机，其功能就是一部小型电脑，用户可以频繁地下载软件，而且手机里的软件也可以像在个人电脑上一样快速地进行更新。因此手机也可以和电脑一样，开始越来越注重用户的体验，与传统的硬件厂商相比，互联网企业能够更好地把握用户对于产品体验的需求。

（3）市场推广的互联网化。传统的手机推广方式是通过卖点策划和大量的广告投放来吸引用户，但是进入互联网时代之后，产品的推广要依赖于好的产品体验，依靠口碑进行推广传播，而作为新媒体，互联网的社交网络服务（SNS）特点则打乱了传统广告对人群的划分方式，提供了一种更低成本的推广方式。

（4）产品销售的互联网化。互联网既是媒体传播平台又是产品销售的平台，电商扁平化的销售模式大大压缩了中间渠道的沉淀成本，极大地丰富了商业的业态。

最后举一个智能硬件设备互联网化的例子，现在平板电脑很普及，一些传统的个人电脑巨头也都加入了这个市场，但是问题来了，不论他们怎么做，都很难赚到钱，为什么呢？因为在传统的个人电脑商业模式里，这些巨头是通过卖硬件来赚钱，微软靠卖操作系统赚钱。但是在互联网的世界，规则发生了变化，亚马逊带来了一种新的商业模式，因为亚马逊本身就是一个互联网公司，他并不靠卖平板电脑赚钱，对他而言，平板电脑只是一个入口，一个企业和用户之间进行交流的窗口，同时也是一个向用户提供服务的平台，只要用户使用了亚马逊的平板电脑，亚马逊就可以将用户进行锁定，用户也可以在平板电脑上使用亚马逊买东西，因此即使亚马逊不靠卖平板电脑赚钱，一年下来靠卖货也能赚很多钱，当然即使如此，到目前为止，亚马逊也没能完全做到硬件免费，不过这必将成为未来的趋势。如果每台平板电脑让亚马逊亏损 50 美元，但是锁定一个用户能让亚马逊每年赚回 100 美元，这其实就是一种免费，只是要以成本价或者低于成本价来卖。这样一来，其他厂商根本就没有办法和他进行竞争，因为其他厂商都靠卖硬件赚的利润，都被亚马逊给免了。而且亚马逊的服务还很全面，有软件商店、音乐、视频、电子书下载，对传统厂商来说，建立这一套价值链很困难。因此在今天，不论是软件还是硬件，免费都是互联网里很重要的一种力量。

微软最早的成功当然是 PC 时代的 Windows 操作系统和 Office 办公系统，但是，在互联网初期，微软没有了方向。1996 年，比尔·盖茨下定决心，力推 IE 浏览器，并最终赢得了这场战争的胜利，微软跟上了互联网发展的步伐，占据了 PC（个人计算机）互联网时代最重要的基础设施——信息入口——浏览器，并在此基础上衍生出了 MSN、搜索服务等众多互联网应用产品。如果说微软能够在搜索这个领域中站稳脚跟，是因为它占据了浏览器这一入口，那么，苹果公司之所以能够成为如今的庞然大物，则是因为它开创了移动互联网时代。iPhone 手机奠定了移动互联网时代的硬件标准，苹果应用商店（App Store）确定了应用和服务的生态服务标准，iOS 移动操作系统本身便是一个生态概念。在此基础上，苹果公司还整合了一系列智能服务。换句话说，现在的苹果公司是一家将硬件、软件、服务和生态全部合为一体的集大成企业。在它的基础上，全世界完成了移动互联网化。

2. 智能数据化。

智能化是指事物在网络、大数据、物联网和人工智能等技术的支持下，所具有的能动地满足人的各种需求的属性。比如无人驾驶汽车，就是一种智能化的事物，它将传感器、物联网、移动互联网、大数据分析等技术融为一体，从而能动地满足人的出行需求。它之所以是能动的，是因为它不像传统的汽车，需要被动的人为操作驾驶。所有的智能应用都是大数据应用的具体场景化。大数据是机器与机器对话的语言，只有机器与机器的高速对话才能产生如此规模的大数据。物联网、云计算、5G、移动终端等设施要发挥作用都要依赖机器与机器的对话。大数据应用的智能化趋势是以提高执行效率为目标的大数据应用将向智能化发展。以互联网技术为基础的现代信息技术的大发展已经为服务的智能化创造了良好的条件，早期由于通信与网络能力的限制只能在一台设备上存储自动处理系统被称为自动化处理阶段。

谷歌首席执行官埃里克·施密特最近指出，现在是数据的时代、算法的时代。所有在商业前沿探索的人，没有人会反驳这一论断。数据和算法，构成了智能的基本要素。谷歌的成功，最重要的是推动了整个商业的智能化进程。搜索引擎是第一款大规模商业应用的智能服务，任何人在搜索框中输入一个关键词，就能够让全世界的知识为你服务，并能够迅速在秒级时间内获得你想要得到的信息。这是一个了不起的突破，我们今天回想起来都觉得这是一个，只有智能商业才能完成这样的突破。

除了搜索之外，智能服务的第二个核心产品是推荐。说到推荐，亚马逊公司可以说是这一领域的开山鼻祖，这也是它能够在营销端获得巨大突破最重要的基础。亚马逊另外一个重要的突破是，它把零售和物流全流程在线化，全产业链数据融通，使得零售效率得到了巨大提升。

如果说亚马逊是在推荐方面走得最早的公司，那么腾讯和脸书（Facebook）就是在社交网络化方面走得最远的企业。这就是我要说的第三个方向。

智能化是现代人类文明发展的趋势，在工农业生产、科学技术、人民生活、国民经济等各方面起着非常重要的作用，应用领域十分广阔。

3. 网络生态化。

我们可以把整个互联网看成一台巨大的超级计算机，可以实现计算资源、存储资源、数据资源、信息资源、知识资源、专家资源的全面共享。当然，我们也可以构造地区性的网络（如张江科技园区网络）、企事业内部网络、局域网网络甚至家庭网络和个人网络。网络的根本特征并不一定是它的规模，而是资源共享，消除了资源孤岛。计算机网络在交通、金融、企业管理、教育、邮电、商业等各行各业中，甚至是我们的家庭生活中都得到广泛的应用。各国都在致力于三网合一的开发与建设，即将计算机网、通信网、有线电视网合为一体。将来通过网络能更好地传送数据、文本资料、声音、图形和图像，用户可随时随地在全世界范围拨打可视电话或收看任意国家的电视和电影。近年计算机联网形成了巨大的浪潮，它使计算机的实际效用得到大大的提高。

实际上谷歌的广告系统非常赚钱的就是一个由千万级的小广告主和千万级的网站所组成的高效生态系统，同样，脸书这几年的成功也是因为它在广告技术方面的突破。阿里巴巴，特别是淘宝，则是将网络协同和智能化这两个方面做成了一个紧密结合又互相促进的生态体系。

所以，我们可以看到如今最成功的互联网企业都是在互联网化的基础之上，在网络化和智能化方面取得了重大突破，这是一个非常简单又很有效的分析和思考框架。

最近中国发展比较快的互联网企业，都是在这三个方向上有新的突破，才有可能在某一个领域里面奠定自己的领先地位。比如抖音、今日头条就是走在智能化这条路上，它从传统的内容搜索走向内容推荐，并在这个点上深耕，成就了他们过去几年的爆发式成长。拼多多、滴滴完成了购物和打车服务的网络生态化和移动互联化。当然，前提是有了智能手机的广泛普及。由于有了电子地图服务，让在线定位变得非常清晰，在这个基础上，滴滴把打车服务变成在线服务，然后通过算法进行路径和容量优化，成为智能服务，从而成就了自己。拼多多把所有供应商的生态网络化，并把社区配送并入网络生态系统，实现了自主的拼单购物及及时配送的协同网络体系。美团，一方面是把传统的生活服务在线化，另一方面也是在构建一个覆盖整个大众生活服务的协同网络生态圈。

海尔作为中国智能制造的领军企业，顺应工业 4.0 时代的要求，发起了商业 4.0 行为的转型升级。借助移动互联网、智能互联、大数据等技术，海尔打造了线上店、线下店、微店"三店合一"的零售生态体系。无论是微店店主，还是海尔线上店、线下店，都可以共享海尔集团的资源和利益，形成了一个开放、共赢的生态圈。通过三店之间深入的连接、合作以及价值共创，海尔实现了向用户提供产品价值到引导用户主动参与到产品及服务的价值共创的转变。目前，海尔旗下的顺逛微店已经聚集了海尔员工、大学生、创业青年、全职妈妈等近 40 万人的微店主，月销售额超过 3 亿元。[①]

我把这一批具有代表性的企业统称为智能时代的领军企业。之所以称为领军企业，是因为它们有几个非常典型的特征，是传统企业所不具备的。

第一，低成本，利用海量数据实时服务海量客户。在当今竞争日益激烈的市场环境中，领军企业如何能够从浩如烟海的交易数据或社交数据以及其

---

① 亿邦产业电商峰会落幕，顺逛斩获两项大奖［EB/OL］. https：//www. ebrun. com/20170421/227290. shtml，2017 – 04 – 21.

他相关的数据和信息中发现商机，并将这些数据和信息合理有效地利用于商业管理和决策。要知道，这些企业的用户可能都是以 10 亿级别来计算的，充分利用互联网技术和算法的优势，这些企业能以极低的成本实时服务海量用户，这是它们做到今天的规模、盈利能力和市值的基础。提升企业的管理水平和效益，已经成为每个企业不得不面对的现实。面对爆炸式增长的各类信息和数据，只有那些能够合理利用先进的信息技术成功地收集、分析、处理、挖掘信息，并依据数据进行科学决策的企业才能获得竞争优势，才会成为市场的赢家。

第二，满足大规模的个性化需求。智能时代的特征是向精准升维，无法为用户提供精准服务的企业，必然很快会被淘汰。精准，即精确和准确，分别对应网络协同和数据智能。协同网络可以完成个性化服务，满足了千万人的需求，也真正满足了一个人的需求。搜索是精准到你输入的每一个关键词，它给你的内容都不一样。也就是说，根据你过去的搜索记录以及你的一些性格特征背景资料，提供一个专门为你打造的搜索引擎。天猫、京东、拼多多、淘宝就是利用了过去这几年人工智能技术上的突飞猛进，实现了千人千面，让每个人看到的内容都不一样。它们还做到了实时更新，当你浏览完一些商品并再次登录时，你看到的商品已经是根据全网的数据，按照你的需求又做了一次调优。这种大规模的个性化服务，在工业时代是无法想象的。

第三，利用机器学习实现自我更新与提升相应速度。机器学习将实现人、业务、物三者的智能连接，孕育客户与企业之间的全新互动场景，最终催生出真正的智能服务公司。让机器完全重现甚至超越人类的认知能力，这依然只是科幻小说里的情节，机器学习却是存在于人工智能技术应用幕后的现实，而且如今已可直接应用。机器学习靠模拟人类认知系统的功能来解决现实问题，其大数据分析能力则远超人类。机器学习是大数据分析的基础，是它从大数据中识别出的规律模式。它能提供高效的沉浸式用户体验，也可以用人类式的情绪做出回应。通过从数据中学习而不是明确编程，电脑现在能应付以前只有人类才能应付的挑战。它们现在已可在象棋、围棋和扑克等游戏中打败人类，能够更准确地识别图像，更精确地将语音转录为文本，还能翻译一百多种语言。

例如，苹果的 Siri 和 SAP 的 Copilot，这两类产品均是利用自然语言处理技术，为用户提供交互式体验。在机器学习的帮助下，这种体验也许能达到新的高度，也就是聊天机器人。起初，聊天机器人将是上述应用程序的一部分，但有人预言，它们可以使文本界面和图形界面成为过时的产物。机器学习技术不是强迫用户学习如何操作，而是自己去适应用户。它带来的将不仅仅是一种新的用户界面，还将催生企业人工智能。机器学习的应用途径数不胜数，包括：提供完全个性化的医疗；根据过往购物记录预测客户的需求；帮助人力资源部客观公正地为每个岗位招募适当的应聘者；实现金融业的自动化支付。

得益于机器学习的相应优点，随着机器学习的日益盛行，业务流程将会实现自动化，并不断发展。客户可以利用这项技术找出最佳结果，从而更快地做出决策。每当商业环境变化，这些高级的机器也会随之改变，因为它们在不断地更新自己，适应新环境。机器学习还将帮助企业实现创新，提供适当的商业产品或与服务，令企业决策基于最佳商业模式做出，从而实现不断增长。

机器学习技术能够从大数据中识别规律和模式，据此得出超越人类能力的洞见。因此，企业能够在正确的时间采取行动，将销售机会转化为成功交易。由于整个操作流程做到了优化和自动化，企业的增长速度将会加快。而且，业务流程将以更低的成本带来更好的结果。机器学习将帮助企业最大限度地减少人为失误，加强网络安全。基于人工智能技术 20 多年的高速发展，在某些领域，机器已经拥有强大的学习能力。从这个意义上说，它也是一种智能，即可以快速学习，甚至比人在很多领域的学习能力还要强大。所以我们看到这些企业一旦实现智能化，无论是服务的效率还是服务的满意度，都在快速提升。

1.2.1.2　数字化转型：时代变革的必然

"数字化"是将人们所生活的真实世界和虚拟的数字表达链接起来，从而寻求全新的商业模式。数字化转型是基于数字化技术的出现与发展，它对传统企业提出了将原有业务与数字化技术结合，进行创新，实现企业业绩增长与持续发展的变革要求。

尽管不同企业的特点不同，在企业数字化转型方面找不到一个放之四海而皆准的标准化模式，但是综观世界各地不同行业的企业进行数字化转型实践，我们必须意识到一种急迫感：留给国内企业进行思考转型的时间已经不多了。

企业的数字化转型是业务和经济价值增长所提出的要求。对于企业而言，无论采取什么样的战略，其根本都是为了推动业务的增长，提高其创造的经济价值，数字化转型也是业务需求所带来的。在信息技术时代，数据就是生命。在今天，谁拥有了更多的数据，谁就控制了信息时代的动脉。

综观过往，一个新事物从出现到推广的时间在不断缩短。当今的数字化时代，数据信息借助互联网平台传播速度更加迅速，产品推广更快更广。在未来，社会科技水平会得到整体的大幅度提升，技术更迭的速度会越来越快，新技术如雨后春笋般冒出，企业要想在快速变化的社会中站稳脚跟，不被科技高速发展的社会淘汰，就必须不断跟进新兴技术的脚步，通过对于新技术的合理利用，改善公司在过往经营中遗留下来的弊端，达到提高效率、降低成本的目的。

企业数字化转型大致可以分为数字化运营和数字化创新两个路径。

数字化运营需要企业通过数字化技术改变传统的营销渠道和方式，重新构建企业组织架构与管理体制。智能支持与管控是数字化运营的核心业务诉求，企业需要更加高效地统筹全部数据和业务，提高各项业务的中央集权程度，通过数字化运营提升企业运营效率，达到降效增收的最终目的。

数字化创新通过创新技术为从客户到员工创造差异化的体验，通过技术带来的工作方式的改变，给予目标群体差异化的新型体验，为企业新业务的开拓实施做好铺垫，也为企业走在时代前沿引领行业未来发展方向打下坚实的基础。

无论是数字化运营，还是数字化创新，都离不开 IT 技术的基础支持。但是，企业的数字化转型绝对不仅仅只是 IT 系统的建设升级，也不仅仅只是新技术的引进，更多地强调技术融合的力量。

企业进行数字化转型，需要注意以下几点：

1. 数字化转型要做成"一把手"工程。

数字化转型是企业的自我革命，单凭职业经理人的能力是不够的，需要董事会的充分授权，将数字化战略或数字化转型作为公司长期愿景、公司核心战略,并授权公司经营高管进行落实。这是数字化转型的重要保障,而要做到这些,则需要董事会成员对数字化技术、应用等具有敏锐的商业洞察和魄力,并能为数字化战略持续地投入人财物等资源。

2. 统一思想,形成数字化转型的公司文化。

数字化转型需要充足的准备和规划,需要持久的动力。通过培训、宣传影响各个部门的核心人物对数字化的认识和认同是数字化转型成功的强大动力。数字化转型负责人积极影响公司各个层面关键人物对数字化的认识。形成数字化转型的企业文化能减少转型过程中部门间的内耗,形成合力、减少阻力。

3. 选好工具,云平台助力数字化转型。

在以数字化、网络化、智能化为突出特征的新一轮数字化转型的过程中,云平台发挥着"操作系统"的重要作用。之前的企业大部分建了 ERP、CRM、OA、供应链、财务或者企业的网站或者企业的电子商务平台,都是多家不同的系统供应商提供。每个系统都有自己的技术架构,数据库不连接,跨系统之间的工作流无法协同。我们需要通过建一个统一的云平台,可以让技术融合、数据融合、业务融合。

云平台提供必要的 IT 资源,同时也需要数据服务,主要包括一些大数据的分析挖掘算法、文本分析、语音分析、视频分析、个性化推荐、神经网络、各种机器学习的算法等,企业数字化转型通过一个核心的云平台加上大数据和人工智能的组件来助力。

在数字化的生态里,云是互联网平台聚合生态的基础和底座。云上部署的企业级互联网架构,可以支持数字化生态里多变的业务要求和全域数据的治理使用,实现多边的网络协同。尤其是在包含数字化商业模式重构的场景下,云计算是建设数字化前端生态的前提和必然选择。

4. 以客户体验为入口,以服务客户为核心。

数字化转型围绕客户开展。企业应该围绕如何改变消费者生活来构想数字化转型。经营企业需要通过创新的方式,以数字化渠道来吸引客户,提高客户的参与度、满意度、盈利能力。例如,摩根大通的 Digital Everywhere 战略,一直将客户作为所做一切事情的中心。为客户提供他们想要的以及他们想要的方式,提供全套的产品和服务,实现灵活的多渠道交付,保证客户数据隐私、交易安全等。同时强调快速交付服务、客户体验、实时服务，并为客户量身定制个性化服务。

总之，我们已生活在数字化时代，数字化转型体现了一家经营机构面对外在商业环境巨变时的洞察力和魄力，需要公司文化来全面推进，需要技术生态为支撑，需要客户服务为根本。数字化转型涉及每位从业人员，充分认清和理解数字化的战略意义和发展机遇对企业长期可持续发展至关重要。与电子化、信息化、智能化不同，数字化不再是以流程改造、业务升级或最佳实践应用为导向，而是一场持久的自我革命，它关乎经营机构未来的兴衰。

1.2.2 智能时代的演变，推动传统产业重构

2015 年 3 月 5 日，李克强总理在政府工作报告中首次提出"互联网＋"行动计划。"互联网＋"就是"互联网＋各个传统行业"，但这并不是简单的两者相加，而是利用信息通信技术以及互联网平台，让互联网与传统行业进行深度融合，创造新的发展生态，是真正具有革命性的模式通过融合发展产生乘法效应，是全新的 DNA 和商业模式。互联网的红利期已接近尾声，下半场是通用技术广泛使用带来的结构性升级，如云计算、大数据、机器学习、区块链等，这些技术对商业的影响犹如历史上的电力。

其实，如今"互联网＋乘法"的样板企业还没有出现，因为大部分的人还在做升级（加法），而不是改造重构（乘法）。接下来，传统打法和互联网打法都需要超越融通，而不是简单叠加，这个过程还需要相当时间的积累。

1.2.2.1 互联网＋传统产业，不是叠加，而是融合

随着互联网技术的高速发展，面对移动数据海量爆炸式增长、物联网设备海量连接，以及垂直行业应用需求广泛而迫切等新形势，5G 以一种全新的网络架构实现网络性能跃升，提供峰值 10Gbps 的带宽、毫秒级时延和超高密度连接，社会进入万物互联、人机交互的新时代。传统行业如何应对就变成了一个日益紧迫的挑战。企业的发展史，就是一部人类技术、工具变革的历史。回顾一下互联网对传统行业现已产生的影响——从线下到线上，从人类智能到人工智能，从不透明到透明等，我们就会知道，传统企业已经被互联

网裹挟着走上了一条自我颠覆的不归路。

一直以来，互联网与传统行业之间的关系就极为微妙：一方面，互联网的兴起给传统行业的发展带来了颠覆性的冲击，比如电商的出现让很多传统零售商的发展举步维艰；另一方面，在互联网的步步紧逼下，传统行业开始放下身段，拥抱互联网，试图借助互联网的技术赢得新的发展契机，比如，互联网金融的兴起倒逼传统银行加速金融科技转型创新等。两相交错，很多人都在疑惑：互联网与传统行业之间到底是零和游戏，还是可以携手共赢，共同寻找夹缝中的第三条路？

2015 年 7 月 4 日，国务院发布《国务院关于积极推进"互联网＋"行动的指导意见》，"互联网＋"成为家喻户晓的热词。我们看到了传统企业拥抱互联网的各种尝试：或者自建直销网站和移动 APP，或者通过淘宝、天猫、京东、唯品会等电商平台进行线上销售；通过各种方式，将会员体系在线化；在微博、微信等社交平台上开始尝试在线品牌传播与社群互动；将广告投放大量向线上渠道倾斜；一些更勇敢的企业甚至开始在内部建立创新的小团队，给他们更大的自主权，提升应对市场变化的速度。毫无疑问，这些努力令人尊敬，也获得了相当成效，但并不足以缓解传统企业在互联网时代的焦虑，问题出在哪里？

首先，在"互联网＋"的语境下，所有这些尝试都仅仅把互联网技术视为工具和手段，只是提升原有体系中某些环节或局部的效率，企业目标指向仅仅是优化业务流程，而非商业模式的重构。而在当前的智能时代，特别是人工智能技术的驱动，更重要的是"互联网方法论"或者称为"互联网思维"，真正需要改变的是企业和用户的关系，或者说是整个价值创造过程，而非单一环节的效率提升。

所有这些局部的努力，专注于提升企业的原有经营指标，使得互联网工具所发挥的作用有限。线上销售、线上会员服务、线上广告投放、线上营销互动，所有这些，如果不能有机地与"供给侧"结合，通过连续性互动发现需求，以需求发现驱动设计、采购、生产的快速联动反应，就无法实现极致的用户体验，就会在新型创业公司面前失去竞争力。

其次，传统企业并未意识到，互联网不仅仅是与用户的简单连接，其内核是互联，是数据的互通，"互联网＋"仅有连接的"形"，而没有数据和算法的"魂",相当于在公路上跑着的马车,其局限性一目了然。

更深刻的一点是,互联网与传统产业的融合是一个漫长而痛苦的过程,从底层认知到能力再到组织的结构,都需要痛苦地打破、重建。而且整个过程充满不确定性。"互联网+"的参与者显然对此缺乏准备。

"互联网+"把互联网技术与传统行业之间的关系提升到了一个前所未有的高度,但两者的关系不应是简单叠加,而应是高度的生态融合,是把互联网的思维或者灵魂糅合到产业链中;不是取代和颠覆,而是优化和升级。"互联网+"就是要利用互联网的平台和信息通信技术,把互联网和包括传统行业在内的各行各业结合起来,在新的领域创造一种新的生态。简而言之,"互联网+"不是要颠覆传统行业,而是要通过与传统行业融合,产生"1+1≥2"的效果。如能实现这样的预期,那么便不再是简单的加法效应,而是一种乘法倍增。

随着互联网技术和人工智能技术的飞速发展,互联网作为一个产业可能会从人们的生活中销声匿迹,因为互联网与传统行业的高度融合会让各行各业都被打上互联网的烙印。到那时候,互联网与传统行业的界限将会变得非常模糊。新的行业生态已经形成,传统行业要么优化升级。要么被淘汰。毫无疑问,在这个过程中,一些传统企业将被彻底颠覆,那些留下的企业将会变得更为强大。

1.2.2.2 产业互联网,融合传统产业、改造实体世界、重构生产逻辑

当前,以人工智能为代表的新一轮的技术浪潮正在渗透到上一轮产业革命塑造的传统行业中。云计算、大数据、人工智能开始大规模融入金融、制造、教育、医疗、零售、文化、物流等产业的各个环节中,产业互联网的技术条件和产业环境已经成熟。

产业互联网是在大数据、云计算、人工智能等新一代信息技术渗透传统产业链各环节并进行改造重塑的基础上,利用互联网思维将生产流程打通,使供给侧与需求侧相互联结,从而实现生产端的快速响应与协同。

产业互联网与传统消费互联网的区别主要体现在两点:一是产业互联网是从供给与需求两侧出发进行双向建设,而传统消费互联网大多从需求侧出发,目的是建立流量最大化的服务与生态;二是产业互联网建立的是各节点

间的连接，打通信息传导与资源流通的最优路径，而消费互联网则基于海量内容分发与流量共享逻辑，并不特别关注资源优化与最优配置，导致相当部分的流量信息传递低效且无用。

产业互联网与消费互联网又是相互融合的，产业互联网发展必须依存于消费互联网基础，借鉴消费互联网成熟的运行模式，引入消费端流量进行需求分析洞察，同时基于互联网共享思维对传统产业进行渗透、改造及重构，推动线上与线下场景的融合，通过信息流通与资源共享构建数字世界与实体世界之间的广泛互联。

1. 产业互联网存在逻辑——不断消失的流量红利以及技术与场景的持续融合。

（1）传统行业困局。2018 年后，全球经济在震荡中前行，中国经济体量不断增大，GDP 增长的科技进步贡献率达到 58.5%[①]，中国经济增长模式从劳动力驱动型、资本驱动型逐渐转变为科技创新驱动型。然而，我国科技进步对经济发展的贡献程度仍然不足，GDP 的科技进步贡献率与发达国家相比仍有近 20 个百分点的差距；传统行业竞争加剧，原料、土地、人力资源等生产要素成本的不断上涨使行业的利润不断压缩，需要结构性调整进行破局。对传统行业来说，产业互联网带来的信息联通、流程优化、效率提升将释放各个行业的巨大潜能。

（2）流量红利见底。从 PC 互联网时代到移动互联网时代，互联网巨头凭借电商、社交、游戏、内容等垂直领域的流量红利急速崛起。伴随着移动互联网的深度渗透、模式创新井喷式发展与巨鳄资本的超强运作，传统消费互联网市场已没有太多吸引人的"美丽故事"——曾经几元钱的线上获客成本如今飙升到几千元甚至上万元，网民与消费者对产品和服务的挑剔度显著上升，市场格局越来越趋向激烈残酷的零和竞争。

对互联网科技行业来说，生产领域的复杂流程和海量生产节点，能够创造消费领域 5 倍以上的潜在连接规模，是互联网下一阶段发展的核心机会。

（3）数字与实体世界的密切沟通。随着互联网发展的深入，信息构成的数字世界和人类生产生活的实体世界关联愈加紧密，无论是在深度还是广度

---

① 艾瑞咨询. 产业互联网三问：2019 中国互联网基础逻辑［R］. 2019.

上都在加速渗透融合。一方面，随着 O2O、数字支付、智慧交通等 C 端服务与数字化生产、智能制造、企业云端部署等 B 端应用的广泛落地，线上流量与服务正在与传统线下业务充分融合，数字世界与实体世界的边界逐渐模糊；另一方面，数字化改造与技术赋能领域已经由电商、物流、生活服务、交通出行等一般生活消费领域逐步扩展至制造、能源、地产、政务、民生、医疗等行业，传统产业的门槛正在面临数字化与智能化浪潮的分解与重塑。

纵观互联网发展的历史进程，消费互联网已经打开实体世界数字化的窗口，下一阶段互联网将深入渗透到实体生产领域。产业互联网正是这一进程的产物，它的出现能够在消费互联网与生产行业之间建立进一步连接，构筑数字世界与实体世界之间的协同耦合关系。

2. 流量逻辑转变带来的商业模式变化。

（1）服务而非颠覆。产业互联网的全部价值，都来自其为生产者创造的效用——只有生产者收入提升或成本节约的部分才是产业互联网创造的价值所在；只有连接带来的效用大于连接的成本，连接才是有意义的。

（2）互联网服务底层化。产业互联网是虚拟世界改造实体世界的又一大趋势。然而，产业互联网无法仅靠系统或应用就完成产业链的重塑。这不仅因为生产端的系统和应用转换门槛高、中短期成本收益效用难以预期，更因为各个行业现有玩家在线下掌握的渠道、客户、资源、供应网络、利益分配机制，远非一套新系统、一种新模式、一项新技术所能撼动和颠覆。因此，传统行业的整合与模式转变仍将由行业从业者主导。

在这一过程中，互联网服务能够承担基础设施平台和技术输出的作用，即"平台化"发展。如阿里面向企业开放的钉钉平台、腾讯的企业微信与微信小程序、美团的餐饮零售系统、百度的开源机器学习框架飞桨（Paddle-Paddle）、科大讯飞开放的语音应用平台，都是面向行业提供的基础服务和技术能力。

（3）两条重塑路径。在互联网服务提供基础能力的基础上，产业互联网对各个行业的重塑有两条主要路径：

一是巨头引领的模式转变——由行业巨头与互联网科技巨头引领，以阿里提出的新零售，富士康、三一重工实践的工业互联网为代表。

行业巨头作为先行者对产业互联网发展模式、技术问题、资源整合方式进行探索试错，目标是形成一套成熟的商业模式和操作方法。

巨头的示范效应常常带动行业的大规模效仿和复制，形成行业玩家对行业解决方案、技术集成与设计、战略咨询的广泛需求。

二是业务场景驱动的功能性产品服务推广——由行业专家与技术创新者引领，以 ERP 系统、用友、有赞等 SaaS 服务为代表。

工具型产品服务于某一行业或某一特定业务场景，具有标准化特征，通过用户留存和增长，对行业特定环节实现渐进性替代。

3. 以数据为驱动最大化产业核心价值——通过数据洞察重构生产逻辑并创造经济效益。

（1）数据是核心生产要素。正如工业经济时代的煤炭和石油、计算机互联网时代的芯片与通信网络一样，数据和信息资源是产业互联网新经济中的核心生产要素，能够有效连接产业互联网关键节点并实现产业生态协同运行。

不同于石油、电力等工业时代基础生产资料的不可再生性及部门垄断性，数据本身是一种可共享的资源，无法垄断。在大数据时代背景下，数据的采集与流通不再局限于有限经济活动和局部资源配置，而能够依托产业互联网系统揭示复杂经济活动中的普遍联系与运行规律。这需要改造或重建传统产业的数据交互方式，拓宽数据收集渠道，加速线上线下数据的融合。

（2）可靠、敏捷与智能是数据聚合分析的典型特征。产业互联网时代，实体行业的生产属性意味着更大规模与更多维度的节点数据，涵盖物流、资金流、信息流与服务流等商业全流程。对生产数据的聚合分析将从业务洞察发展为业务决策，数理统计与单一化模型分析将不能满足企业在实际应用场景中的数据应用需求，这对数据平台建设与分析方法提出了更高要求。

可靠性——数据治理成为产业互联网参与者的核心能力，具体体现为数据质量的管理和数据基础设施动态监控。

敏捷化——基于数据模型与分析模型的完善，适用于特定场景的轻量化分析组件将大量出现，为细分领域业务板块提供自助式数据分析服务，提高应用灵活性。

智能化——数据与人工智能（AI）算法相结合，对生产流程进行智能化分析预测，应用于行动建议、路径规划、资源调度等典型场景。

（3）需求端数据分析驱动研发生产及价值链重塑。传统价值链研发设计环节缺少对需求端信息的收集洞察，设计生产与营销服务等下游环节相对割裂，市场信号传递不足。

产业互联网的出现，可以打破传统生产链条的线性传导模式，构建不同环节与需求端的信息交互网络。例如，对产品使用者的分析可以为研发环节提供决策参考，让生产者快速响应用户需求并建立正向反馈的产品研发创新机制，增加优质产品的生产；另外，产业互联网结合 AI、大数据、云计算、物联网等新一代信息技术，可以建立"数字孪生"等虚拟环境下的生产协同控制系统，将供应链与销售链整合，实现仿真控制与预测，优化生产链条资源配置。

（4）数据中台革命。产业互联网时代的数据中台的建设过程主要由掌握大量核心数据的行业参与者完成，数据来源既包括需求端的消费流量与场景流量，也包括各传统产业积累的项目数据与管理经验。数据中台的主导建设方一般为具备构建企业数字化系统生态能力的信息技术提供商与服务集成商。

数据中台对内要求产业链上下游各个环节充分打通产品、业务、渠道等核心数据，并将质控流程与管理规则充分数据化后进行注入，构成一体化的数据采集沉淀及分析预测服务系统；对外要求足够的执行力与组织能力，对前端应用变化做出快速响应，输出更高的商业价值。

产业互联网致力于构建线上线下全业务互联机制，相比于单纯线上业务，数据体量更大、管理成本更高。当前各行业亟须统一各类数据产品标准与接口协议，将生产中的业务规则和流程形成标准数据体系，减少数据流通管理成本并提升协作效率。

4. 数据的中心化与生产的去中心化——让不同生产部门享受产业互联网化后的共享协作价值。

（1）真正打破"数据孤岛"。传统生产模式下，产业不同环节对数据的采集与应用相对封闭，设计、管理、生产、销售、库存等不同维度的数据信息无法完全互通，数据出现脱节，"数据孤岛"因此产生。

产业互联网的出现，要求通过数据分析与洞察形成智慧并指导生产过程，对企业全部门甚至产业全链条上数据的规则化整合、存储与分析提出了统一部署需求。

数据的融合应用，使"数据核心"成为全流程生产控制的中心。因此，产业互联网是生产数据中心化的进程——通过推动数据向具备存储条件与分析能力的数据中台流动，打破传统行业既有的数据封闭使用方式，提升生产效能。

（2）离散式生产网络推动行业合作。在传统的生产组织中，生产由决策部门统一安排进行，无论是产品制造还是内容生产，都需要不同流程和部门密切沟通，时间和空间的临近是不同生产部门之间相互合作的必要条件。

而在产业互联时代，"数据核心"成为生产的组织中心，数据中心化趋势带来的赋能效应趋显，不同生产流程、部门可以不再受制于地理空间与时间的限制。分散化的生产单元能够基于"数据核心"的分析与调度能力组织生产网络。行业内不同规模和角色的参与方能够共建生产网络，以合作共赢取代相互博弈，推动行业的良性竞争与服务品质提升。

1.2.3 智能时代的未来，万物智能

伴随 2019 年 6 月 6 日中国 5G 牌照的正式发放，5G 时代也正式拉开帷幕。"5G + 物联网"将构建新一代网络基础设施，云计算和边缘计算将构筑新一代和网络融合的计算、存储基础设施，人工智能则是新一代基础设施之上的核心，多种新的技术发展正在共同推动万物智能时代的到来。

网络连接和数据智能将对各个产业带来深远的影响，产业与产业、产业内上下游之间的边界将越来越模糊。万物互联、万物智能将推动越来越多的产业向服务化模式转型，在各行各业会出现各种服务场景的"运营商"，这一重大变革将重塑各个传统行业价值链，是数字化转型带来的重大机遇。万物智能趋势对大多数行业产生重大影响可能还需要几年的时间，但影响最终会非常深远。嵌入人工智能（AI）设备最终将在企业生产和消费者生活中无处不在。企业现在都开始分析万物智能对其业务和行业的潜在影响，做好准备迎接万物智能时代的机遇和挑战。

未来十年将是智能经济时代。智能经济时代有三个特点：第一是人机交互方式的智能化；第二是基础设施的智能化，包括芯片、深度学习框架等；第三是产业的智能化。大数据和人工智能迅猛发展，对社会和商业的影响日益深刻，从学术界到企业界，智能化浪潮的来临，已经成为共识。可以比肩

于大航海时期和工业革命的此次变革浪潮，必然会对我们的技术发展、商业和社会产生重大的影响。我们在过去被认为非常难以解决的问题，会因为大数据和机器智能的使用而迎刃而解，比如解决癌症个性化治疗的难题。同时，大数据和机器智能还会彻底改变未来时代的商业模式，很多传统的行业都将采用智能技术实现升级换代，同时改变原有的商业模式。大数据和机器智能对于未来社会的影响是全方位的。另外，智能化也会给整个社会带来巨大的冲击，尤其是在智能革命的初期。

因此，在智能时代开始的时候，我们需要未雨绸缪，力争做控制世界的2%的人，而不是被智能化浪潮淘汰。既然智能时代已经势不可当，在我们感叹万物更迭、缅怀时代变迁的同时，更要打起精神推陈出新，才能有机会投身未来智能化的大浪潮中。那么，智能时代的商业是如何构成的？

简单来说，智能时代最重要的两个组成部分分别是网络协同与数据智能。网络协同推动数据智能发展的同时，数据智能也成为网络协同扩张不可或缺的助力，共同构成了智能时代商业发展的双引擎。就像我们的人类社会，这么多年以来，个体大脑的进化程度十分有限。但社会融合写作能力却飞速发展，一日千里。所以，所谓的人类文明，最关键的并不是每一个个体，而是整个社会日益增强的协同能力，这才是我们这个时代最大的优势。

1.2.3.1 网络协同

什么是网络协同？为什么它会是未来智能商业的必然？它之于未来商业又有什么样的促进和推动作用呢？

首先来看字面意思，网络协同就是通过互联网协调两个或者两个以上的不同资源或者个体，协同一致地完成某一目标的过程。看到这个定义很多伙伴可能会觉得想要达成网络协同很简单，其实不然，为什么？我们来看看网约车的发展，你可能就会知道为什么网络协同并没有那么容易达到。

提到网约车不得不说，它的兴起颠覆了人们对于传统出租车行业的认知，原来人们的打车体验通常停留在不仅要等待很长时间而且如果有特殊需求还不能提前预约，这导致用户的乘车体验很不好。乘客体验不好，出租车司机体验就好吗？当然不是。对于出租车司机而言，今天会不会载更多的客人全凭运气，毕竟司机不能掐指一算就知道哪处会有乘车需求，等待不仅带来焦虑更带来空跑的成本，想想没挣到钱反而必须得白白花钱，搁谁会舒服？但话说回来这些成本最终由谁来承担？司机吗？

正因为这些种种的不足，所以市场才给了类似网约车这样的行业生存与发展的机会，也恰逢移动互联网的兴起，网约车利用移动终端以及强大的数据系统，把市场上尽可能多的乘客和司机整合在一起，让他们直接关联、直接发生交互，缩短等待时长，增加司机收入，优化原有不合理的调度规划和打车体验，网约车把打车这么一个高频简单的场景做到了让供给方和需求方都满意！做到这个效果它依靠的是什么？答案是其背后巨大的数据智能系统，数据智能能做到实时共享需求、实时响应需求，更能针对用户留下的各种数据对现有模式进行模拟仿真分析，以此不断去优化双边市场的用户体验！

当然站在今天我们再回过头来看历史，想想既然网约车已然有了这么多的优势，但为什么现在它的发展远不及前几年了呢？原因就是它的场景很单一也很难延伸，单一场景可以让它从 0 到 1，但要想从 1 到 2 就会很艰难。一方面是因为打车市场来了很多像 Uber、滴滴、美团、神州、曹操、滴答等各种新型互联网企业的强势加入，这让网约车在已经接近饱和的市场上再去拓展就举步维艰；另一方面网约车本身也在延展以打车为轴的可能衍生品，比如快递，但始终没有太大的进展，而这种种原因综合在一起就导致了它现在的发展进入了乏力期。想要突破窘境，网约车的发力点也许应该聚焦于无人驾驶，但这项技术的研发则会更艰难！

那通过网约车的案例，我想说一个高度网络协同的商业一定是具备这么几个特点：一是直接交互；二是实时响应；三是异质角色；四是多元场景。网约车实现了直接交互和实时响应，乘客和司机直接连线需求也做到了实时满足，但在异质角色和多元场景上却没有过多的延伸，比如网约车的场景就是打车，所涉及的角色只有乘客和司机，网约车的崛起更多的也是供给方和需求方共同打造的规模经济，想要延展更多就需要在需求方不断地延伸，需求方规模大了，供给方才会有更多的发力点，用户的转移成本也会下降很多。当然也可以解释为什么淘宝就是一家以网络协同驱动的企业。

1.2.3.2　数据智能

我们正处于大数据和数字化转型的时代：数据无处不在；运用数据驱动

的思想和策略在实践中逐渐成为共识；数据的价值已在科学研究和工商业的不同领域得到充分展现。然而，如果无法从数据中提取出知识和信息并加以有效利用，数据本身并不能驱动和引领数字化转型取得成功。如何让数据发挥它最大的价值？"数据智能"（data intelligence）应运而生。数据智能是一个跨学科的研究领域，它结合大规模数据处理、数据挖掘、机器学习、人机交互、可视化等多种技术，从数据中提炼、发掘、获取有揭示性和可操作性的信息，从而为人们在基于数据制定决策或执行任务时提供有效的智能支持。

如果将数据视为一种新的"石油"，那么数据智能就是"炼油厂"。数据智能通过分析数据获得价值，将原始数据加工为信息和知识，进而转化为决策或行动，已成为推动数字化转型不可或缺的关键技术。数据智能的重要性越来越凸显，并在近年来取得快速发展。数据智能技术赋予我们探求数据空间中未知部分的能力，在不同领域里孕育出巨大的机会。众多基于互联网的新型业务，包括搜索引擎、电子商务以及社交媒体应用等，从本质上就是建立和运作在数据智能的基础之上。

数据智能技术正在重塑传统的商业分析或商业智能领域。根据市场研究机构 Gartner 的调研，一种新的"增强分析"的分析模式正在颠覆旧有方式，预计在几年内将成为商业智能系统采购的主导驱动力。这种"增强分析"模式正是由数据智能技术赋能，提供了自然语言查询和叙述、增强的数据准备、自动的高级分析、基于可视化的数据探索等多种核心能力。那么，数据智能领域的技术进展如何？未来，数据智能的研究又有哪些热点？

数据智能的本质就是机器取代人直接做决策，强调的是运营决策直接由机器做出。比如每天上亿人到京东购物，每个人看到的商品都不一样，这么复杂的决策只能由机器来完成；招商银行拥有上亿的信用卡客户，每个人的信用额度都不相同，每个人不定期地调整额度时间，调整幅度也不相同，这么复杂而大量的决策也是由机器来完成。当然，想要让机器取代人进行决策，有几个非常重要的前提条件——云计算、大数据和算法。云计算和大数据相辅相成，如果没有云计算，我们就没有办法用极低的成本存储和计算海量的数据；而正因为有了处理大数据的需求，我们才会对云计算的要求越来越高。两者推动了整个数据行业不断高速发展。但想要让云计算和大数据真正创造价值，背后还需要"大脑"的支撑，也就是算法。

其实算法的执行严格来说并不是机器，而是人，是算法工程师。他会将人的思考和人的角色进行模拟，抽象成一个数学模型，然后用数学方法给这个模型找到一个近似的解，之后再用代码把这个解变成机器可以执行的命令，这样就完成了一个机器大脑的构建。所以，算法其实就是将人对特定事情的理解转换成机器可以理解和执行的模型与代码。就今天人工智能技术的发展水平来说，它和人脑还是有很多不一样的地方。它的核心是靠海量数据的不断学习来优化决策，所以如果没有大数据的支撑，算法也就变成了无本之木，再也无法显露神通。

所以大数据和算法是机器学习的核心，这两者的结合才产生了快速迭代和快速优化。最好的例子就是 2016 年万众瞩目的阿尔法围棋（AlphaGo）大战世界顶级围棋棋手李世石。AlphaGo 的计算能力特别强，学习效率也非常高，它可以把人类历史上所有的棋谱都快速学会，在此基础之上进行优化。这种突出的学习和计算能力，使它很快就打败了人类棋手。此后不久推出的 AlphaGo Zero 在原有版本的基础之上，又取得了更大的突破，在某些方向上也代表了未来。AlphaGo Zero 甚至可以不用人的历史数据，不看历史棋谱，只靠左右手互搏，利用机器学习技术，就能够达到一个更强的算法水平。因此，AlphaGo Zero 很快就打败了 AlphaGo，这一结果也从侧面证明了未来人工智能技术的算法的突破还有很大的空间。

机器学习都基于反馈闭环，谷歌是最典型的例子。用户在搜索结果页上的每一次点击（或者一次点击都没有）的行为数据被实时记录，并反馈到数据决策引擎，不仅优化了用户的搜索结果，而且优化了任何搜索这个关键词的人得到的搜索结果。机器学习的反馈闭环必须是业务天然的一个有机部分，用户行为本身留下来的数据在帮助机器学习，这才是一个自然的智能业务循环。所以，在未来，任何一个企业都是服务企业。因为客户真正要的是服务，而不是产品。也就是说，在未来，每一个企业都必须有一个和目标客户在线互动的界面。除此之外，我们还可能得出另一个推论：任何一个硬件制造商未来可能都会是这个服务组合中的一部分。制造商不再会成为一个独立企业，而是成为他人服务闭环里的一个承载者，或者自己建立一个 2C（对消费者）的沟通渠道。

对于绝大多数企业来说，今后十年，最难的其实是创造一种产品和服务方式，把原来离线的用户在线化，产生一个持续的互动，这样才能实时记录用户的反馈，也才能优化算法、优化服务。谁先完成整个闭环，谁就占据了最大的优势。

1.3 商业 4.0 变革的实践，为持续变化的世界建立持久的业务

1.3.1 商业变革成功的实践，伟大的可重复模型

在一个由变革主导的世界中，每一个改变其市场的商业成功故事的核心都是在一个不断变化的世界中，反复地、反复地应用其早期成果（通常数十年）。同时我们在研究中发现，商业持久的成功与市场的选择无关，而与公司的基本设计（一个更可控的变量）有关，以及与持续改进和适应能力的利用有关，从而推动学习和竞争优势越来越融入业务结构，这些公司已经能够不断变化，以便一次又一次地重复自己的成功。我们称它们为"伟大的可重复模型"。让我们用三个简单的商业成功实践[①]来探索"伟大的可重复模型"的秘密。

1. 孟买的达巴瓦拉。

孟买的游客很容易被印度人口最稠密城市的规模和节奏淹没。然而，每天，在嘈杂、交通拥挤的喧嚣中，孟买午餐饭盒运送者联合会的五千个达巴瓦拉人，都会在当天早上在人们家中或由专门的餐饮供应商为客户准时提供约 20 万盒饭。到了晚上，系统反转，达巴瓦拉人将带有彩色编码的午餐盒返回到他们出发的地方。平均每个午餐盒通过自行车、火车、手推车和步行行驶 60 公里，由六个不同的人经手。

尽管该供应链非常复杂，但达巴瓦拉人的表现如此出色，以至于向客户

---

① Zook C, Allen J. Repeatability：Build Enduring Businesses for a World of Constant Change ［M］. Harvard Business Review Press，2012.

提供错误午餐的可能性不到 600 万分之一。这一统计数据已引起了全球运营专家的关注，并符合六西格玛（Six Sigma）标准质量水平。与众不同的送货员穿着白色棉质制服和白色帽子，以在最恶劣的条件下也能保证送货而感到自豪。以至于当英国查尔斯王子问达巴是否可以见到一些达巴瓦拉人时，他们坚持要安排在交付周期之间开会，可见他们服务精神是如此强烈。

自 1890 年马哈德奥·哈瓦吉·巴切（Mahadeo Havaji Bacche）协会这个服务组织的创立以来，该协会看起来几乎没有什么变化。服务精神从一开始就肯定存在。午餐盒和制服基本相同。自行车、火车和手推车也没有太大变化。但是赤脚的达巴瓦拉人并没有忽略进步的步伐。他们一直准备利用创新。如今，他们都随身携带移动电话，并使用它们来协调交货并在出现问题时互相提醒。现在可以通过互联网和文本信息接收订单。该协会甚至可以通过在线客户轮询来跟踪客户满意度水平。新旧之间的精心融合已转化为持久的成功。自成立以来的 100 多年中，该协会一直是孟买食品配送业务的固定机构，并且每年以 5%～10% 的速度增长。这是一个可重复的成功模型的简单示例，该模型不断适应变化，并已通过技术将其核心服务不断改进推向了更高的境界。这种与技术的融合已经使每个竞争对手望而却步了一个多世纪。

2. 宜家和比利书架。

从标志性的蓝色和黄色商店到无处不在的客户自行组装的比利书架，宜家是世界上最受认可和推崇的公司之一。它为来自 25 个国家或地区的 280 家商店带来了 230 亿欧元的营业额。在欧洲，它的营业规模至少是最接近竞争对手的 12 倍。

自从英格瓦·坎普拉德（Ingvar Kamprad）20 世纪 50 年代在瑞典开设第一家宜家家具专卖店以来，这家非常成功的公司的核心业务模型仅发生了些许变化：商店出售的所有木制家具均以扁平包装出售，以供客户自行组装，所有商店均围绕鼓励交叉销售的流程建立，所有产品均旨在达到目标销售价格，并且公司精心维护其平等的公司文化。宜家从未尝试过多样化业务，也从未进行过自我改造。

取而代之的是，它一方面专注于保持这些特性，提高其经济效益并改进产品设计；另一方面，仔细选择模型可以发挥作用的新产品类别和地区。它之所以这样做是基于这样一个事实，即宜家公司中的每个人都内化了一套长期坚持的相对简单、透明的规则和原则——因此公司中的所有决策跨越各个层次的员工都倾向于强化和改进模型。因此，宜家不是一个寻找热门市场的故事（家具已经存在了很长时间），而是一个成熟的可重复商业模式的故事。

在家具、零售等不断变化的行业中，有些人可能会认为宜家在不断变化的世界中有点复古和低技术。然而，事实是，这是一个在世界各个地区都有大量新进入者、供应链和材料方面的大量新技术、新的互联网销售模式以及消费者需求不断变化的市场。像达巴瓦拉一样，宜家的可重复模型已经适应、承受并不断学习和改进，而其他人则未能做到这一点。宜家已经掌握了持续变革和持续改进的艺术。

3. 耐克的旋风。

耐克公司定义了运动创新、速度和持续变化。这是使其迈向可重复模型之路的实践之一。在 1986～2011 年的 25 年中，耐克公司的规模从不足 10 亿美元增长到近 210 亿美元，税前利润为 28 亿美元。在整个 25 年的时间里，耐克公司平均每年为股东带来 20% 的回报。如果您在 1984 年向耐克公司投资 100 美元，今天的价值将超过 10 000 美元。在一次又一次被定义为低增长和以商品为基础的市场中，表现不俗。

耐克的可重复模型基于四个核心关联能力：（1）品牌管理（无处不在的耐克运动）；（2）运动员合作伙伴关系；（3）屡获殊荣的新材料设计和使用；（4）高效的亚洲供应链（它不拥有制造资产）。在 1989 年，耐克与其主要竞争对手锐步在规模、产品线、品牌知名度和盈利能力上都相当。但是，锐步从来没有找到可重复的方法；结果，锐步在从一个想法跳到另一个想法时没有创建一个学习型组织，并且在资本市场中几乎没有创造任何经济价值，直到 2006 年被阿迪达斯收购。与此同时，耐克发布了创纪录的业绩，重新定义了其行业的游戏规则，并重塑和扩大了支持它的全球利润池。

关于耐克的例子特别有趣的是网上出现的与竞争对手的直接正面比较的词组，比如"可口可乐与百事可乐""美国鞋类的激烈竞争""并驾齐驱"等。然而，耐克的可重复模型及其年复一年不断创新和改进的能力战胜了过去，同时在充满活力的市场中抵御新的挑战者，比如体育经济发生了巨大变化、媒体发生了巨大变化、渠道演变、互联网以及新材料技术和供应链模式的出现。

三大洲的三个公司，分布在三个截然不同的市场。每一件家具、运动鞋、外卖，表面上都是商品，但仔细一看，其实每一个都发生了巨大的变化需要应对，从客户需求到渠道转移，到技术再到互联网。然而，不是每个人都能设法适应、不断改进并抵御不断变化的竞争对手的冲击。从表面上看，像宜家这样的企业看起来并不那么神秘，但没有竞争对手能与之匹敌，似乎只有宜家知道如何模仿宜家。

从表面上看，这是一个悖论。但是，当您通读本部分时，您将像我们一样认识到，长期的成功实际上需要持久和稳定的核心基础原则。如果没有一套核心战略和组织原则的稳定，公司可能会成为一种"企业 ADD"（注意力缺陷障碍）形式的牺牲品，这使他们注定要陷入破坏和重塑的循环以及对即将到来的热门市场的无休止的搜索。在寻求某种所谓灵丹妙药的过程中，许多公司还没有丧失不断改进和专注的能力。

在我们的研究中发现一些公司，尽管他们成立时间并不是很长，但是他们创建了"可重复模型"，得以在各种情况下实现持续表现，诸如耐克、宜家、利乐和奥兰之类的公司从一开始就一直在开发和完善其"可重复模式"。还有一些公司（例如乐高）是管理团队的经典案例，它们过早地放弃了可重复的模型，但最终却发现他们最大的希望是以新的活力和更新来重返可重复模型；还有一些公司，例如达维塔保健，也利用这些想法收购了一家濒临破产的公司，但该公司拥有强大的基础原则和可重复模型的历史，并重塑了该公司的成长和活力。

1.3.2　商业变革持续成功的经验

在瞬息万变的世界中取得成功并非易事。它需要同时具有专注和改进您过去最深厚优势的能力，同时适应您的业务现状为未来增加新功能。在科学界，您会发现最持久和适应性最强的系统，从遗传学到互联网的设计，都以一套共同的架构原则为核心，帮助实现这种专注和适应的平衡。当我们研究最持久且适应性最强的企业时，我们发现了同样的事情。

我们将其中一个精英团体称为"领导者"。这些公司以其快速增长的盈利能力而著称，在 20 年内从低基数增长到超过 100 亿美元，持续为股东带来超过 15% 的年回报率。在我们研究了 7 个上市公司资料，我们聚焦在金融服务和自然资源公司，选出了 31 家领导者公司，我们从多个维度对它们进行了评级，例如他们的核心力量、增长方法，以及跟踪公司的分析师、商业评论家和企业报告所表达的有据可查的可重复的模型的存在。我们发现，这些精英领导者公司中有 90% 采用了一个明确的可重复模型来推动他们的增长战略。例如亚马逊、谷歌和耐克。尽管并不总是具有可比性，但当我们将分析扩展到发展中国家的公司时，例如华为、韩泰轮胎、拉森特博洛或玖龙纸业，我们发现了同样的事情。不到一半的受访者将收购作为实现增长和增加功能的附加手段，例如丹纳赫、美敦力和 EMC。

我们研究的第二个精英团体由长期持续表现者组成。我们通过它们在 20 年内可持续增长（实际增长 5.5%）和盈利（赚取资本成本）的能力来定义这些。我们发现，这些精英执行者中有 3/4 是从复制一个易于识别的模型的单一主要核心业务发展而来的。他们中约有一半参加了自然可重复的行业，例如零售业（如沃尔玛、塔吉特、劳氏、百思买、乐购和沃尔格林）。在这些行业中，复制业务模型的机会相当直观。但也有许多公司能够在不太明显的环境中复制和调整其最初的业务模型，例如分销商西斯科、物流公司康捷国际、医疗技术公司美敦力或标志性的摩托车公司哈雷戴维森。

通过研究《快公司》发布的 "2020 年全球最佳创新公司" TOP50 榜单，我们将对长期业绩的考核范围扩大到创新表现最好的公司。我们发现其中超过 60% 的公司对可重复模型的评价很高。事实上，这份名单上的许多公司都强调了可重复的创新模式。例如瑞幸咖啡自创立以来，小蓝杯一直出现在各个领域，尝试构建 "自有产品 + 自有流量" 智慧零售平台，不断拓宽销路，创造新的盈利点，以及苹果（Apple）以有条不紊的方式推出创新产品的方法。

最后，我们研究了世界上存活最久的公司，以了解其百年不凡和极端繁荣的能力的根本原因。例如①，目前最活跃的业务是一家名为法师旅馆（Hoshi Ryokan）的日本住宿公司，自 718 年成立以来，一直专注于其在日本

---

① Zook C，Allen J. Repeatability：Build Enduring Businesses for a World of Constant Change ［M］. Harvard Business Review Press，2012.

的旅馆核心。法师旅馆现在由荷希（Hoshi）家族的 46 代人管理创始人建立的许多服务原则。我们研究的大多数具有最长连续寿命的业务始终完全专注于特定利基市场，自公司成立以来，该利基市场围绕相对简单的原始模型逐渐发展。这类长期存在的公司的力量，不断地在有针对性的单一市场或利基市场中完善其可重复的模型，这在赫尔曼·西蒙（Hermann Simon）书中所确定和颂扬的所谓"隐藏的拥护者"中尤为明显。这种专注的单核公司，通常是具有悠久历史的家族企业（83% 的企业超过 25 年，而 31% 的企业超过 75 年），被认为是德国经济稳定的主要来源，在最近的全球金融危机中赋予了它如此强大的力量和韧性。

以辉柏嘉（Faber-Castell）为例①，它自 1761 年在德国施泰因成立以来一直是铅笔的世界领导者。今天，该公司每年生产超过 22 亿支铅笔，并引领了一个增长了几个世纪的市场。事实上，即使在最近的经济衰退期间，辉柏嘉的收入也增长了 6%。该公司的第一个重大创新（除了在最初弄清楚如何将铅放入木管中之外）是不会从桌子上滑下来的六角形铅笔。随后的创新包括新颜色、具有卓越环保性能的铅笔形式，甚至铅笔外部的微小橡胶凸起使其在炎热气候下更易于握持。它在家族企业的八代人中具有可重复性。

鉴于我们的研究，在超过 3/4 的持续盈利增长案例中，可重复模型是核心。

1.3.3　技术进步推动商业变革

以前人们通过见面来结识新朋友，而现在则是通过网络；以前人们花数日等一封回信，而现在回复消息晚了几小时我们就会不耐烦；以前人们会去实体店采购，而现在则会选择网上购物。互联网使我们的生活方式发生了翻天覆地的改变。而在商业领域，互联网技术的演进与发展更是带来深层次的变革，从 PC 互联网时代的电商冲击，到移动互联网时代的抢占 App 领地，再到智能互联网时代的数字化大战。互联网技术一直在引领并

---

① Zook C，Allen J. Repeatability：Build Enduring Businesses for a World of Constant Change ［M］. Harvard Business Review Press，2012.

推动着商业变革。

1.3.3.1 移动互联网：社交化、即时化

5G时代的开启以及移动终端设备的飞跃式发展，使移动互联网迅速崛起，中国的移动网民规模呈爆发式的增长。2020年4月28日，中国互联网络信息中心（CNNIC）在京发布第45次《中国互联网络发展状况统计报告》。该报告显示，截至2020年3月，中国网民规模达到9.04亿人，互联网普及率达64.5%，庞大的网民构成了中国蓬勃发展的消费市场，也为数字经济发展打下了坚实的用户基础。2019年，我国已建成全球最大规模光纤和移动通信网络，行政村通光纤和4G比例均超过98%，固定互联网宽带用户接入超过4.5亿户。截至2019年12月，我国已经建成5G基站超过13万个，5G产业链推动人工智能与物联网结合发展到智联网。[①] 当前，数字经济已成为经济增长的新动能，新业态、新模式层出不穷。在此次疫情中，数字经济在保障消费和就业、推动复工复产等方面发挥了重要作用，展现出了强大的增长潜力。

在移动互联网时代，谁更了解消费者的需求谁就掌握了市场的主动权。而要想随时随地了解在手机端上网的消费者需求，企业必须精准地抓住消费者在移动互联网的各个触点。这就要求企业摒弃传统的营销模式，以社交化和即时化的品牌形象随时保持和消费者的互动，让品牌、产品、服务真正走进消费者的内心。

1. 社交化变革。

无论是何种信息技术，其发明的初衷都是为人服务。互联网的本质是连接，而核心本质则是社交，尽管依靠互联网连接了许多关系，但在所有关系中人与人之间的连接无疑是最重要的。社交从属于人类本能，互联网打破了人与人交往的时间和空间限制，降低了社交成本，也因此使线上虚拟社交一度受到人们的青睐。

社交的核心在于交流，而交流的本质是对于信息的交换。人们想要更好地社交，就必须通过更多的渠道获取和分享信息。随着网络的发展，社交变

---

① 中国互联网络信息中心. 第45次《中国互联网络发展状况统计报告》[R]. 2020.

得越来越方便，在人们生活中所占的地位也越来越重要。人们越来越注重社交，因此在选择同类产品时，大家会选择具有社交属性的商品。

脸书（Facebook）是线上虚拟社交的代表。但作为全球性的社交网络服务网站，Facebook 不只可以用于单纯的社交。外部的网站也能通过 Facebook Connect 账号登录，并且根据 Facebook 的社交数据建立自己的服务，这将其他商业产品和 Facebook 的社交网络直接联系起来，使社交渗透到更多的商业活动中。人们可以知道自己的网上好友最近看了流行电影的感悟、通过他人的体验和分享提高对于产品的认知度，而服务方也可以更加个性化地为顾客推荐和定制服务。

脸书、微信、微博等社交平台已经成为人们手机中必不可少的应用工具。基于庞大的用户数量，越来越多的商家和企业开始将自身的产品、服务和社交平台建立连接，以"社交"为入口去获取更多的消费者。当然，想在社交平台做营销，必须进行社交化变革，否则将会被埋没。

2. 即时化变革。

移动互联网时代，仅需一部手机我们就可以获得许多最新的消息：微博推送的最新新闻、朋友圈的最新动态，以及社交软件上的最新留言，等等。随着移动互联网技术的发展和普及，信息的交流和获取变得越来越便捷，这也使信息的更新速度不断加快。

信息是具有时效性的，人类的很多需求都必须及时处理。例如，出门在外想要吃饭的时候，人们想要知道的是在这一时间点有哪些餐饮服务或有哪特价美食等。在消费者搜索餐饮信息的时候，A 饭店的折扣是九折但第一时间推送到了消费者手中，而 B 饭店的折扣是五折却晚了半个小时才推送到消费者手中。显然，消费者不可能在已经坐到 A 饭店点餐的情况下再因为 B 饭店更便宜而到 B 饭店消费。所以，移动互联网时代，谁能在第一时间满足消费者的即时需求，谁就赢得了消费者的青睐。

因此，在网络信息量井喷的时代，人们对于信息的即时性要求越来越高，企业必须通过信息技术加强与消费者之间的互动和联系，做到即时沟通、即时反馈。

1.3.3.2　智能互联网：场景化、数字化

物联网技术、平台型智能硬件的发展，推动着智能互联网时代的到来。相对于 PC 互联网、移动互联网来说，智能互联网时代的商业变革集中在场景化、数字化。

1. 场景化变革。

智能互联网时代，商业模式出现场景化变革。如何理解场景化变革？举个简单的例子，您出门去超市买菜，付款的时候拿出智能手机用支付宝或微信买单。回到家，您用手机打开智能电视回放你刚刚错过的电视剧，这些智能化的生活场景正逐渐成为人们的生活常态。

场景化变革的核心首先是人，没有人就没有场景；其次是平台型智能设备，如手机、智能电视、智能机器人等；最后是移动互联网。在传统的营销模式中，企业更多是通过"说"来达到"教育"客户让其购买的目的。而场景化营销模式则是以人的需求为基础，借助智能设备和移动互联网技术，建立一种使用产品或服务的场景，在满足人的需求的同时，使其获得难以忘怀的消费体验。

支付宝在 PC 互联网时代，仅仅是一款支持网络购物的支付工具；到了移动互联网时代，支付宝是"躺"在智能手机中等待消费者随时召唤的一个应用；而到了智能互联网时代，支付宝通过连接餐饮、商超、便利店、医院、出租车、专车等众多线下场景变身为全景式的场景平台。完成场景化变革的支付宝，几乎成为人们随时随地都要使用的服务入口。

从支付宝的案例可以看出，在智能互联网时代，谁拥有了场景谁就拥有了用户，谁的场景化设计更有吸引力谁就掌握了流量。而场景化设计的关键在于，了解并掌握消费者的心理需求，满足消费者在某个场景中的消费需求。例如，海尔的智能音响除了满足基本功能之外，还通过语音识别及语义理解技术实现和用户对话，并且能够根据用户的语音指令选择行动，包括点播音乐、戏曲、故事等内容，查询天气、百科、股票等生活资讯。

未来，如何将人工智能技术和人的心理需求结合起来，创造更多更好的新场景，将是商业变革的重点。

2. 数字化变革。

数字化就是将大量复杂的信息转变为可量化的数据，通过这些数据建立起生产模型，从而进行大规模批量的机械生产。随着互联网信息技术的进步与发展，机械生产已经在许多领域被普及，大大降低了生产成本。在生产成本不断被压缩的时代，消费者对于"物美价廉"的要求更高，为此企业也只有努力加大改革，建立智能化生产流水线，才能赢得消费者青睐。

京东是建立智能流水线的典型案例。京东自己开发的物流系统就运用了云计算、大数据、无人机和无人车等新兴信息技术。云计算和大数据可以快速分析订单，准确高效地安排货物的具体位置，提高仓内的运转效率。无人机和无人车的运用不仅有助于提高配送效率，更节约了人力成本。而这一系列技术性变革都是在利用智能互联网的基础上完成的。

智能互联网的数字化促进了智能制造的发展。通过智能互联网的数字生产模型，企业可以获得更高的生产效率。未来的企业生产也将纳入更多的信息科技，实现智能的流水生产线。

科技是商业创新的核心力量。随着互联网技术的飞跃式发展，商业变革的步伐正在加速。快速崛起的智能互联网正在成为商业发展的基因，全面引爆新的商业变革。

1.4　本章小结

本章的研究为企业及其数字化战略描绘了一幅积极的图景。具体来说，在未来的几年里，商业 4.0 行为将被企业更广泛地采用。半数受访者预计将在未来三年内将改变自己的商业模式（或者并入已经改变商业模式的第三方公司的行列），意图扩大自己的目标市场。

毕竟，成为一个商业 4.0 行为的企业需要时间。本次参与调查涵盖的许多企业在几年前就已经迈出了数字化转型的第一步，或者正在实施新的商业模式。考虑到这一点，我们认为商业 4.0 的行为为企业在引入它们自己的转型战略以及在数字经济中寻找出路时提供了一个蓝图。他们越果断地向商业 4.0 行为迈进，就越有把握获得回报。

这项研究让我们注意到在商业 4.0 行为上采取行动与实现商业成功的能力之间的相关性。

领导者企业（采取这四种行为方面取得最大进展的企业），已经实现了最大的商业利益，包括更好的财务业绩，从而证明了累积和持续的改进。

在企业层面上，迎接商业 4.0 变革的障碍与过去的思维方式、文化和技术有关。重铸其中的每一个细节可能是一个巨大的变更管理实践，但对成功来说，这是至关重要的。旧式的命令和控制结构不能支持当今消费者所要求的响应性或快速上市。

改变必须从高层开始。要成功实现商业 4.0 转型，需要一种不同的管理风格，一种赋予个人权力、促进协作、利用他们的主动性和创造力持续创新、提供卓越的客户体验并大规模创造价值的管理风格。在这样的企业中，大型的、复杂的问题被分解成更小的部分，由多个小型的、自发组织的团队以持续的协作、迭代的方式处理，我们称之为企业敏捷。

当面对遗留技术时，具有前瞻性思维的企业正在着手进行全面的、持续多年的核心转型计划，包括运营、系统和底层基础设施，以创建更轻便、更智能和更灵敏的运营方式。他们正在利用企业之间的生态系统，通过接受云计算技术、开放架构和向合作伙伴公开应用程序编程接口（APIs），同时建立健全的网络安全保障。

从研究中获得的五个经验教训，可以指导和帮助高管领导他们的企业走向商业 4.0 世界：

1. 没有真正的合作，生态系统就无法运转。

在数字时代，很少有企业能够完全依靠自己的资源获得成功，即使是世界上最大的企业。要想实现生态系统所能提供的功能，就需要修改甚至摒弃原有的独立想法，需要共享数据。通过共同努力，企业可以实现行业变革，消除监管障碍，增加对使用机器人等技术的新流程的信任。

印度工业信贷投资保险公司（Lombard General Insurance）的客户服务、运营和技术部主管吉里什·纳亚克（Girish Nayak）解释道："在当今世界，一家企业并不是以独立的形式存在的。你需要融入你所在的更大的生态系统。你需要用数字方式无缝地实现这一点。"

2. 敏捷方法不仅适用于 IT 行业。

尽管敏捷实践最初应用于软件开发，但商业领导者现在看到了它在整个企业中的优势。快速失败的风险处理方法和跨团队工作的优点几乎在任何操作领域都是毋庸置疑的。许多已经在商业 4.0 道路上前进的企业已经发现，采用敏捷方法给他们带来了快速的胜利，证明了进一步转型的必要性。

美国怀俄明州劳动服务部劳动力计划办公室的管理员托比·凯茨（Tobi Cates）说："敏捷使我们处于持续改进的循环中。对我们来说，作为一个政府组织，敏捷确实是我们开始改革的关键。我认为它可以从小范围开始，因为这样它会呈指数增长。敏捷可以覆盖一切：它不仅仅适用于技术世界。"

3. 高层领导是不可或缺的。

商业 4.0 行为方法如果只在企业的一两个职能部门中得以实践，将无法真正的生根发芽。企业需要强有力的高层领导来广泛地培养员工，否则努力就会失败。

一家大型制药公司的高级研发主管说："创新和转型必须自上而下，因为它们需要专门的团队和预算。这不是一件与日常工作并行的事情，因为当事情变得艰难时，创新将成为开发新药的商业优先事项的牺牲品。"

4. 必须突破只专注于本行业的障碍。

行业界限的模糊意味着今天的竞争可以来自任何地方。但有用的经验教训和最佳实践得出：你的下一个业务模式可能是在一个完全不同的行业开创的。比如，优步（Uber）和爱彼迎（Airbnb）等公司有很多值得学习的地方，它们懂得如何利用丰富的资源，而不是只考虑对有限的资源进行规划。

马来西亚航空公司前首席信息官阿卜杜勒·拉赫曼·穆罕默德（Abdul Rahman Mohamed）表示："我们会关注其他航空公司正在做什么，想法和解决方案可能来自任何地方。为了留住客户并创造新客户，你必须首先关注他们与你的合作体验。开放的架构有助于与辅助企业合作。"

5. 用机器第一的理念助力商业 4.0 转型。

当企业重新思考和设计新的过程时，大数据分析、人工智能、批量或自动化技术（RPA）必须是过程执行的默认工具。如何才能利用这些技术把人们从机械任务中解放出来，让他们专注于高价值的任务呢？设计任何新的流程，或重新设计和简化现有的流程，以技术为优先——机器优先的方法。

　　"在未来 10 ~ 15 年的时间里，制药企业看起来可能和 IT 公司没什么不同，"一家大型制药公司的高级研发主管说，"目前，我们的主要活动之一是收集数据，并将其提供给各种专家，利用智能技术在最早的时间点做出最佳的药物开发决策。与其他行业相比，制药行业往往被视为落后行业，但如果我们想保持竞争力，为客户提供价值，就需要更快地采用现有技术和生态系统。"

2

旅游和酒店行业
——向数字化未来迈进

2.1　旅游和酒店行业商业 4.0 行为概述

从酒店运营商到民用航空公司，再到第三方物流提供商，数字化正在改变企业的运营方式、提供的服务以及与客户互动的方式。客户可以通过手机应用程序预订航班，机器客服会为客人安排个性化的酒店服务，仓库机器人准备发货，而无人机负责送货。

数字技术和敏捷方法的使用增加了旅游和酒店企业承担引入新服务和改变运营模式的风险，但我们的研究表明，这其中也有更大胆的获利空间。那些已经开始采用商业 4.0 行为的企业如今正在从中获得切实的好处。

我们的研究结果表明，采用所有四种商业 4.0 行为（推动大规模个性化、创造指数价值、构建生态系统、接受风险）的企业，也就是我们所说的"领导者"，更有可能在现阶段和未来取得强劲的财务业绩。当我们分析领导者群体时，我们发现旅游和酒店行业的受访者仅占 10%（见图 2 - 1）。该行业处于低端的事实，当然可以用其普遍的保守性质来解释。然而，这并不意味着旅游和酒店企业反对推动其经营方式进行彻底变革。相反，使他们放慢脚步的是其业务的本质——资本密集型，使其本身相对更容易受到宏观经济变化的影响。

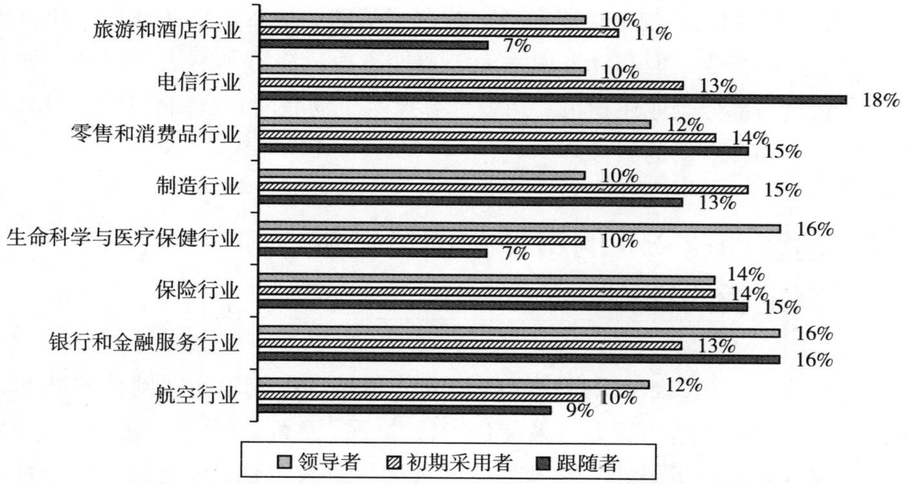

图2-1 旅游和酒店行业在领导者、初期采用者和跟随者群体中的份额
资料来源：作者团队的调研。

到目前为止，资本密集型的行业特征可能会让旅游和酒店企业对投资技术和数字领域仍不太情愿；然而，在过去十年左右的时间里，情况发生了明显的变化。这种变化在航空业表现得很明显，例如，包括新加坡航空、芬兰航空、澳洲航空和美国航空在内的全球领先的航空公司都相继引入了以大数据分析为主导的开放生态系统平台，原因有很多，如更好的收益管理、更好的零售能力、更广泛的客户，等等。

以下是我们对旅游和酒店行业的重点发现：

（1）该行业商业4.0的进展是明显的，虽然比其他行业要慢。在接受调查的旅游和酒店企业中，绝大多数（3/4）都在追求大规模个性化服务，有一半的企业也在积极参与行业内外的生态系统合作伙伴。然而，对大多数企业来说，创造指数级价值更具挑战性，只有大约1/3的公司表示愿意承担风险。

（2）转型者已经从中获益。对个性化和新价值创造的追求为那些采用商业4.0行为的企业带来了更大的利润。大多数这样的企业获得了更高的收入和盈利能力，以及增长的目标市场。许多能够利用其生态系统的企业也报告说，它们可以更容易地进入新市场。

（3）正在为未来的增长奠定坚实的数字基础。虽然该行业在数字化方面略落后于其他行业，但在计划使用人工智能方面，旅游和酒店公司处于领先地位。相当一部分企业还积极利用云计算技术、物联网和自动化技术（RPA）来简化业务和开发新的服务。

2.2 通往商业 4.0 的路径：创造之旅，制定新的征程

像瑞典邮政（PostNord）这样的物流公司一直在使用物联网传感器和先进的大数据分析相结合的方法来优化运输路线，提高交付的可预测性，并更好地理解客户的行为偏好。瑞典邮政的首席信息官（CIO）的这句评论总结了这个行业中许多公司所经历的旅程："我们是一家邮政公司，但是，现在我们是一家物流和数字技术服务公司。"

航空公司通过数据挖掘技术分析来自社交媒体渠道的数据，以建立新的定价模型。连锁酒店正在通过使用自动入住和无钥匙客房系统来改善客户体验。尽管在我们的研究中，整个行业在商业 4.0 方面的进展比其他行业要慢，但大量的旅游和酒店企业正在多个领域进行意义深远的数字化变革（见图 2 - 2）。

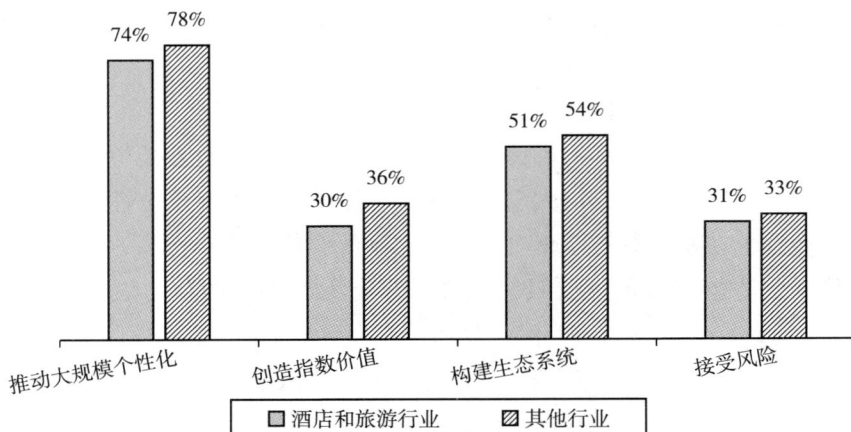

图 2 - 2　旅游和酒店行业采用商业 4.0 的行为

资料来源：作者团队的调研。

2.2.1　旅游和酒店业的个性化体验

旅游和酒店行业拥有众多客户，从物流公司的跨国客户到 B2C 领域的酒店客人和航空旅客。因此，设计有效的客户体验管理策略对该行业参与者至关重要。我们的研究发现表明，大多数旅游和酒店企业已经采用了大规模个性化设置，并且几乎在每笔交易中都对产品和服务进行了定制。

数字技术是通过个性化改善客户体验的关键。酒店连锁店正在使用移动应用程序和物联网传感器，使客人能够定制房间功能，如照明、窗帘和室内音乐。航空公司正在努力推进个性化服务，这不仅仅局限于客户沟通领域，因为许多航空公司都已经掌握了这一点。

尽管如此，该行业的一些企业认识到，在更细致的层面上仍有改进和个性化的空间。一家行业领先的航空公司的首席信息官说："我们的行业不能再像以前那样细分客户。……我们必须能够达到另一水准。对大多数航空公司来说，这需要时间。"

同样值得注意的是，总体而言，旅游和酒店行业的大规模个性化应用进展比其他行业要落后一些。其中一个原因可能是行业内企业的多样性。虽然B2C 领域的航空公司和酒店公司正为此努力，但在物流和工业运输等 B2B 业务领域，很难找到个性化的成功实践案例。

然而，那些持续追求个性化服务的企业确实获得了实实在在的好处（见图 2 - 3）。例如，大多数受访者报告说与客户交易的收益和数量有所增长，盈利能力也有所提高。

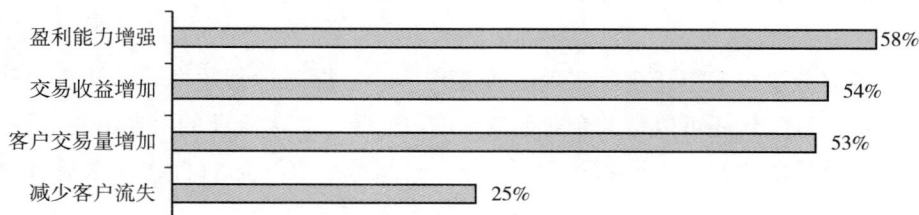

图 2 - 3　在旅游和酒店行业采用大规模个性化的好处

资料来源：作者团队的调研。

📋 **案例分析**

<h2 style="text-align:center">走好旅客旅程中的每一步</h2>

日本航空公司的首席创新官西畑智博（Tomohiro Nishihata）表示，要改善乘客体验，仅仅关注休息室或飞行途中发生的事情是不够的。航空公司必须处理好旅客从出发地到最终目的地旅程中的每一步。他说，日本航空公司计划使用大数据挖掘技术和其他技术来分析每位客户从家中到机场，再到目的地的进展如何，并在出现问题时及时通知航空公司。①

为了能尽快向顾客致以歉意，并安排工作人员在目的地与旅客会面以跟进解决。他们需要及时了解问题的状况，如果工作人员在前往机场的途中被耽搁了，航空公司应能够通过移动应用程序及时通知他们并提出建议。

西畑智博补充道："这种个性化服务需要与合作伙伴进行密切的合作，我们不能到处跟踪客户，因此需要与许多合作伙伴合作，以确保我们能够获得和分析数据，并据此采取行动。"

春秋航空董事长王煜如此定义个性化旅游航空："在春秋航空，低成本还意味着高质量。春秋航空尽量降低成本，为客人提供高性价比的服务，从选座到行李费、从接送服务到签证服务，乘客都能有更多的选择。乘客只应该为他们需要的东西买单。"②

2.2.2　不断创新以接触更广泛的客户群体

掌握数字技术能让企业实现改善客户体验、提高运营效率等这些重要运营指标。数字化还可以帮助企业创造新的收入流，扩大企业的潜在市场。

这就是瑞典邮政（PostNord）推出"仓储即服务"的目标，该服务针对

---

① 作者团队的调研。
② 梅双. 春秋航空：做个性化航空　铸民航"春秋大业"［N］. 证券时报，2018 – 11 – 02（A1）.

的是那些需要仓储空间和物流帮助运输货物的小型高增长电子商务公司。

据西畑智博（Tomohiro Nishihata）介绍，日本航空公司正在探索在日本这个新兴市场提供无人机服务的机会，他认为这个市场的规则还没有确定下来。"我们在航空安全和维修方面有很多专业知识，那么我们可以在这个新市场中加以利用。"

以类似的方式重新创造新生价值需要一种鼓励并优先考虑创新思维和主动性的运营模式。这种模式在旅游和酒店行业并不如其他调查行业普遍。然而，那些采用这种模式运营的旅游和酒店企业确实获益颇丰，最重要的是他们能够瞄准更广泛的潜在客户（见图2-4）。

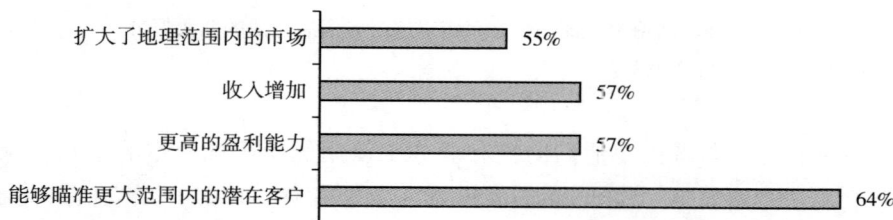

图 2-4 旅游和酒店企业通过指数商业价值模型来实现的最大利益

资料来源：作者团队的调研。

2.2.3 将旅游行业生态系统开发出新高度

联盟、网络和多方生态系统长期以来一直是旅游和酒店行业运作方式的组成部分。跨行业联盟和竞争对手之间的数据信息共享是航空业的特征，这可以推动开发新服务的协作。我们的调查结果支持了这一点，旅游和酒店企业比其他行业（制造业除外）的同行更有可能与竞争对手和价值链中的其他企业合作。

航空公司、酒店、汽车租赁公司、信用卡公司和零售商的联盟也很常见。数字技术正在扩大生态系统的范围，并改变它们的工作方式。例如，物流公司、航空公司和酒店正开始广泛使用物联网来共享数据。

在生态系统中积极合作的旅游和酒店企业，因为生态系统的构建，其近一半因进入新市场而受益（见图2-5）。

此外，40% 的受访者表示，行业生态系统能帮助他们的公司更快地响应客户对新服务的需求，通过数字平台的协作使行业公司获得所需的技能和服务。

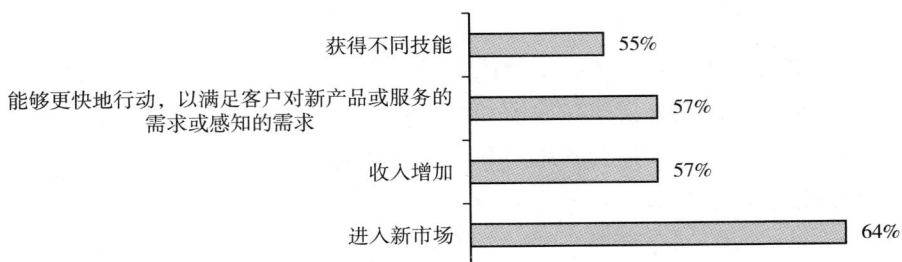

图 2 - 5　利用更广泛的生态系统对旅游和酒店企业的几大好处

资料来源：作者团队的调研。

一些行业参与者正在他们的核心业务中使用优于传统版本的生态系统。例如，由法兰西航空（Air France）和荷兰皇家航空（KLM）成立的孵化器工作室，旨在通过鼓励技术爱好者和企业家共同创新，为航空公司开发突破性的数字解决方案，推动酒店和旅游行业的发展。

2.2.4　使用数字技术接受风险

航空公司和其他运输公司在被严格监管的市场上经营资本密集型业务。因此，任何改变业务的重大决定都要经过仔细考虑。也许，这就是不到三分之一的旅游和酒店企业希望在未来一年内根据客户需求、市场条件或竞争对手的威胁改变其业务模式的原因。

同时，数字技术使行业内的公司更容易接受风险。例如，使用物联网和人工智能进行预防性维护，通过减少设备故障的可能性来提高安全性和可预测性。通过使用基于云计算技术的应用程序和 IT 基础设施，企业可以更快地扩展 IT 资源，以支持新的服务，如果这些举措不成功，企业可以缩小规模。

在旅游和酒店行业采用敏捷方法，通过减少测试新服务所需的时间和资源，可以提示企业涉及创新的风险，并鼓励这种推行快速失败的态度（见图 2 −6）。

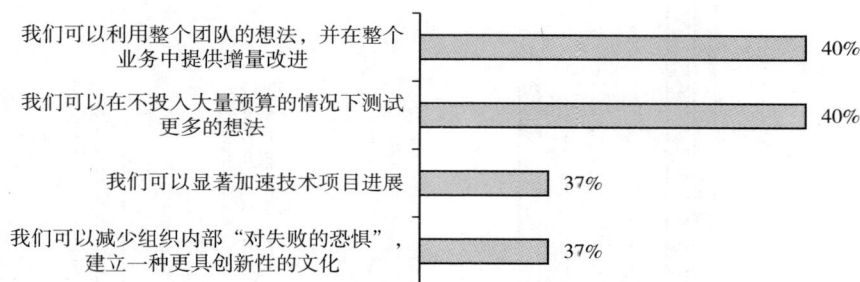

图 2 −6 旅游和酒店行业意识到的采用敏捷方法的好处

资料来源：作者团队的调研。

据瑞典邮政（PostNord）首席信息官伯恩·埃克斯泰特（Bjorn Ekstedt）介绍，瑞典邮政在两年前推出了"快速发展团队"。他说："我们现在已经扩大了这一计划的规模，因此包括业务开发在内的其他部门也可以使用它。不仅是 IT，所有业务都必须变得敏捷。"

2.3 数字化驱动商业 4.0 行为转换：落实数字化构建

我们的调查研究结果显示，旅游和酒店行业在采用数字技术和能力方面略落后于其他行业（见图 2 −7）。然而这些数据隐藏了各个行业领域许多数字化领导力实例。例如，航空和物流业是最早采用物联网的行业之一，该技术被用于提高机队的正常运行时间和耐久性，降低维护成本并优化航线。

我们的研究显示超过 60% 的旅游和酒店企业伊用了基于云计算技术的 IT 应用程序和基础设施服务。对于行业中一半的企业来说，云计算技术现在是他们的主要 IT 环境。一家运输公司的高级主管说："云计算让我们有更多的时间与企业打交道，去观察新的事物、新的创新。我们不必担心 IT 基础资源

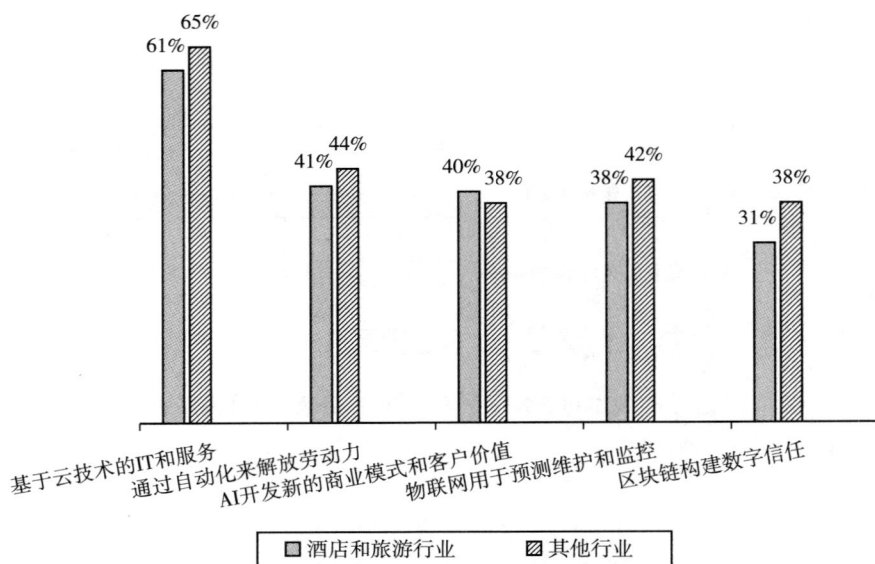

图 2 - 7　旅游和酒店企业目前采用的技术

资料来源：作者团队的调研。

供应能力不足，因为我们可以在一小时内完成。只要容量需求增加，我们就能尽快扩大规模。"

在我们的调查中，旅游和酒店行业在使用人工智能方面领先于所有其他行业。例如，酒店和航空公司使用人工智能（AI）聊天机器人为客户提供实时信息、咨询和预订服务。根据瑞典邮政（PostNord）首席信息官伯恩·埃克斯泰特（Bjorn Ekstedt）的说法，瑞典邮政打算使用人工智能算法来确定发给客户的货物何时可能迟到以及何时到达。他说："顾客可以提前得知延误，并得到更精确的到达时间。"

2.4　商业 4.0 转换的障碍

在很多方面，接受风险在企业高层、中层甚至低层管理中都是商业 4.0

的基础支柱。有着鼓励冒险文化的企业更有可能找到推动个性化的新方法，并通过利用生态系统及其提供的资源创造指数级价值。

在现有的旅游和酒店行业中，这种冒险行为并不常见。经过对受访者的分析发现最大的障碍是传统的企业文化（见图 2 - 8）。

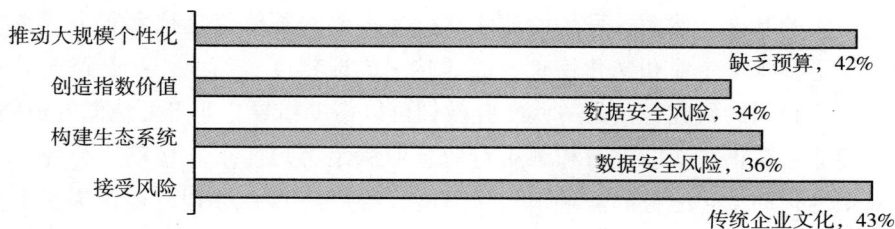

图 2 - 8　采用商业 4.0 行为的主要障碍

资料来源：作者团队的调研。

当被问及在他的行业中采用商业 4.0 行为最困难的障碍是什么时，西畑智博只简单地提到了"心态"。他说，这同样指的是"董事会、行政部门和一线业务部分"，"在所有这些层次上培养'创新思维'是极其困难的"。

这有助于解释为什么将企业文化视为障碍的受访者比例（43%）远远高于调查中的其他行业。

风险规避还体现在对数据安全的普遍担忧上，这是研究中利用生态系统和创造指数价值最常见的障碍。虽然许多航空公司、酒店和其他公司都在使用谷歌地图，但还有许多公司（调查中占 32%）对向第三方开放谷歌地图持谨慎态度。

拥抱云计算技术，这可能涉及超越简单的迁移或 IT 运营的"提升和转移"，将现代化作为核心，这将有助于旅游和酒店企业解决许多安全问题。当被问及转向云计算带来的主要好处时，许多高管指出，企业的安全性得到了提高，运营成本也得到了降低（54% 的人同时提到了这两点）。

2.5 本章小结

通过如上所述数字能力的开发，旅游和酒店行业已经为追求业务转型奠定了坚实的基础。然而，采用商业 4.0 行为需要的不仅仅是技术实力。主要的障碍更多源于企业和文化惰性，而非技术的成熟度。商业 4.0 之路充满了挑战，但我们的研究得出的一些经验教训可以帮助指导企业走上他们的道路。

商业 4.0 正在帮助旅游和酒店行业企业满足客户需求。在整个行业，客户对个性化和卓越服务的需求正与日俱增，特别是 B2C 公司，正在接受个性化改变，并体验了其带来的好处。无论是 B2B 还是 B2C，为了保持竞争力，其他组织都必须努力追赶。

管理层必须发声并做出承诺。来自高层强有力的领导对于企业克服文化和制度障碍来说至关重要，这些障碍阻碍了技术主导的变革，如漫长的决策过程。当然，确保在企业范围内，而不仅仅是在一些功能中实现追求期望的行为也是至关重要的。

数字生态系统与以往有所不同。航空公司、酒店、物流公司和其他行业参与者习惯于合作和联盟，但在数字时代，有效的合作需要更大的承诺，包括开放创新和数据共享的形式，也包括跨行业的合作伙伴。

敏捷方法必须从 IT 扩展到整个业务。旅游和酒店行业可以通过在其业务的不同领域实施敏捷方法获得很多好处。当新的产品和服务理念能够更快地得到测试，并且使用更少的资源时，失败的风险也会相应地更小。

2.6 案例：人工智能如何改变旅游和酒店行业？[①]

全球旅行者人数激增，技术的采用使旅行和酒店业必须改变其战略，他

---

① 作者团队的调研。

们需要集中精力在各个级别的公司重新设计服务，以满足客户的需求并提供
出色的客户体验。

个性化是这一努力的第一步。向客户提供定制服务，为更好的参与度、
更高的忠诚度以及可观的收入铺平了道路。为了个性化客户服务，企业正在
转向人工智能和相关技术。经验丰富的人工智能专家将人工智能视为旅游和
酒店领域的颠覆者。识别潜在的运营风险并确定以数据为驱动力的业务，可
以使业务提高一个档次。以下是人工智能改变旅游业和酒店业的几种方式。

2.6.1　上下文相关的个性化客户体验

今天的客户更有可能与您互动，并与您的品牌建立持久的关系，前提是
您谈论他们感兴趣的事物并尝试解决他们所遇到的问题。如今，多达67%的
客户更喜欢品牌的个性化内容。显然，如果与客户建立良好的关系是您的优
先事项，那么除了个性化之外别无其他方法。

制定正确的个性化策略，旅游和酒店业务可以优化客户旅程，同时提供
高度相关的服务内容，也同时提高客户忠诚度。

除人工智能（AI）和机器学习外，没有其他方法可以在您的服务中实现
个性化。您可以集成高级人工智能工具来分析用户在购买过程中的行为，以
了解他们的行为并定制内容以确保流程顺畅。您可以将一流的工具与营销结
合起来，获得更深入的客户见解，例如他们的需求、要求、痛点等，以便于
有针对性地进行营销。

2.6.2　自动化客户支持

在数字时代，可以说，每天都有客户喜欢使用智能手机来查找他们查询
的答案，而不是花大量时间通过客户服务号码来寻找它们。

因此，航空公司、酒店来自电子邮件、聊天和消息中的客户服务查询量
激增。但是，大多数此类数据仅涵盖有关航班、行李、状态等方面的一般性
主题和场景。这可以通过采用基于人工智能和机器学习的客户支持而非人工
支持来实现。

比如一家科技公司就训练基于人工智能的聊天机器人来回答来自过去的呼叫、电子邮件、消息和聊天记录的大量频繁查询，可以训练机器模型以了解客户可能会问相同问题的各种组合。数据可用性越高，经过训练的模型的结果越好。然后使客户服务人员摆脱烦琐的工作，并投入时间提供更好的服务。

2.6.3　管理旅行干扰

由于自然灾害或人为延迟，每天有成千上万的旅行受到干扰。这不仅会带来不便，还会给商务旅客造成巨大损失。人工智能可以进入这个服务领域并被证明起到立竿见影的作用。可以集成基于人工智能和机器学习的最新解决方案，以收集有关天气和当前延误的信息。在提供自动化解决方案时，可以将这些信息或可能发生中断的警报传达给客户。

2.6.4　通过客户细分提高品牌忠诚度

作为旅游和服务品牌，您可能在全球拥有许多客户。但是，您可能希望向国内的客户提供节假日优惠服务，这可能与国外客户不太相关。这正是客户细分的方便之处。客户细分涉及根据客户的喜好将其隔离开来，并根据一般服务的组合来接近每个客户，重点关注他们的实际需求。它不仅使您可以通过向客户提供所需的确切信息来转换更多交易，还可以使您的客户与您保持更近的距离并培养出色的品牌忠诚度。

细分意味着根据不同的因素（例如旅行目的、年龄、婚姻状况、新客户或回头客）将客户分类。由于客户之间的价格弹性不同，因此精确的客户细分也会影响价格政策。机器学习可以根据客户的需求和价格敏感性因素为客户进行详细分类和量身定制产品。

另一个常见的应用是基于不同数据变量之间的隐藏关系的聚类，自动分段。基本上，您可以应用聚类算法来细化您的客户细分，并通过深入的客户洞察来丰富细分。这些可能是受众特征与价格敏感性之间的隐含联系，或者是酒店行为与客户生命周期价值之间的隐含联系。

一个好的预测足够细致地捕捉市场细分的细微差别，要了解每个客户群反映出的不同的偏好、预订趋势和模式以及购买意图。一个休闲度假的家庭与参加会议的商务旅行团有不同的要求。预测这些客户群中的每一项需求和条件，可以帮助您更好地确定营销目标，预算您的运营支出，并实现最佳业务组合，在任何给定的时间知道要开展哪些业务以及拒绝哪些业务。

2.6.5 使用市场数据以及后台办公自动化和收入核算的动态定价解决方案

有效的收入管理是成功开展酒店业务的关键。它是多个组成部分的合并，例如客户细分、需求预测、定价策略和收益管理。

动态定价是指酒店通过不断重新计算需求和供应范围来动态调整价格的技术。它是收入管理的重要组成部分，需要根据需求和供应量提供可变的房价。饭店经营者可以快速应对不断变化的市场价值，从而最大限度地提高收入和入住率。

2.6.6 旅行后忠诚度和情感分析，以产生正向反馈

了解客户行为可以使公司通过有效的业务策略来改善其产品和服务。它提供了至关重要的输入，以提供卓越的用户体验，以留住客户并建立良好健康的关系。几个知名品牌使用情感分析系统通过重要的客户互动来增强其向上销售和交叉销售的努力。

情感分析通过准确分析每个响应来弥合品牌与客户之间的鸿沟。相同的技术可以驱动多个基于人工智能的应用程序，例如聊天机器人、推荐引擎和其他几个商业智能工具。

2.6.7 占用预测的需求预测

涉足酒店业务的想法不是要优化入住率，而是要从长远来看优化收入。基于人工智能技术的高效系统可以跟踪历史数据和最新市场趋势，以了

解用户行为和需求以及预测需求。其中包括：

（1）宏观经济因素：包括触发事件，例如会议、假期、会议、经济发展、城市范围内的交通中断等，这些都会导致需求模式的波动。

（2）评分和评论：对您的服务的正面评论可能会导致需求激增。

（3）天气影响：在天气驱动的市场中经营酒店业务可能会改变游戏规则。好的天气会增加需求。

（4）网络购物的遗憾和拒绝：客户的浏览行为和预订活动可以产生重要的见解。如果将此信息分层到预测中，则将看到更清晰的预测图。

2.6.8 运营管理

国际航空运输协会估计，到 2035 年，将有 72 亿乘客过境。[①] 拥有如此庞大的人数和庞大的乘客量，管理平稳的运营通常是一项挑战。为了解决这一问题，航班周转活动将需要人工智能和先进的系统来跟踪和监视潜在的航班离场或运营不足。

这就是人工智能的用武之地。人们可以部署智能的预测分析工具并监控乘客流量，以训练机器学习模型。一旦市场繁荣，该系统将有助于防止人满为患并管理操作。

该系统还可以根据当前情况和以前的数据模式检测延迟起飞，并通过了解行李的错误处理和断点、状况和环境来主动跟踪行李。

2.6.9 结论

当人工智能被深度整合到旅游和酒店业务中时，将发挥巨大的潜力。显然，如今，企业正在从基于僵化的、基于规则的自动化（如聊天机器人）转向可以自动处理文本、自然语言等数据，能提供类似人的交互并不断发展的智能认知处理模式。人工智能与旅游和酒店业务的结合可以帮助企业蓬勃发展，并确保为客户带来更好的价值。

---

① 国际航空运输协会（IATA）. 未来 20 年航空客运预期报告 ［R］. 2016.

电信行业
——连接集成的数字集聚点

3.1　电信行业商业 4.0 行为概述

电信行业以其通信网络、通信设备和相关技术，连接了数字化进程中的每一步，特别是移动通信技术的飞速发展、5G 网络的快速商用，使数字化成为可能。尽管数字技术是电信行业商业 4.0 行为转换的关键推动因素，但该行业的主要参与者偶尔也会难以适应技术主导的变革。这包括核心产品和服务的持续商品化以及来自该部门以外的日益激烈的竞争。电信行业遗留的老旧 IT 系统和传统的企业文化以及监管限制，给该行业的商业 4.0 行为转换带来了挑战。

尽管如此，我们的研究表明，电信行业中的许多企业正在积极应对这些挑战，并采用了商业 4.0 行为。事实上，在我们研究的受访者中的"领导者"企业时，发现"领导者"企业更有可能在当下和未来取得卓越的财务业绩。我们也发现，电信行业跟随者占该群体的 18%（见图 3 - 1），在各个行业中参与度最高。

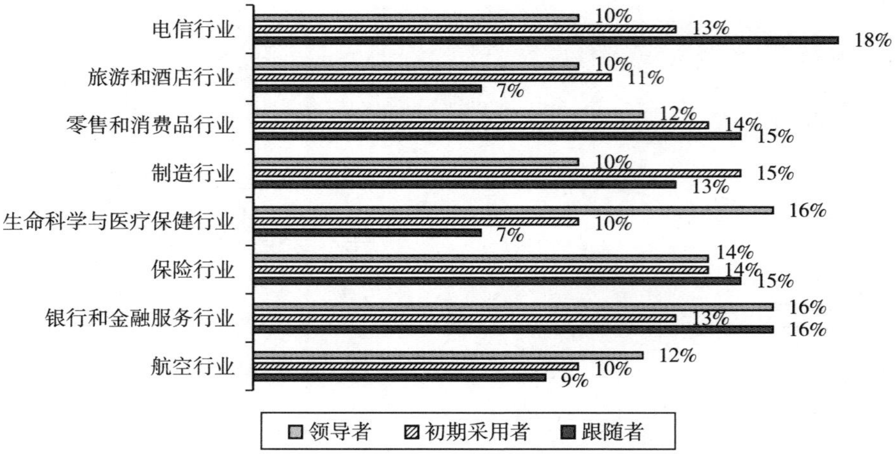

图 3-1　电信行业在领导者、初期采用者和跟随者群体中的份额

资料来源：作者团队的调研。

移动运营商开创的个性化服务，以及设备制造商引入的数据驱动的商业模式，都说明了电信行业在商业 4.0 行为转换方面已经取得了明显进展。

以下是我们对电信行业的重点发现：

（1）电信公司明白为商业 4.0 而奋斗的必要性。我们的研究发现，43%的电信行业受访者准备接受风险，这明显高于 33%的其他行业平均水平。与保险行业一样，电信品牌也在开发创造新价值的模式上做了很多的工作。

（2）采用商业 4.0 带来的好处是实实在在的。比如，更大的目标市场、更高的盈利能力，能减少客户流失，更好地获取稀缺资源。到目前为止，电信企业已经意识到推行商业 4.0 带来的诸多好处，其中最突出的就是创新能力的提高。

（3）敏捷的重要性与日俱增。在这个行业中，数字技术运用能力有相当大的增长空间，尤其是在敏捷方法方面。电信行业是敏捷方法最狂热的采用者之一，并且正在将它们应用到 IT 功能之外的业务领域。45%的人表示，敏捷已经贯穿了他们企业中的多个业务流程。敏捷所承诺的更快的速度和灵活性将帮助运营商和设备制造商更好地应对快速变化的市场场景。

（4）技术采用情况参半。电信企业正在使用他们对商业 4.0 行为的采用来加速几种技术的实现。例如，近一半的受访者表示他们的公司正在使用自动化和物联网技术，43%的受访者表示他们正在使用区块链技术。然而，在利用人工智能开发新商业模式方面，该行业确实落后于其他行业。

3.2 通往商业4.0的路径

无论是网络运营商还是设备供应商，电信行业的老牌企业都拥有令人印象深刻的技术背景。近几十年来，我们见证了 GPS 和 VoIP 等革命性的进步，以及越来越复杂的移动网络的引入，特别是 5G 网络的大规模商用。

然而，值得注意的是，许多电信企业在数字时代全面繁荣之前就已经趋于成熟，而数字时代正是云计算、物联网和软件驱动虚拟化发展起来的时候。现如今，电信公司正面临着巨大的挑战，其中最关键的是遗留的电信基础设施，以及来自设备厂商和本地云技术解决方案提供商的竞争。

据芬兰移动运营商 DNA 公司的首席信息官珍妮·阿尔托（Janne Aalto）所说，"如今，我们的客户将会把我们与互联网公司进行比较"。

面对这样的挑战，许多电信公司已经开始接纳商业 4.0 行为方法。在所有被调查的企业中，他们在这四个重点业务行为中都有着很好的表现，特别是关于大规模个性化、经营创造指数价值的商业模式以及接受风险（见图 3-2）。

3.2.1 大规模个性化：连接每一个环节

电信运营商和设备供应商一直在寻求提供更高价值的产品和服务的过程中使其业务收入呈多样化。毫无疑问，无论是在 B2B 还是 B2C 环境下，个性化能力无疑是当今市场竞争力的关键，大多公司都在努力提高自身在这一领域的产品和服务。

一家全球科技公司的通信零售、媒体和信息服务主管卡马尔·巴达（Kamal Bhadda）认为，成功取决于公司对大规模的调整和接受大规模个性化的能力。

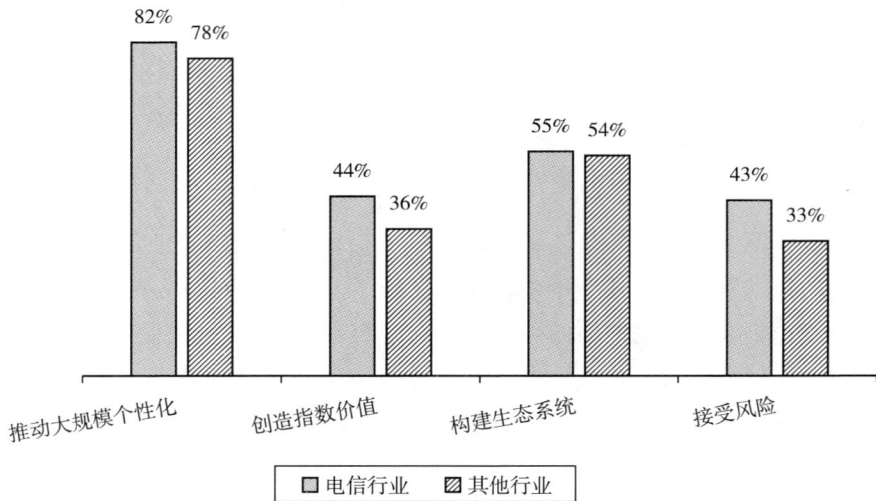

图 3 - 2　电信行业采用商业 4.0 的行为

资料来源：作者团队的调研。

卡马尔说："一些电信公司正在给客户自己创造产品的机会，根据他们的具体需求和喜好定制。消费者可以选择他们想拥有的时长和数据，以及他们想要的视频或音频产品。真正的大规模个性化是电信企业销售相同的产品，个性化到每一个消费者。"

一些运营商已经从单纯为客户提供语音电话服务转向提供个性化数据、新闻、娱乐和生活风格服务。印度的 Airtel 和德国的 T-Mobile 是众多推出可定制套餐的移动运营商中的两家，用户可以根据语音、数据和内容消费来定义自己的资费计划。个性化也是企业客户最关心的问题，尽管形式不同，比如 Elisa 建立的专用平台，可以让客户对他们的网络服务有更多的控制权。

这些企业的努力似乎正在结出硕果，因为在我们的调查中，大多数电信受访者表示，企业的盈利能力由于业务个性化而有所提高，同时他们的成交价值也在上升（见图 3 - 3）。

图 3-3

盈利能力增强	74%
交易收益增加	64%
客户交易量增加	51%
减少客户流失	32%

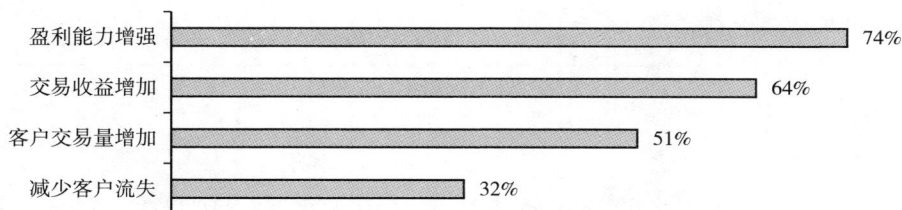

图 3-3　电信行业实施大规模个性化的好处

资料来源：作者团队的调研。

3.2.2　智能技术推动价值指数增长

除了保险业外，与其他被调查的行业相比，大多数电信企业采用旨在创造指数级价值增长的模式。这样做能使他们显著地增加其目标市场，并瞄准更广泛的客户范围（见图 3-4）。

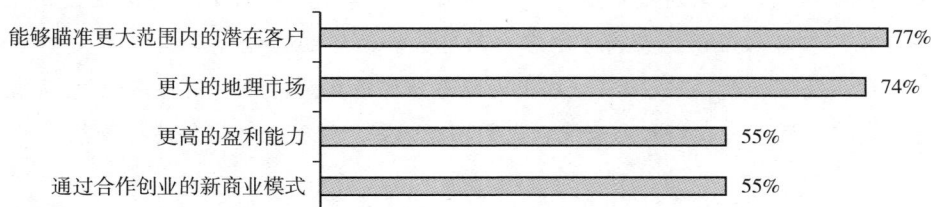

能够瞄准更大范围内的潜在客户	77%
更大的地理市场	74%
更高的盈利能力	55%
通过合作创业的新商业模式	55%

图 3-4　电信行业使用指数价值商业模式的几大好处

资料来源：作者团队的调研。

例如，网络运营商正在打破"哑巴流"的数据通道模式，过去这种模式将他们限制在语音和数据流量收入流上。我们看到美国电信企业 Verizon 通过基于客户浏览历史、应用程序使用情况和位置数据的定向广告，开启了新的收入流。与此同时，西班牙电信（Telefonica）运营着一个使用 AI 智能化的平台，该平台汇集了网络和其他第三方的数据，以帮助其企业客户及时应对交通拥堵，以及城市的应急计划等日常问题。还有许多其他的机会需要探索：例如，在南非的 Orange 和 MTN 两家电信公司已经开始为客户提供银行服务。

电信设备生产商也同样试图从网络管理服务和企业客户数据平台等方面

建立新的收入来源。

📋 **案例分析**

欧洲领先的信息通信技术（以下简称"ICT"）
公司以乘数效应为目标

　　一家总部位于欧洲的领先网络和电信公司的 IT 战略高级主管说："在过去，企业可以通过寻找增加的价值来生存，比如每年提高 3% 的成本基础，或者提高 15% 的产品销售。但我们正在挑战自己，寻找能带来 10 倍于上述收益的机会。"他认为，帮助该公司运营商客户创新的数据平台提供了这种潜力。

　　信息通信技术（ICT）公司主要计划将其数据能力交由运营商处理，例如，帮助它们管理和存储数据，使其比目前更具成本效益。该公司还使用了一种分析工具来帮助运营商了解客户的行为和网络的性能。

　　这位高管表示："我们将这些视为能够产生乘数效应的'创新平台'，无论是对客户，还是对我们自己来说。我们不能依靠传统模式来提供这种服务。"

3.2.3　构建生态系统：最大化网络价值

　　在数字时代，与其他公司合作是电信公司的核心需求，移动运营商已经与设备生产商合作多年，将手机与服务包捆绑在一起。

　　正如图 3-5 所示，如今的电信公司正在探索如何以大胆崭新的方式利用外部业务——例如创造新产品和服务，并提高其创新能力。这些通常来自"互联汽车""智能家居""智能城市"联盟和平台。运营商在这些联盟和平台中发挥着不可或缺的作用。

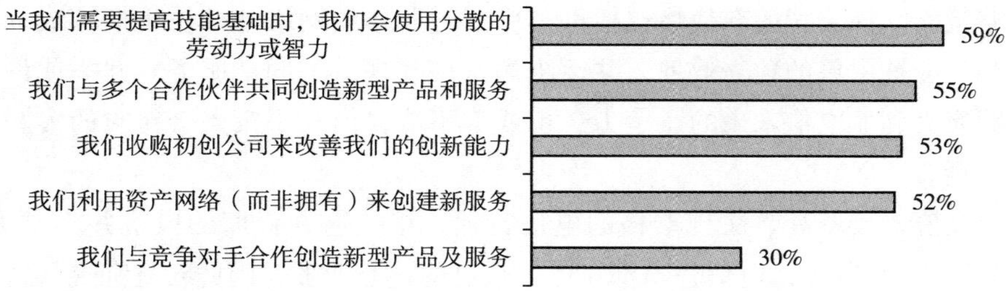

图 3 – 5　电信行业如何利用他们更广泛的生态系统

资料来源：作者团队的调研。

　　例如①，美国电话电报公司（AT&T）正与丰田（Toyota）等汽车制造商结成合作伙伴关系，以将其业务延伸到为联网汽车提供无线网络服务的市场。此外，西班牙电话公司使用第三方数据来提供支持智慧城市的服务时，也依赖于其与包括市议会和学术机构在内的利益相关者建立伙伴关系的能力。

　　从功能层面上来说，该领域的大多数企业也会在需要时利用共享经济网络来寻找专家，许多企业还会收购初创企业以获得新的能力。摩托罗拉就是这样一个例子。设备供应商这样做是为了提高自己的能力，而不是为了协调服务供应商的输出。

　　摩托罗拉解决方案首席信息官拉姆·巴拉苏布拉曼尼亚解释道："我们收购的大多数公司都是诞生于云端，为了能够理解其思维方式，我们必须像他们那样沟通和进入市场。不是他们试图适应我们，而是我们在努力适应他们。"

　　收购初创企业在网络运营商中也越来越流行，瑞典运营商 Telia 收购 Falt-Com 就是一个例子，Telia 利用后者的移动平台技术，推动了交通相关解决方案的新增长。

3.2.4　资本密集型行业如何接受风险

　　2018 年，澳大利亚电信（Telstra）发布了其针对下一代移动网络 5G 的

───────────────

　　①　作者团队的调研。

战略策略。该公司的新战略包括将其广泛的非移动网络基础设施捆绑成一个最终可能被出售的独立业务,并逐步淘汰一些现有的固话服务。此举或许能巩固澳大利亚电信未来的竞争力,也或许不能,但几乎没人会对它的大胆提出质疑。

在资本投资高、法规严格的电信行业,接受这种程度的风险并不常见。正如图 3-6 所示,电信公司都在保护自己的核心业务,因此对扰乱现状持谨慎态度,这有助于解释为什么只有少数电信企业是颠覆性变革的先驱者。

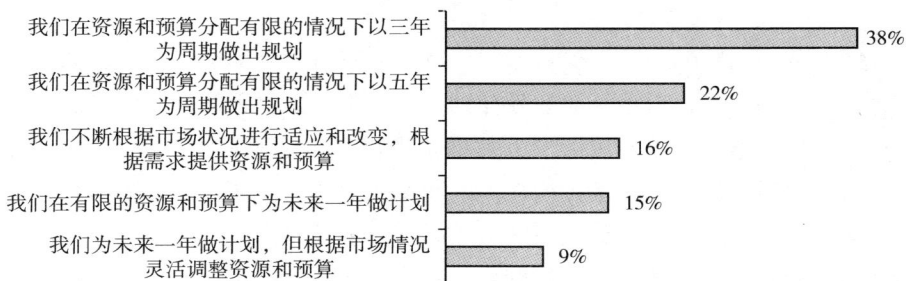

图 3-6 电信行业在未来规划时对风险的偏好

资料来源:作者团队的调研。

但还存在着其他的许多较小的举措,比如那些涉及采用未经验证的新技术的举措,也要求企业承担一定程度的风险。在我们的调查中,与其他行业的高管相比,如今的电信行业高管似乎更愿意接受此类风险。数字技术和云平台让企业更容易接受风险,电信公司运营的生态系统也是如此。一家欧洲网络和电信公司的高级主管解释了它们的优势:"你创建或加入的平台,对于管理引入变革所涉及的风险至关重要。它们有助于限制下行趋势。"

3.3 数字化驱动商业 4.0 行为转换: 数字化进程加快

我们的研究表明,电信行业的数字能力与本研究中涉及的其他部门大致旗鼓相当（见图 3 – 7）。当涉及将 IT 基础设施迁移到云环境时就是这种情况。上一部分提到的传统技术和文化问题可能在一开始阻碍了该行业的许多大企业转向云计算，但受访的电信行业高管中有 2/3 表示，他们的公司目前正在使用基于云计算的服务。90% 的人认为在 2022 年之前，云计算将融入他们的主要 IT 基础设施环境。一些电信运营商凭借自身的实力成为云计算服务提供商。

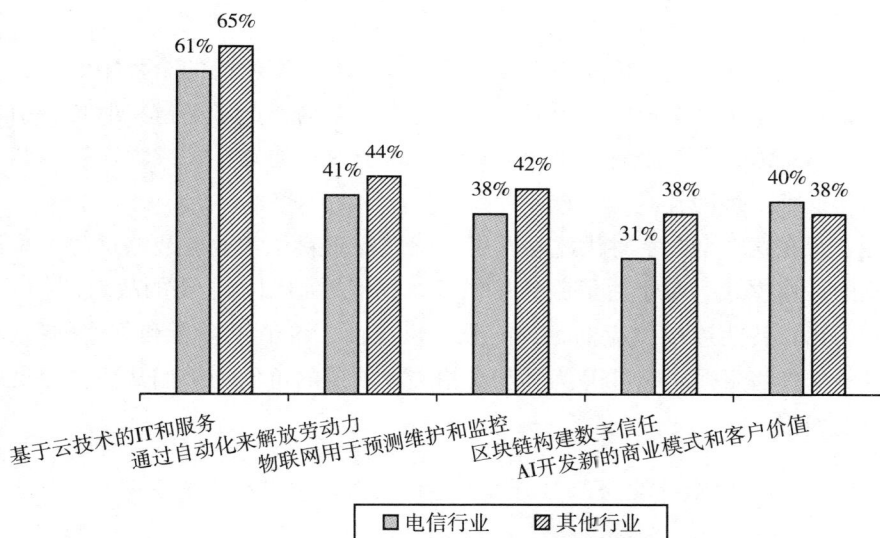

图 3 – 7　电信行业如今采用的技术

资料来源：作者团队的调研。

另外，自动化技术（RPA）在该行业的 CIO/CTO 议程中占有重要地位。对操作人员来说，手工执行网络配置、监控和其他操作任务仍然很普遍，而许多操作人员正在积极部署自动化工具。他们寻求更快的测试和服务引入、更少的错误和更少的网络停机时间。

在数字化技术的这些方面，技术能力的进一步发展有相当大的空间。例如，在使用人工智能（AI）方面，我们调查的电信企业就不如金融服务、旅游和酒店行业的同行成熟。电信运营商在客户服务和客户关系管理（CRM）等运营领域，尤其是能从人工智能技术中获益良多。

许多电信公司都在积极寻求采用敏捷方法来帮助平衡这些能力，因为他们努力改变他们的业务。几乎一半被调查的电信公司说，敏捷方法支撑着他们今天所有的业务流程。根据珍妮·阿尔托（Janne Aalto）的说法，DNA 三年前就在 IT 基础功能中引入了敏捷方法。他说："结果非常明朗，敏捷方法在整个业务中都得到了推广。"

3.3.1　数字体验，一个激动人心的未来

在商业 4.0 时代，特别是一个以现在的业务速度运行的全数字时代，消费者正在重新定义客户体验的概念。随着数字革命掀起了超链接时代，引发了多维信息流，通信服务提供商（CSP）处于独特的地位，成为连接性和数字参与的唯一推动者。

若想在这个全数字时代蓬勃发展，就需要重新思考业务战略优势并采用正确的运作模式。对于通信服务提供商，我们看到四个主要的战略"模式"脱颖而出：智能连接供应商、智能服务供应商、价值聚合者和价值创造者。模式的选择将直接影响 CSP 为其利益相关者创造的价值和他们从所做投资中抽取的回报。

3.3.1.1　原生的数字化企业与通信服务提供商：吃别人的午餐

虽然对无线宽带和媒体消费的需求迅速增加，但由于基础设施投资巨大，技术很快被淘汰，实现数字化参与数字货币化的潜在机会仍然是通信服务提供商面临的挑战。纯游戏连接提供商的机会窗口正在逐步缩小。更令人痛苦的是，原生的数字化企业和顶级（OTT）提供商巧妙地利用了通信服务提供商已有的网络基础设施投资，并且能够创造不断增长的收入，而不需要进行更大规模的资本投资来支持网络基础设施。

在这个数字驱动的经济时代，消费者不仅需要"连接互联网"，而且还依赖于可靠的网络服务，消费者总是需要一个连接提供商。虽然通信服务提供商在抓住这些机会方面具有独特的位置，但由于它们侧重于以网络或产品为中心的方法，而不是以客户体验或客户参与为中心的方法，它们将继续受到收入增长的挑战。

激烈的竞争使通信服务提供商的核心服务供应进一步商品化，导致每个用户的平均收入（ARPU）稳步下降。

3.3.1.2 电信运营商的四种战略选择

通信服务提供商可以利用通信服务提供商提供的高速连接将客户"消费"的各种数字市场产品组合成一个统一的体验，迅速将自己建立为"数字体验的守护者"。为此，有四个进化阶段或模式可以使通信服务提供商从纯粹的连接提供商转向智能数字服务提供商，转向市场协调者，最终转向平台业务（见图3-8）。通信服务提供商对这四个阶段中的每一个阶段的战略选择，以及他们采用的商业模式，将推动他们转变为未来的数字服务提供商。这一选择将取决于通信服务提供商是否愿意采纳基本的商业模式和组织文化来包容这种变化。

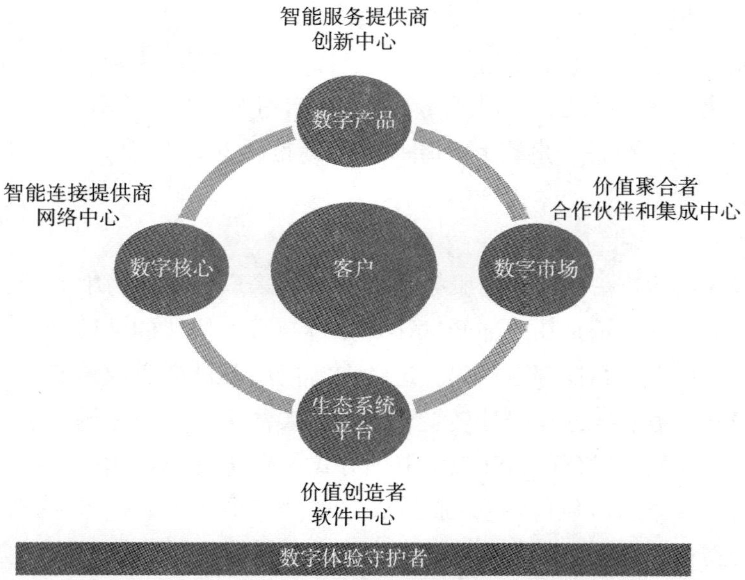

图3-8　CSP成为数字守护者的四个战略选择

1. 智能连接供应商。

作为智能连接供应商，通信服务提供商必须高效、大规模地提供网络和连接服务。除了不间断地连接互联网外，消费者还寻求服务质量（QoS）和体验质量（QoE）。为了成功地成为一个智能连接提供商，通信服务提供商必须简化传统网络并转向以 IP 为中心的网络，在 5G 和光纤上构建下一代网络，并将核心系统数字化，以最大限度地提高运行效率和提高业务灵活性。

作为一个"智能连接供应商"，实现高效和灵敏性将取决于 CSP 简化基础设施、流程、产品和整个组织的能力。

这一战略的核心是利用单一客户、单一流程和单一资产的范式。这个模式还需要通信服务提供商（CSP）通过企业范围的灵敏采用，再加上机器优先的操作方法来转换他们的运行模式。通过成为智能连接供应商，通信服务提供商（CSP）将能够将其成本结构从沉重的固定成本结构线性化为与收入挂钩的运营可变成本，使其能够通过多样化进入具有不同价格点的新细分市场来获得更多市场份额。这反过来将有助于防止收入流失，并为通信服务提供商提供所需的所有资源，使其能够在机会出现时发展成为其他多样化模式。

例如，一家芬兰电信通信技术和数字服务公司 Elisa 决定利用其工程技能开发自动化算法。因此，公司开发了自己的自组织网络（SON），可以自动解决近 90% 的网络事件。事实上，Elisa 的目标是到 2022 年建立一个"零接触"NOC。

2. 智能服务供应商。

选择向前迈进一步的通信服务提供商必须采取以创新为中心的方法来投资数字产品——无论是在内部开发还是通过与合作伙伴的共同开发——并将它们与核心服务产品捆绑在一起。这种向智能服务供应商的转变代表了商业模式向数字服务收入的非线性转变。这里需要注意的一个关键点是，这些数字服务需要使用标准化的 API 以无缝的方式集成到数字化的核心中。

作为"智能服务供应商"，通信服务提供商将开始率先实现企业客户的数字化转型——这将通过用覆盖物联网、客户管理、工作场所解决方案和其他此类领域的以领域为中心的平台解决方案来补充企业解决方案组合来实现。

本着开发创新数字产品的精神，康卡斯特开发了 Xfinity xFi，一种数字仪表板，可以在管理 WiFi 网络和连接家庭的同时实现个性化用户体验。该产品还可以通过 XFiPods 扩展家庭 WiFi 覆盖范围。

3. 价值聚合者。

前两个模式主要集中在释放企业及其投资内部的潜力，它们向消费者提供的服务的主要部分是公司内在能力的结果。这就是第三个模式做出了巨大的转变之处。

作为"价值聚合者"，通信服务提供商负责从数字生态系统中为消费者和企业部门采购和聚合差异化功能和服务。在以消费者为中心的情况下，通信服务提供商将需要通过超个性化、全渠道集成和服务创新支持卓越的消费者体验，在市场中脱颖而出。

选择在这一领域发挥作用的通信服务提供商需要将目光转向外部，并通过服务聚合和整合来利用伙伴关系的力量。从本质上讲，通信服务提供商将通过提供类似的产品争夺同一组客户。

为了确保作为价值聚合者的盈利，通信服务提供商需要在其产品组合中包括第三方实体的解决方案、服务和能力，并将重点放在协调差异化体验和为消费者提供最佳价值上，而不考虑价值的来源。让它为消费者无缝服务成为通信服务提供商的核心价值主张，而不是它自己的产品，也不是它的网络资产。

作为平台供应商，罗杰斯通信在加拿大成立了一家银行，德国 Telefonica 与 Fidor 银行合作提供数字银行服务，KPN 收购了荷兰领先的医疗保健和公共部门 IT 服务供应商 CamIT Solutions。

4. 价值创造者。

作为一个"价值创造者"，虽然通信服务提供商仍然是消费者参与的唯一渠道，但目标是在市场上创造引人注目的差异化价值，而不是依赖于通信服务提供商自己的渠道向消费者传递。虽然通信服务提供商仍然是其消费者参与的唯一渠道，但第四阶段设想通信服务提供商不依赖自己的渠道，在市场上为消费者创造引人注目、差异化的价值。作为价值创造者，通信服务提供商通过开发以软件为中心的平台进入一个真正令人兴奋的领域，而生态系统中其他参与者也可以在此基础上进行构建。这种根本性的转变将要求新的运作模式、技能、流程和组织文化的改变。

日本运营商 NTT Docomo 采用以客户为中心的业务策略，除了投资于运营商计费和支付解决方案外，还在开发"＋d 忠诚"平台等增值产品。有了

"+d 平台", NTT 已经开始了一系列由强大的合作伙伴支持的数字生活方式产品, 从而实现了可持续的非线性增长。当他们开始各自的增长之旅(线性或非线性)以演变成多方面的平台模型业务时, 通信服务提供商必须在其业务策略的核心中包含有客户中心性。

3.3.1.3　理论实践: 一些企业已经步入正轨

这四个模式需要对数字企业进行彻底的重新构想。在成为数字体验守护者的过程中, 通信服务提供商的首要目标将是为消费者提供差异化的体验。

我们的研究使我们相信, 已经在头脑中用四个模式重新制定了战略的通信服务提供商正在经历戏剧性的成功结果。图 3 – 9 描述了自由现金流(FCF)与业务现金流(OCF)的比率, 可用资本支出的指标。

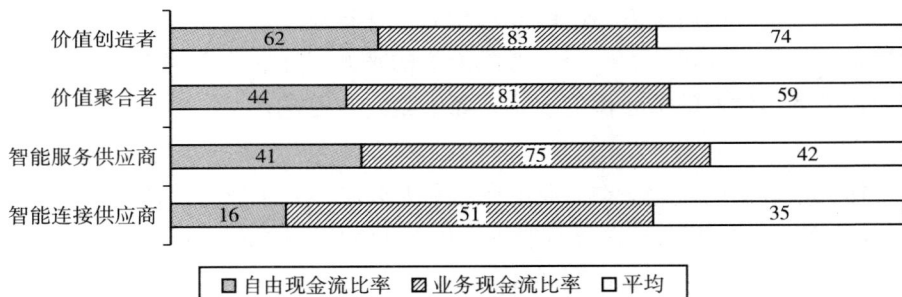

图 3 – 9　每个模式内的主要服务供应商的"自由现金流"与"业务现金流"的比率
资料来源: 作者团队的调研。

作为智能连接供应商, 通信服务提供商对网络的持续投资将给非网络投资带来压力。自由现金流与业务现金流比率反映了这样一个事实: 资本支出随着四个阶段的发展而逐渐减少, 也就是说, 在连接供应商的角色中, 通信服务提供商必然会产生大量的资本支出, 而价值创造者将有相当大的自由现金流, 这反过来又会反映在他们令人惊叹的利润率中。

3.3.1.4　通信服务提供商商业 4.0 转型的效果

迄今为止, 通信服务提供商(CSP)缺乏对客户体验的关注, 导致服务交付欠佳，造成市场大幅波动，并为一系列新的竞争对手（如数字原生企业）颠覆原有商业模式和获取价值铺平了道路。为了在"随时随地、任何设备"的客户参与环境中与这种新的参与者竞争，通信服务提供商需要在其整体业务战略上进行范式转变。

虽然通信服务提供商自然会倾向于成为智能连接和服务供应商，但最大的价值在于价值聚合者和价值创造者模式。正是在这种模式下，通信服务提供商将真正能够接受风险，并冒险进入新的、未探索的领域，从而为所有利益相关者创造巨大的价值。优化利用生态系统来推动大规模个性化，将是通信服务提供商成为数字体验守护者的关键。我们将此视为通信服务提供商的商业4.0行为转型。这将需要领导层的高度重视，以平衡对核心传统业务的投资，以及向新的非线性业务模式引导的技术和资源的投资。实现这一良好平衡的通信服务提供商将经历指数级增长，客户满意度将比以往任何时候都高。

3.3.2 下一代电信行业生态系统，混合、敏捷和集成

颠覆性技术正在改变全球各行各业的企业。争夺更大的市场"蛋糕"的斗争，正驱使企业对商业模式进行积极的数字化重塑。这些不断发展的商业模式正在改变电信行业在更大范围内的拓展角色。通过为消费者、企业、业务合作伙伴、政府、供应商和社区提供通信平台或服务，以动态共享、消费、创建和共同创建服务，电信公司被视为"数字生态系统的价值集成商"。为了满足数字生态系统的实时和动态需求，电信公司需要能够实现混合、敏捷和普遍的集成，从而允许本地和云上的应用程序和数据源、移动应用程序、社交网络和其他"东西"顺畅地协同工作。

3.3.2.1 为什么电信公司需要敏捷集成能力？

由于集成非常重要，即使在设计或实现上的一个小失误也会对业务产生重大影响，包括延迟、通信故障和系统关闭。集成异构端点的需求越来越大，使得现有的单一集成主干概念的效率很低。这一动态尤其适用于电信公司，它们正努力在多种技术之间进行平衡，以向其苛刻的客户提供世界级的服务。

确保内部和云应用程序之间的统一连接已成为电信运营商平滑业务运营的重中之重。尽管电信公司在激烈的竞争中不断更新其技术资产，但由于许多传统系统的灵活性有限，与新系统的集成是一件既费时又昂贵的事情。此外，一个松散连接的商业网络会给自身带来操作风险。

随着精通数字的客户的需求上升，电信公司必须确保其 IT 基础设施系统的高度敏捷性、可用性和能力，以提供无缝的数字服务体验。电信公司在这方面面临的一个关键挑战是旧的核心或 COTS 驱动的预集成功能，它们不能扩展和驱动业务敏捷性。这强调了构建数字集成体系结构的必要性，该体系结构旨在最小化构建数字功能对电信核心的依赖。

3.3.2.2 混合集成如何发挥其功能？

传统上，应用程序和数据通过相对刚性的集成服务（如 ESB、ETL 系统和消息中间件）连接。但随着云优先战略成为主流，企业需要将其非预期应用（通过云平台服务集成）与预期应用同步。在处理集中管理的 IT 功能时会出现挑战，这通常需要频繁的更改。此外，集成项目需要高度的灵活性和成本纪律。这就是混合集成可以为电信公司带来有形价值的地方。

混合集成提供了一种高效的、自动化的方法，可以直接或通过 ESB、ETL 和其他现有的集成与云移动或云连接。

混合集成，除了能提高流行的旧系统的可用性和促进采用现代的、基于云技术的基础设施之外，还可以为加速、节俭的业务创新铺平道路。

通过 IPaaS 或 API 管理的 SaaS 应用程序。采用这种动态、实时集成的方法将有助于电信公司提高其敏捷性和运营效率。因此，他们将能够承担新的项目，包括与合作伙伴和供应商的联盟，并成功地实施这些项目，而不影响上市时间。

3.3.2.3 设计下一代集成平台

为了实现混合集成，必须简化和开放，不需要定制实现和专有技术。采用即插即用、自愈的体系结构，促进动态集成和分解，同时采用普遍的方法，可以使混合集成有效。此外，任何这样的工作都应该涉及规模上的过程自动化，并跨越广泛的数据、通信设备、云平台和 API。简而言之，理想的方法是将企业整合从单一的、僵化的结构转变为一个动态的、微服务驱动的生态系统。

电信公司必须考虑采用下一代集成业务架构，因为他们现有的业务框架大大限制了他们适应不断变化的市场需求的能力。一个精心设计的现代集成平台将让电信公司解决多种类型企业用户的不同需求，并执行混合交付模型，以提高敏捷性和成本效率。

电信公司必须考虑采用下一代集成架构，因为他们现有的框架大大限制了他们适应不断变化的业务需求的能力。一个精心设计的现代集成平台将让电信公司解决多种类型企业用户的不同需求，并执行混合交付模型，以提高敏捷性和成本效率。

这样的集成平台应该能够平稳运行，不依赖于渠道，并且解决了混合云集成的需求，并促进处理的分配。此外，该体系结构应该促进现有接口的去重复性。用户也应该能够通过自助服务数字插件访问它。使用 REST 通信标准，平台应促进微服务、智能端点和智能网管的使用，以及具有记录系统的业务逻辑所有权。服务层和服务目录的精益管理以及版本控制策略将是至关重要的。

3.3.2.4　通过数字集成解耦遗留旧核心

这是通过以应用程序接口（API）为电信核心构建一层数字化外观（集成结构）并解耦混合来完成的，除了增强遗留系统的可用性和促进采用、基于云的 IT 之外，还可以促进业务创新。数字化的集成结构是由微服务驱动的。其缓存功能和基于事件的消息传递将进一步支持它们以提升速度。这些本质上是为了保护遗留核心，使其几乎"无意识"状态继续发挥作用。除再加上一些其他方法，如"写入"事务的增量服务启用，这将促进不同渠道对服务的轻松消费和公共功能的重用。

3.3.2.5　实施一体化

电信公司应该遵循一个循序渐进的过程来实现集成平台，以确保对正在进行的业务的最小干扰。跟踪混合集成的以下五个核心组成部分至关重要：

（1）API 管理：在当今的数字经济时代中，通过数字技术进行价值创造是关键，电信公司需要向外部合作伙伴展示自己的业务和技术能力。这就要求通过开发和管理一个强大的 API 生态系统，将内部基础设施与其合作伙伴的应用基础设施结合起来。API 将是电信公司利用各种市场机会的关键推动因素。

（2）微服务平台：基于微服务的集成将所有软件组件分解为一组独立的、可独立部署的服务模块。这将在开发、交付和运营方面提供更大的灵活性，同时也有助于自动扩展服务，展现高弹性和自愈能力。由缓存功能和基于事件的消息传递支持的微服务驱动的"交互层"也将为信道和消费者应用程序提供速度。

（3）集成平台服务（IPaaS）：随着更成熟的云解决方案进入市场，对敏捷方法的需求日益增长，许多电信公司正在考虑将核心应用程序转移到云上。为了做到这一点，他们将不得不通过 SaaS 集成来协调不同的云应用程序，并将嵌入式数据中心与基于云的数据中心同步。

（4）轻量级企业服务总线（ESB）：由 API 网关、微服务驱动集成和 IPaaS 推动的普适集成的组合将使 ESB 更加简单、轻量级和可管理。

（5）数字数据架构集成：数据集成的范围现在超出了 ETL 工具的范围。企业正在从传统的批处理驱动技术转向实时数据集成，以消除数据过时的风险。电信公司可以通过多种方法实现这一点，包括变更数据捕获、数据联合、低延迟数据捕获和传播、面向消息的数据移动和事件流集成。生成从不同源系统聚合的数据的抽象、联合或虚拟化视图也可以在运行中实现数据集成。一旦这些构建块嵌入混合集成平台的设计中，电信公司应该执行以下四步实现计划：

步骤 1：规划全面的集成，包括内部部署和云应用程序与数据源的同步，以及业务合作伙伴、客户、移动应用程序、社交网络和"事物"的集成。

步骤 2：通过优先选择 API 和基于微服务的设计，以互操作性方法进行设计。缩短上市时间，提高敏捷性，并为用户提供自助服务。

步骤 3：通过选择开源产品，实现从重量级 ESB 到轻量级 ESB 的增量迁移。

步骤 4：将能够适应一体化的系统性和适应性方面的强有力治理结构制度化。

3.3.2.6 电信行业有敏捷和普适混合集成平台后将大有裨益

对于电信公司来说，最显著的收获将是能够轻松地将其核心优势货币化，无论是在功能能力、网络资源方面还是客户洞察力方面。增加灵活性以适应各种业务优先事项，而不必担心对企业生态系统的影响，并鼓励进一步创新。

从行业角度来看，混合集成将大大降低开发新产品和服务的成本，同时提高业务灵活性。推出新的数字产品和服务的较短生命周期可以帮助吸引和留住客户，以及提高销售和交叉销售。随着基于 API 的协作变得更容易，混合集成确实可以为电信行业重新成功奠定基调。

3.4 商业 4.0 转换的障碍：时代艰难的挑战，坚实的推动者

在系统、流程和管理态度方面，"遗留"这个术语概括了电信行业企业，尤其是大型企业在位者，在灌输商业 4.0 行为时所面临的一些最严峻的挑战。

摩托罗拉解决方案公司（Motorola Solutions）的拉姆·巴拉苏布拉曼尼安（Ram Balasubramanian）表示："电信行业充满了传统企业。改变传统思维模式是发展新业务行为的最大障碍。"

在我们的研究中，我们发现在接受风险时，打破企业文化障碍是电信行业企业面临的首要挑战（见图 3 - 10），但它在其他产业支柱中也很重要。

众所周知，作为网络黑客攻击的目标，电信公司敏锐地意识到安全漏洞的威胁以及随之而来的监管审查。电信行业高管尤其强烈关注有关数据安全风险的这两个行为：在伙伴企业有更严密的安全协议的生态系统工作，以及重新思考涉及利用客户数据开发新产品和服务的商业模式创造价值的新来源。

例如，修改业务模型的企业需要考虑从产品转移到服务时所涉及的安全漏洞。拉姆·巴拉苏布拉曼尼安说："随着政府成为我们的主要客户，当我们从安全产品转向更多的数字化产品时，数据安全是我们必须持续关注的问

题，软件即服务模式。"

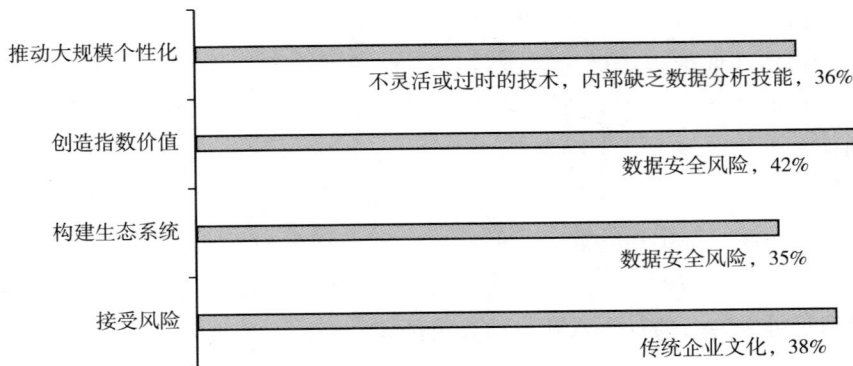

图 3 – 10   采用商业 4.0 方法的几大障碍

资料来源：作者团队的调研。

替换传统技术（极可能是两年或更久以前安装的网络和 IT 系统），是商业 4.0 行为改变的另一个主要障碍。据芬兰移动运营商 DNA 公司的首席信息官珍妮·阿尔托（Janne Aalto）所说："更换旧系统，特别是诸如计费等关键任务系统，有很大的风险，因为在向新技术过渡的过程中可能会出现很多问题。这些类型的更改必须是客户看不见的。"

3.5   本章小结

我们的研究向电信行业传递了一个积极的信息：许多知名电信企业正在克服数字变革的障碍，并希望转型成为商业 4.0 行为的企业。此外，许多人已经在他们的旅程中前进良久。主要的障碍来自内部，高层领导必须推动商业 4.0 向前发展。从研究中吸取以下经验教训，有助于电信企业在商业 4.0 行为转型的道路上取得长足进步：

（1）生态系统的繁荣需要开放的态度。电信企业，尤其是运营商，一直在保护他们所持有的客户数据，这是可以理解的。过度专利化的方法需要改进，以最大限度地利用生态系统。

（2）敏捷方法适用于整个业务。敏捷实践的采用在跨行业的企业中为 IT 基础设施功能创造了奇迹。现在是时候认清敏捷方法给电信企业业务的其他部分带来的在速度、质量和风险管理方面的优势了。

（3）最佳做法和模式随处可见。电信行业作为被监管严格的行业，电信公司为了推行商业 4.0 行为转换，可以参考银行业和保险业的先例。制造商和运输公司则为资本密集型行业提供了参考经验。

3.6　案例：中国电信开启商业 4.0 行为

——打造云服务主业[①]

随着数字化的提速，企业上云的需求激增，据 IDC 预测，到 2024 年中国整体云服务市场规模将超 1 000 亿美元。在传统业务增长放缓之时，云服务成为运营商新的增长点。作为全球云服务能力排名第一的运营商，中国电信的天翼云的发展始终保持着高增长的态势，2020 年中国电信全网云服务业务达到 138 亿元，同比增长 58.4%，在中国公有云服务市场份额始终位居前列。

在数字经济的浪潮下，中国电信确立"云改数转"战略，以自身的数字化转型，推动全社会数字化转型。坚持"网是基础、云为核心、网随云动、云网一体"战略方向，加强云网能力布局，加快构建云网融合的新型基础设施。

作为"云改数转"战略的重要一环，中国电信高度重视云计算领域的发展。按照"2 + 4 + 31 + X + O"的总体布局，加快天翼云和 IDC 建设，云资源库数量超 100 个，IDC 机架超 42 万架，其中近 80% 的机架部署在京津冀、长三角、粤港澳、陕川渝四个重点区域；同时基于海量的边缘机房，开展 MEC 建设，构建云边协同能力。

---

① 曾娅. 中国电信：云改数转勇立转型潮头上云用数赋智千行百业 ［N］. 人民邮电报，2020 - 08 - 11（1）.

中国电信将云服务业务独立出来，一方面，通过整合云资源来强化云业务研发运营与生态合作，助力"云改数转"战略更好地落地；另一方面，更好地遵循云服务市场和技术发展的规律，以更加市场化的方式运作，使得天翼云能够放开手脚，通过充分的市场竞争，提升自身的整体竞争力。

更为重要的是，云服务是典型的技术密集型行业，要求企业紧跟技术前沿趋势，持续进行研发更新，才能保证产品性能，维持行业竞争力，也就意味着人才是关键。天翼云战略最大的变化是摆脱中国电信国企的体制限制，通过创新市场化的人才选用机制，加大年轻员工的选拔晋升，打造科技和创新人才梯队，优化绩效导向的薪酬体系，激发员工活力与效率。

毫无疑问，独立出来的天翼云科技将成为承载这份主业的载体。而为了这份主业，中国电信所做的不仅仅是成立这家独立的专业子公司，在资金投入、生态构建、自研能力等方面同样下足功夫。

2021 年 3 月 9 日，中国电信公告称，拟申请 A 股发行并在上海证券交易所主板上市，所募资金将用于 5G 产业互联网建设项目、云网融合新型信息基础设施项目及科技创新研发项目。从 3 月 17 日的最新公告中，三大募投项目未来三年总投资规模达到人民币 1 021 亿元，其中初步利用募集资金投资额为人民币 544 亿元。

根据中国电信对云网融合新型信息基础设施项目的定义，主要聚焦天翼云、数据中心等布局建设和基础通信网络智能化升级，夯实云网安全底座，建设数字化云网运营平台，满足公有云、私有云和边缘云发展及客户便捷入云需求，助力经济社会高质量发展。这一项目未来三年的投资规模达到 507 亿元，其中利用募集资金 270 亿元。

此外，中国电信还强调了将在 2021 年优化资本开支结构，网络基础设施方面的资本开支同比下降 12%，而在产业数字化方面的资本开支同比大幅增长 67%，主要用于云和 IDC 基础设施的布局。云基础设施方面，部署 10 万台服务器，并扩展部署 MEC/边缘云业务。IDC 基础设施方面，聚焦京津冀、长三角、粤港澳、陕川渝等四大重点区域，新建机柜 5.2 万个，其中自建柜2.2 万个。可以说，中国电信投资的重心正由网转向云。

与此同时，中国电信近期战略投资 ZStack，聚焦国产化云平台及生态的培育和构建，打通企业数字化转型的平台和入口。当然，在生态建设方面，此前天翼云还推出"同心计划"，拥抱每一个合作伙伴以天翼云为基础打造中国电信的生态底座。

值得一提的是，自研能力方面，中国电信强化核心技术自主攻关，加大5G、云网融合、网信安全等重点领域的核心技术攻坚，自研天翼云3.0、人工智能（AI）平台，掌控 PaaS 平台等 20 项核心技术，规模化商用天翼云、分布式存储系统，有效提升云计算领域市场竞争力。

4
零售和消费品行业
——价值制造占据了舞台的中心位置

4.1　零售和消费品行业商业 4.0 行为概述

　　商业 4.0 将对零售和消费品行业企业产生重大影响，具体表现为以下几个维度：第一，未来零售和消费品企业的关键在于顾客关系的经营，为了满足顾客跨渠道的购物需求，零售和消费品企业要通过"全渠道"模式的建设，打通消费者接触点，同时以新技术作为支撑，推进零售数字化转型；第二，新技术应用推动零售变革，改变传统购物方式，电子支付、人脸识别、交互服务、互动感应技术等越来越多的未来科技应用到我们身边的零售和消费品终端服务商中；第三，未来零售是数字化零售，加强品牌数字化程度建设，以顾客为中心挖掘其需求，利用大数据技术可以根据消费者的购物记录以及其他消费数据，分析了解消费者的购物偏好，进行精准营销。

　　中国作为第一个体验数字技术变革力量的国家之一，零售和消费品行业企业正处于剧烈变化之中。随着互联网电子商务市场在世界范围内开辟无边界的贸易路线，品牌销售和分销产品的进入壁垒从未如此之低。一些零售和消费品企业的反应一直很慢，但更具创新性的公司正通过采用四种商业 4.0 行为来迎接挑战，推动大规模个性化、创造指数价值、构建生态系统和接受风险。

大多数零售和消费品企业，就像我们研究中分析的其他部门的公司一样，至少采取了四种行为之一。尽管如此，这个行业包含的"领导者"企业少于我们调查的大多数其他行业（见图4-1）。

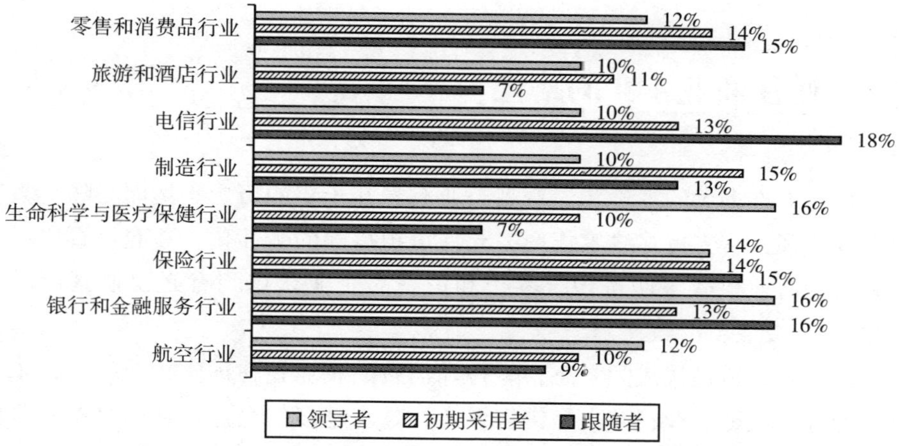

图4-1 零售和消费品业在领导者、初期采用者和跟随者群体中的份额
资料来源：作者团队的调研。

在某种程度上，这种相对缺乏成熟度反映了该行业企业答复者在业绩方面的巨大差异，以及两个次级企业之间的显著差异。还值得注意的是，零售和消费品企业目前正在面临一些复杂的情况，比如包括消费者品牌忠诚度的普遍下降，基于消费者消费行为数据的算法在客户外联和参与中的作用越来越大，也是直接对消费者平台和其他平台的兴趣越来越大非传统的商业方法之一。以下是我们研究的关键发现：

（1）行业玩家在他们的商业4.0之旅中取得了长足的进步。跨行业、大规模个性化和利用生态系统是最有可能被采用的行为。显然，大多数零售和消费品公司正在将产品和服务个性化，而且比其他行业企业更有可能与多个合作伙伴合作创造新产品和服务。

（2）通过采用商业4.0行为获得的收益是有形的。更大的可开拓新市场、更高的盈利能力、减少客户流失、更好地获得稀缺资源和提高创新能力，是零售和消费品公司在其业务4.0之旅中正在实现的一些突出好处。

（3）技术越来越重要。虽然大多数零售和消费品公司都在与云服务商和物联网生态系统合作，但它们有很大的空间来提高数字能力，特别是在自动化、区块链和人工智能方面，许多公司决心在未来三到五年内提高自己的技术水平。

4.2 通往商业 4.0 的路径

世界上许多大的零售和消费品企业有着几十年的历史。然而，随着数字平台的出现，它支持在线零售商，允许负担得起的个性化，并允许直接面向消费者的商业模式，使得传统零售和消费品企业认识到有必要使其产品现代化。

随着全渠道模式成为常态，零售和消费品企业正在远离传统模式：依托制造业和供应链企业；其次是销售渠道，越来越多的企业正在引进基于订阅的产品和服务组合，通常与生态系统中的其他参与者合作。

例如，英国零售商阿斯达（Asda）将其商店作为在线零售商的服务点，可能在某些领域与在线零售商竞争。除了为 Asda 带来新的收入来源外，这种模式还帮助阿斯达将自己的产品销售给到访其门店取货的客户。

更多的零售和消费品公司已经接受了商业 4.0 的行为来创新和重塑他们的商业模式。被调查的公司在所有的商业 4.0 行为中表现得相当好，特别是利用生态系统来创造新的产品和服务（见图 4 - 2）。

4.2.1 大规模个性化：连接到一个片段

大规模个性化的零售和消费品公司发现其客户的流失正在大幅减少，这给那些努力建立忠诚度的同行们传递了一个强有力的信息。耐克是一个很好的例子，这一著名的运动品牌已经从大规模生产转向大规模个性化，转型的非常完美、轻松。通过其耐克平台，该品牌邀请积极的消费者参与，允许选择风格、颜色、织物种类和设计细节。

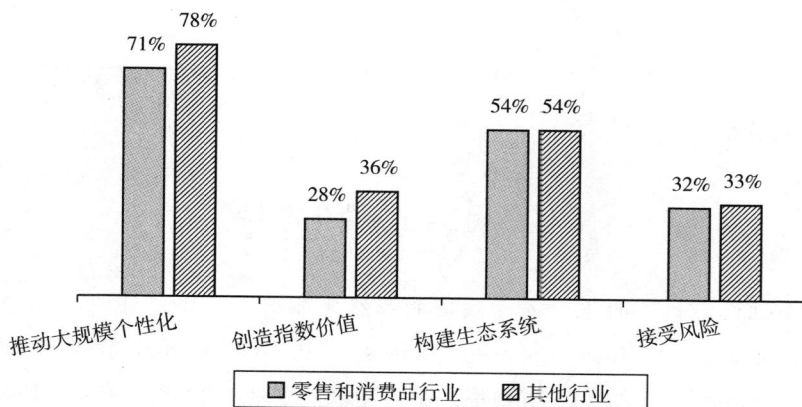

图 4 - 2　零售和消费品行业采用商业 4.0 的行为

资料来源：作者团队的调研。

英国零售商 N 布朗（N Brown）的首席信息官亚当·沃恩（Adam Warne）认为，大规模个性化是客户服务演变的下一个阶段。正是大规模个性化让顾客感到被一个品牌所尊重和关爱，其他好处包括盈利能力显著提高，以及客户交易价值的增加（见图 4 - 3）。

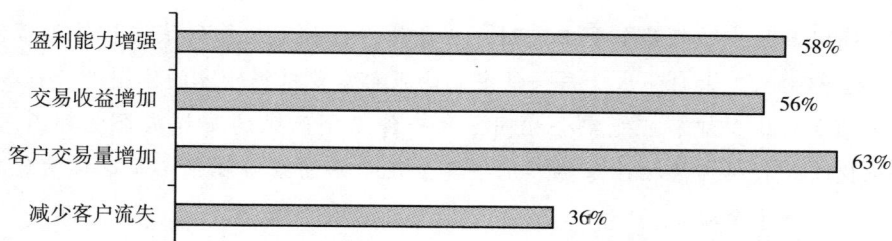

图 4 - 3　零售和消费品公司实施大规模个性化的好处

为了充分挖掘大规模个性化所带来的潜力，企业需要具备能够连续地计算报价和定价的能力，同时在一个颗粒级别上的每次交易，他们还需要积极识别其他面向客户的过程，例如，个性化可以应用于商品返回。

案例分析

奢侈品代言的个性化定制①

"个性化定制"的概念源于法国的高级定制时装,当时还有一个专门的词汇来形容它——Haute Couture。1858 年,巴黎街头出现了世界第一家"Haute Couture"时装店;1868 年,法国高级时装联合会正式成立;1945 年,法国政府从多个方面为高级时装制定了严苛标准,从此只有香奈儿、迪奥等十几家顶级品牌才有资格生产高级定制时装,而这种高级定制时装很快也受到了上层人士的追捧,成了女孩们心中的"梦幻时装"。

所谓"个性化定制",就是指用户通过参与产品的生产过程,从而获得个人属性强烈的特制商品。这种生产模式曾一度被捧上神坛,被认为是高端消费特有的产物,而"个性化定制"的商品也主要集中在珠宝和高端服装等奢侈品行业上。直至今日,这些高端定制产品仍然在奢侈品市场占有一席之地。

高级西服,一般是全手工定制,从量体、打版、制作到试穿后的细节修改,全都由人工亲自完成。每一件定制西服都需要根据顾客的体型进行打版,每位顾客的体型都不可能完全相同,每一件定制西服的制作版样也都不同。一位优秀的打版师傅往往需要十几年甚至几十年的经验积累,而这样的优秀工匠也往往千金难求。

个性化定制服务对于工匠的技艺要求很高,产品的品质和设计方案也大有讲究,因此主要集中在高端品牌。而且由于商品制作周期长、数量稀少,"个性化定制"的服务对象也主要面向社会高端人群和企业客户,此前只有劳斯莱斯、宾利等名车制造商提供汽车定制服务;酒类定制服务也主要由拉菲、波尔多等顶级红酒制造商提供;鄂尔泰与金骏眉的定制茶叶更是高端人

---

① 夏海淑. 当定制成为一种生活态度 [EB/OL]. http://news.sohu.com/20060925/n245522743.shtml,2006 – 09 – 25.

士的身份象征。人工成本高，制作周期长，这都使个性化定制贴上了"高级""昂贵"的标签，成为奢侈品的代名词。

4.2.2 用订阅模型驱动价值指数增长

今天的消费者可以随时通过任何渠道购买产品，在线零售商和直接对消费者的制造商提供短的交货期和低价格。这促使传统行业参与者探索新的商业模式，利用他们的合作伙伴和供应商来提供更好的服务客户体验。

近年来，推出了小众"一站式"订阅服务，提供从家庭烹饪套件到床垫，从鲜花到剃刀刀片，在一个屋檐下的一切。亚马逊的 Prime 平台通过其订阅和库存提供降低了婴儿食品和保洁产品等商品的价格，而百思买则提供极客小分队订阅服务，以增加客户黏性。与传统的忠诚度计划相比，这些增值服务帮助零售商与数字客户建立了更强的联系，积分和奖励的概念和较慢锁定客户忠诚度。

创造价值指数增长的运营模式，例如通过创新的订阅服务释放新的可重复收入，正在为零售和消费品部门的企业创造明显的利益。如图 4 - 4 所示，这些好处包括扩大门店服务的市场范围和获得更高的盈利能力和销售额。

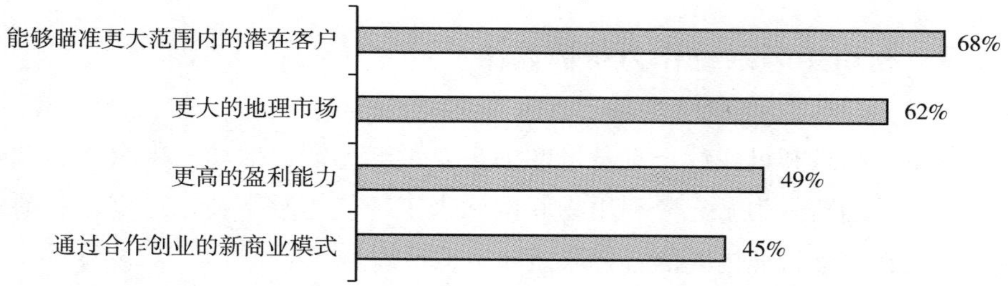

图 4 - 4　零售和消费品公司使用指数价值商业模式的几大好处

资料来源：作者团队的调研。

📓 **案例分析**

百思买（Best Buy）采用创新的商业
模式来建立忠诚度和推动收入

消费品零售商百思买通过从只提供产品的销售模式转向提供补充服务和支持的销售模式来调整其业务。例如，为实施订阅服务，建立了一支完整的技术团队来支持，百思买的极客小分队负责客户的家庭技术，而该公司的电话服务业务则提供与老年消费者相关的健康服务。每年 199.99 美元的费用，使会员可以无限次通过电话、门户网站或百思买主 APP 在线获得个人设备的技术支持。

对于百思买来说，目标是建立一个更有利可图、更可预测和更长期的商业模式。在 2018 年报告其财务业绩时，百思买的董事长兼首席执行官评论说："我们被我们持续的势头和整体业绩所激励，通过成功地用技术丰富生活，并提供解决实际问题的服务和解决方案，我们看到了重要的价值创造机会客户的需求。"

4.2.3 利用生态系统作为价值网络

价格、筛选和可能性一直是采购的主要影响因素，推动了供应链和准时网络服务的创新。为了充分利用物联网和人工智能等数字技术，零售和消费品行业正在探索行业内外的合作联盟和生态系统。

沃尔玛与自主汽车制造商乌德尔夫试用送货服务，寄送由购物者亲自挑选的产品，是传统参与者与利基技术开发人员合作的一个例子。

同时，消费品公司正在利用数字品牌平台与新的供应商和合作伙伴进行接触。例如，意大利制造商莫尔斯金实施了一个开放的创新计划，鼓励初创企业提出商业建议，以补充莫尔斯金的产品套件。

利用其更广泛生态系统的零售和消费品公司正在看到显著的好处，包括开发更创新的产品和服务并推动更高收入的能力（见图4-5）。

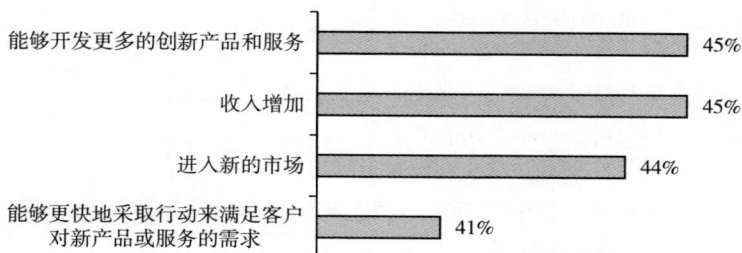

图4-5　利用更广泛的生态系统对零售和消费品企业的几大好处

资料来源：作者团队的调研。

4.2.4　接受风险来应对变化

对于零售和消费品行业来说，接受风险是为了平衡投资与客户需求，特别是当专注于资本密集型房地产和物流时，以及新的技术基础设施，使全方位的体验成为可能。

最成功的企业展示的一种"风险开放"商业形式是商业规划的灵活性，使其能够更好地适应不断变化的客户需求和内外部市场条件。在整个企业中采用敏捷方法，而不仅仅是在IT应用和设施中，是创建这种灵活性的一种方法。

在零售行业，另一种创建它的方法是通过人工智能技术支持的商店空间规划，它比手工方法更快地优化商店布局——将优化流程从几个月减少到几个星期。这将计划人员从平凡的任务中解放出来，并允许他们尝试与业务优先级相一致的不同的战略，从而培养冒险精神。

以这种方式接受风险在今天的零售行业中还不普遍（见图4-6）。与零售行业相比，消费品行业的比例更高，继续采用五年规划周期，这表明在这一部分企业普遍采用更传统的方法。

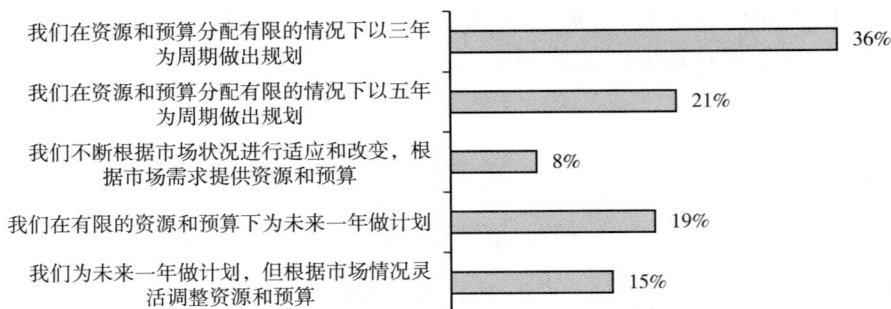

图 4-6　零售和消费品公司在未来规划时对风险的偏好

资料来源：作者团队的调研。

　　尽管如此，接受风险带来了优势，那些已经变得更容易接受风险的企业，他们有更高的生产力，可以更快地将新产品和服务推向市场，并能够扩大他们的市场份额和客户群。

4.3　数字化和个性化加速零售和消费品行业商业 4.0 行为转换

4.3.1　加速数字技术运用

　　采用商业 4.0 行为与开发强大的数字能力齐头并进。我们的研究结果表明，虽然零售和消费品行业的云服务采用与研究中涵盖的其他行业大致相同，但在使用自动化（RPA）、物联网、区块链和人工智能方面的进展低于平均水平（见图 4-7）。

　　零售和消费品行业的大多数高管相信，到 2022 年，他们将采用所有这些技术，使其与其他行业保持一致，并使其公司能够在实现商业 4.0 方面取得进展。人工智能在该行业高管的议程中占据特别重要的位置，并将在未来几年看到恰当的采用率。

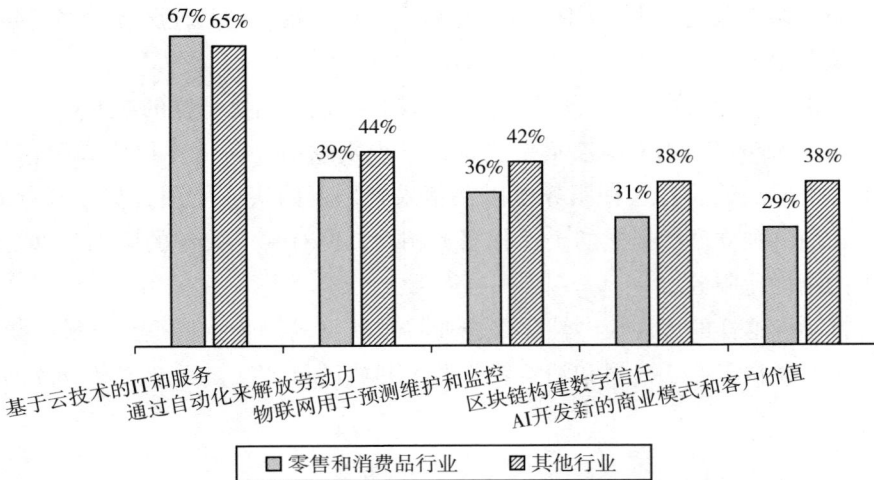

图 4 – 7　零售和消费品公司目前采用的技术

资料来源：作者团队的调研。

　　在我们研究者看来，数字技术的加速运用最大的收益在于设计、采购、分类、空间、商店运营、供应链和物流等功能。这些领域的算法优化正在缩短"从设计到货架"周期，加快"最后一公里"的实现，提高可用性，并改变零售行业的经验，从而对未来产生更深的影响。

　　除了在采用核心技术方面与其他部门迎头赶上外，零售和消费品行业还有余地在 IT 部门之外扩大对敏捷方法的使用。仅有四分之一以上的零售和消费品企业对每个业务流程都采用了敏捷，低于其他所有行业的平均水平。

4.3.2　个性化＋规模服务，转型的关键

4.3.2.1　规模服务

　　2004 年的某一天，一个沮丧的顾客走进了一家独立的唱片店。上周，她在收音机里听到了一首她喜欢的歌，但没有听懂它是谁唱的，也不记得歌名，从那时起，这个问题就一直萦绕在她的脑海中。店主让她唱她记得的部分，然后帮助其识别出这首歌，迅速找到 CD，然后把它播放给她。她对这种个性

化的服务印象深刻，买了 CD，同时还购买了店主推荐的其他服务，并满心欢喜地离开了商店，并表示可能在未来再次光临。

快进 15 年，数字技术已经加强，已取代我们的店主那样的帮助。音乐移动应用 Shazam 于 2018 年被苹果收购，它识别歌曲，向用户提供详细信息，并推荐类似的歌曲，这种服务可以在苹果音乐上购买或使用。在许多方面，这和前面的独立商店提供的个性化服务相同，但有一个关键的区别：这是规模上的个性化服务。

推动像这样的大规模个性化是企业寻求转型的一个主要重点领域。数字技术正在颠覆工业、公司和消费者，抛出开放的可能性，重新定义业务的所有方面。

4.3.2.2　终身顾客

全球化和工业化的发展使个性化变得困难。由于互联网技术的推动，企业拥有越来越大的客户群，大规模生产已经成为满足需求的必要条件。提供大规模定制商品属于劳动密集型，因此大规模个性化的高昂成本使很多企业有心无力。

数字技术正在改变这一点。根据我们的研究发现全球超过四分之三（78%）的企业表示，他们能够在大多数或全部时间内向个人客户和交易定制他们的产品和服务。大规模个性化显然是当今世界知名企业的主要战略方向。

对于成功的企业来说，个性化有一个巨大的价值：使他们的客户变成终身顾客。根据我们的调查数据显示，三分之一（32%）的企业报告说，由于能够个性化他们的产品，使得客户流失较少。高水平的客户忠诚度和保留率是营销人员的最终目标，特别是对于基于订阅服务的商业模式的企业，而大规模的个性化是实现这一目标的关键途径。

4.3.2.3　通过数字化实现个性化

客户需求的个性化程度越高，对于零售企业将获利越大，这是一种双赢的战略。但是这些企业如何实现规模＋个性化呢？

1. 大数据应用。

大规模个性化是建立在大数据挖掘分析之上的。没有数据挖掘，供应商就无法找出消费者想要的产品、服务和体验，更不用说提供它们给客户了。

一家消费品知名企业使用大数据驱动个性化的一个例子是美容品牌玉兰油（Olay），它最近推出了其人工智能技术驱动的皮肤顾问系统为客户服务。该系统提供一套手机应用程序（APP）允许女性消费者在手机上自拍，这套应用程序采用了玉兰油（Olay）的 VizID 的深度学习（deep learning）技术。一旦客户在线回答了一些关于她们对于产品偏好的问题，应用程序就会实时告诉她们的"皮肤年龄"，并根据其分析出他们可能存在的问题领域，然后，玉兰油（Olay）为客户提供个性化的产品推荐，所有这些都是由大数据驱动的人工智能技术的具体应用。

2. 机器学习。

机器学习对于大规模个性化是必不可少的，它帮助理解所有企业正在收集的数据。企业可以获得海量的数据，以至于他们无法手动或依赖基于规则的逻辑分析处理这些数据；相反，他们必须转向机器学习。

例如，Adobe Target，是一个软件工具，帮助用户将他们的内容个性化给客户。机器学习算法自动识别数据之间的关系，然后根据这些数据学习最好的经验和内容来呈现给客户。自学能力意味着它不需要由一个人编程，这加快了过程，并允许它在规模上部署。

3. 数据安全和隐私保护。

如果大规模个性化是建立在客户数据之上的，那么数据安全和隐私保护就是基础。客户想要个性化，但只有当它安全地交付给他们；没有它，客户的信任——一种无价的商品——将失去，在未来他们可能更不愿意分享他们的数据。因此，在企业的大规模个性化策略中，安全技术、管控流程、管理设施应该是最重要的。

4. 自动化。

当企业采用支持大规模个性化的技术时，自动化优先的心态是必不可少的。他们的工作人员和数据的庞大规模使得自动化变得至关重要——例如，音乐移动应用 Shazam 与唱片店：一个是可伸缩的，另一个不是。

规模个性化产品的另一个例子来自一个印度的电信公司。众所周知，在大多数情况下，手机是拥有手机的人联络和沟通的延伸，过去电信公司对于手机的收费基本上是"一刀切"的计划，一定数量的通话时长加上固定数量的数据访问量。如何实现个性化收费模式，传统的模式就不再适合使用。考虑到这一点，一家印度电信公司，创建了一个"自己建"服务功能，允许客户在给定的时间内设置他们期望使用的分钟和数据访问的数量，并指定他们期望使用最多的时间和天数。这样选择的组合的方式一定会出现千人千面：这是大规模的个性化操作的实际案例，所有这些操作都需要依赖于自动化技术。即使配置少数个性化电信服务计划所需的人力都将是巨大的；在规模化客户推广上，比如，数百万客户，只有通过自动化技术才能实现。这种自动化驱动的产品驱动了客户的满意度提高和忠诚度，这在基于订阅服务的电信行业中受到了高度的追捧。

电信公司也希望能够在 B2B 商业世界提供自动化驱动的大规模个性化服务。毕竟，B2B 客户是人，随着信息基础设施的大众消费化，客户都期望在工作中获得与在家一样的个性化体验。

例如，Nordics 电信公司向其 B2B 客户提供个性化配置服务，使用自动化技术以消除提供定制产品的烦琐过程中的痛苦。同时该电信公司的销售团队能够简单地将 iPad 带入会议，并在短短几分钟内利用 iPad 等移动终端为客户提供适合他们需求的个性化配置计划。同样，没有自动化技术在后台工作的基础设施支撑，这种个性化水平是无法实现的。

4.3.2.4　成功转型因素

技术是驱动大规模个性化实施的推动力量。但是，成功的关键不是单纯地用技术去解决问题，而更重要的是要考虑一系列其他商业主导的因素：

1. 以客户为中心，而不是以产品为中心。

企业期望转型为以客户为中心，这也是关于业务的组织方式。大多数企业都是以产品为中心的，业务流程和系统都是围绕创建或交付产品或服务而设计的。但在当今的商业 4.0 世界中，企业必须从他们的最终客户开始，并围绕客户的需求开发产品、服务和流程，以满足他们的需要。

2. 企业文化变革来驱动。

从以产品为中心，向以客户为中心的转变，从业务性质来讲是困难的，并且需要企业中的管理文化变革。另外，为了更高效率推动个性化，企业都期望利用合作伙伴生态系统，因此还需要企业文化变革，因为它需要更加协作的战略和方法论。对于许多企业而言，这可能是一个重大挑战。为了克服这些挑战，企业必须执行包含 KPI、激励计划等的重大变更管理计划。

3. 平衡个性化和隐私。

虽然个性化受到消费者的高度重视，但没有什么比尊重他们的个人隐私更重要的了。个性化是建立在客户数据的基础上的，但这些数据必须安全地存储并以道德、隐私为中心的方式使用。

许多个性化服务可以使用已经从客户那里收集的数据来进行深度挖掘，而不必舍近求远。例如，运输企业已经知道客户的来源和目的地、旅行的原因，以及他们的个人细节。因此，他们可以对客户的服务需求做出合理的假设，比如选择酒店类型、使用汽车或徒步，公司应该挖掘他们已经拥有的信息数据作为他们的个性化服务的第一步。

4.3.2.5　个性化只是商业4.0转型其中的一小部分

从前面的这些示例中可以看出，大规模个性化与其他商业4.0行为（包括利用生态系统、接受风险并构建指数价值）密切相关。

在"自己建"手机使用计划示例中，电信公司把问题部分拿来与 Netflix 等流媒体公司合作，为消费者提供他们想要的确切服务。更多的生态系统参与会带来更个性化的服务，并最终为客户带来越来越多的价值。

当然，向客户提供个性化服务存在风险。为了跟上商业4.0行为转型的步伐，很多企业现在正朝着以技术为主导的方向发展，而不是仅仅专注于核心产品和以技术为主导的方法，并且与任何新尝试一样，这也带来了风险。例如，玉兰油（Olay）是一家消费者美容品牌，但它已在技术方面进行了大量投资，以通过个性化来增加产品种类。这是一种风险，但这是当今成功的企业所采用的新业务模型所能为客户创造指数价值的东西。

4.3.2.6 倾听顾客的声音

当您今天在任何城市中心漫步时，您会看到多少家独立唱片店？我猜不是很多。早在 2004 年，对于像这样的企业而言，很难预测甚至根本不可能，通过大规模个性化，数字竞争者将剥夺他们为客户提供的价值的核心。

客户期望和市场动态正在快速变化，并且公司必须做好发展的准备。如今，大规模个性化已成为客户的关键期望，并且企业必须向消费者提供他们想要的东西，这一点至关重要。大规模个性化以及其他商业 4.0 行为（利用生态系统、接受风险并提供指数价值）将使企业在今天和将来都具有相关性。忽略这些行为，将会出现另一个 Shazam 来代替。

4.4 商业 4.0 转换的障碍：零售业的挑战

零售和消费品行业的高管是大量客户数据的守护者。如果这些数据被破坏，对企业品牌的影响是相当大的。因此，这个行业的答复者比其他行业的答复者更关心数据安全威胁。特别对数据安全的风险被视为阻碍采用两种商业 4.0 行为的主要障碍：改变模型以创造新的价值来源和与生态系统合作。

零售和消费品行业面临的另一个挑战是，传统思维和技术正在阻止该行业的企业接受风险。传统的企业文化、效率低下的数据捕获机制以支持灵活规划和不灵活的 IT 基础设施是商业 4.0 行为转换的前三名的障碍。

英国零售商 N 布朗（N Brown）的首席信息官亚当·沃恩（Adam Warne）认为："这需要改变，对我来说，这是在下更小的赌注，快速地向他们学习，然后要么多做，要么少做，要么完全停止。这是一个需要在行业各个层面进行的文化变革，但我认为，对于真正想要成功的企业来说，创建并顽固坚持五年计划几乎是死路一条。"

传统的企业文化也可能劝阻高管们不要为创新数字战略的投资而释放预算。零售和消费品行业的比例高于其他行业，这表明缺乏预算是采用大规模个性化的最大障碍（见图 4-8）。

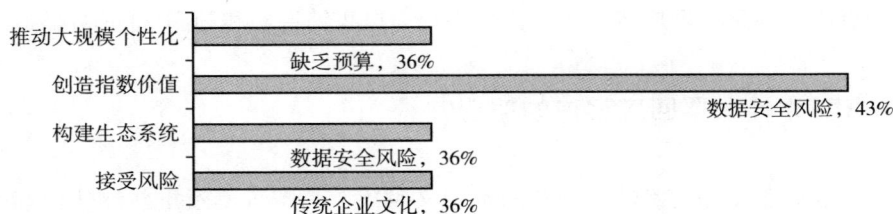

图 4-8 采用商业 4.0 行为的主要障碍

资料来源：作者团队的调研。

4.5 本章小结

正如我们的研究所表明的，零售和消费品行业企业认识到有必要成为商业 4.0 企业，在转型道路上是公平的。尽管如此，传统思维、不灵活的技术和传统的商业模式仍然是障碍，需要加以解决——特别是作为新的进入者继续出现，并挑战现任者。

投资是启动数字变革所必需的。行业参与者正在投资于新技术，但需要更加关注。为了在一个快速发展的行业中跟上挑战者企业，对数字策略的投资是至关重要的，特别是对于大规模个性化和人工智能技术的采用。

企业范围的敏捷性是创新发展的需要。敏捷方法的采用为跨部门组织的IT功能带来了巨大的好处。现在是时候认识到敏捷方法可以在速度、质量和风险管理方面为业务的其他功能带来的优势了。

商业 4.0 正在重塑传统行业。近十分之一的零售和消费品企业计划在未来五年内采用新的商业模式，这反映了商业 4.0 世界的快节奏性质。各企业再也不能在这样一个充满活力的环境中袖手旁观，必须明确行动计划。

4.6 案例：揭秘商业 4.0 在新消费主义时代的价值

在新消费主义时代设计和提供客户体验需要新思维、新行为和新能力。

领导者必须清楚，不应将以客户为中心视为提高销售额和利润率的项目。

4.6.1 为什么要回应客户的期望？

在经验驱动和技术转化的新消费主义时代，消费者不断重新评估他们的优先事项，并越来越倾向于"经验"和"价值"的主张（见图 4-9）。

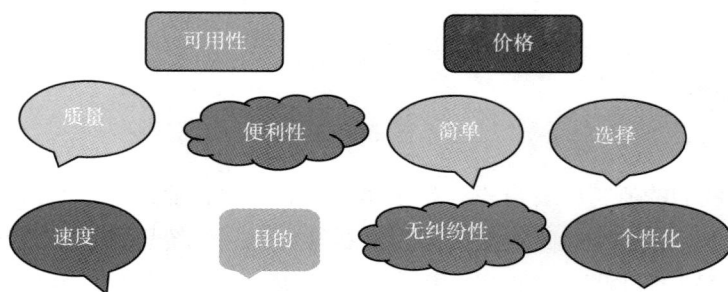

图 4-9 消费者体验的十大主张

今天，消费者期望公司帮助他们实现个人目标，而不是促进交易。这就要求零售企业发现、重新定位和应对日益两极分化的市场不断变化的现实。

一个企业所做的选择与溢价经验或物有所值的主张相一致，决定了它的命运。不仅在不断变化的消费模式中幸存下来，而且我们的零售商也是经验导向或优质品牌零售商；受影响最大的是中间层，其特点是百货商店和没有差异化的专业零售商，这些百货商店可以满足没有明确主张的所有人。

近几年来形成的一些经典故事都印证了这种说法：

（1）经验丰富的领导：家得宝（Home Depot）的数字零售和 DIY 解决方案；百思买的店内体验和家庭连接的解决方案；Sephora 的移动 APP 美容解决方案；亚马逊的 Prime 订阅服务；耐克的健康俱乐部；CVS 和 Walgreens 从药房向健康和健康目的地的转型。

（2）物有所值：Primark、WalMart、ALDI、LIDL、Costco 和 TJX。

（3）受影响的中间层：梅西、Maplin、玩具反斗城、弗雷泽之家和玛莎百货。

为了维持自己的领导地位，提供出色的客户体验，刚诞生的数字技术也越来越趋于实体化，例如亚马逊扩展自有品牌类别，收购全食超市，推出语音设备和亚马逊围棋，优步对 2 万多辆无人驾驶汽车的投资，以及脸书（Facebook）和奈飞（Netflix）创建自己的内容的计划。

诸如家得宝（Home Depot）、百思买（Best Buy）和史泰博（Staples）等未运用数字技术的企业，通过重塑自我并发挥自己的优势，选择"亚马逊做过"的业务。另外，玩具反斗城（Toys RUs）忽略了转变为鼓舞人心且引人入胜的购物目的地的机会。现在，我们看到诸如 Story、Bulletin 和 Goop 之类的新玩家介绍了新鲜的和基于主题的产品演示以及以体验为导向的购物模型。

4.6.2　设计并交付数字化客户体验

设计和提供客户体验需要新思维、新行为和新功能。新思维激励新行为，为建立新的权力交付所需的功能和一个良性协同作用结果（见图 4 – 10）。

4.6.2.1　思考充足

数字化发展并提供"丰富"的机会（数据、数字解决方案、合作伙伴以及获得资本和基础设施的机会）。"Proforma"业务绩效的故事，例如"我们是否预测了趋势并进行了正确预测，去年我们是否关闭了 100 家商店，我们是否保持了 90% 的可用库存，如果我们的网站速度快了两秒钟，以及我们的移动搜索如果体验更好，我们本可以将转换率提高 28% 以上，并多赚 7 亿英镑以上的利润"在富足的世界中并不重要。摩根大通银行为零售业转变为富足心态并加速增长提供了很好的参考。①

---

① 作者团队的调研。

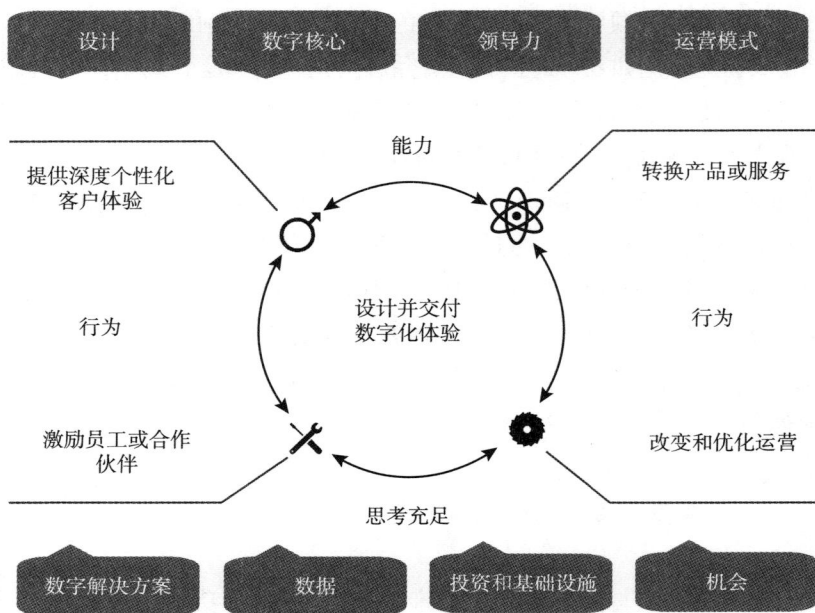

图 4 - 10　新时代客户体验交付框架

4.6.2.2　展示新时代的行为

奋斗了十年的玛莎百货（Marks & Spencer）现在已明确决心到 2022 年成为数字第一零售商，数字收入占总收入的 33%，并已开始朝着这一目标发展新的行为和能力。① 在新的消费主义时代蓬勃发展所需的核心行为是：

（1）热衷于提供简单、个性化和充实的客户体验。

（2）通过审查、构思、重新设计产品、服务和价值定位来恢复零售基础的冲动。

（3）愿意赋予员工和合作伙伴创新更快的变革，并最大限度地发挥他们潜力的能力。

（4）愿意承担风险并改变采用技术的执行方式的工作方式，以更好地利用资源，更快、更具决定性和响应能力。

----

① 作者团队的调研。

4.6.2.3　建立新时代的能力

为了在新时代有效地发挥作用，企业需要将以下各项功能很好地融合在一起：

（1）为体验和价值而设计。

（2）成为技术强国。

（3）有远见和有热情的领导。

（4）重整企业文化以完成工作。

这些功能具有很强的相互依赖性。应该将它们融入企业的结构中以实现期望的结果。

4.6.2.4　设计

设计必须建立、交付和提高品牌承诺。它必须挑战既定的知识模式和条件思维，以提供功能效用、美学和与客户的情感联系。

设计可以像家得宝一样简单，添加一个新的移动应用程序功能，以响应商店客户对洗手间位置的常见查询。或者，就像个性化的造型和订阅服务一样复杂，比如 StitchFix、TrunkClub 和 TryTuesday，设计和交付由机器和人类管理的衣柜。人工智能技术和产品和服务设计的日益成熟将积极促进智能生活化，从而改变购物方式。

4.6.2.5　数字核心

零售技术已经经历了从遗留到整体到微服务和基于 API 的技术体系结构的巨大转变，这些技术体系结构是云、智能和自动化，并以统一的数据体系结构为基础，一个着眼于未来的企业是为未知业务领域设计稳健和可行的数字架构。

亚马逊、塔吉特、阿里巴巴、玛莎百货、家得宝、斯泰普斯和百思买都将他们的更快的适应能力、更大的规模以及对他们的"数字 DNA"的变化的适应力归功于他们以人工智能作为其数字核心的基础，以可持续的方式释放数字经济"丰富"的前景和潜力，并以可持续的方式提供经验和指数商业价值。例如，数字核心有助于提供价值支持功能，如可视化产品发现、一键结账、基于物联网的供应链优化、个性化服装推荐、基于聊天机器人的客户服务、支持数字助理的购物等。

4.6.2.6　领导力

在美国和英国，每一个失败和为生存而斗争的法人零售企业的故事，都可以明显地归因于缺乏强有力的领导。零售企业领导必须放弃倒退的思想，取而代之的是：

（1）对客户服务和客户体验充满激情。

（2）对数字技术表示赞赏。

（3）有紧迫感成为一家数字的卓越服务团队。

（4）通过有凝聚力的组织结构来激发计划和执行战略。

（5）热情拥抱变化，而不是害怕失去权力或成为技术的附庸。

（6）欢迎改变角色和更新的工作方式。

领导者必须明确，不应将以客户为中心视为增加销售和促进利润的项目；一个出色的以客户为中心的企业的设计和交付必须处于人力、技术和资本的交叉点。

4.6.2.7　运营模式

改变工作方式是为了赋予人们权力和问责制；接受风险；高效、快速对员工、客户和合作伙伴作出响应。这些可以通过以下方式实现：

（1）成为一个 100% 的敏捷企业。

（2）企业必须支持 100% 的敏捷性和开发运营模式（DevOps），而不是将其作为一种拼凑的程序来追求。有效的敏捷还需要更高程度的操作智能自动化。塔吉特和家得宝已经在 1.5～2 年的创纪录时间内转变为这一模式，许多零售商正在走上这一转变之路。敏捷和以客户为中心必须看到从衡量缺陷和速度到以业绩短期冲刺和季度交付的业务和客户价值的转变。

（3）结构调整和问责制。领导者现在正在推动执行以客户为中心的模式，该模式以更严格的责任划分业务部门和职能。缺乏对明确 KPI 负责的更简单的组织架构和明确定义往往会阻碍进展与在数字战略和交付方面拥有明确权力和责任的数字主管相比，像客户体验主管这样没有能力起草客户议程或领导计划的职位是徒劳的。

（4）建立和利用伙伴生态系统。为了迅速扩大创新规模，利用伙伴生态系统的丰富程度及其能力，如机器学习、商业会话、云解决方案和领域专长是有意义的。沃尔玛、约翰·刘易斯和玛莎百货（Marks & Spencer）已经建立了创新孵化中心和加速器，具有了以快速利用一流的合作伙伴生态系统的能力。有时，明显的竞争对手可以成为合作伙伴，如百思买和亚马逊的联合公告所示，它们已成为彼此产品的独家销售渠道。在生态系统内部和整个生态系统中改变行为需要激励人们提供以客户为中心的文化。

4.6.3　结论

客户体验不再是关于交易或渠道，而是关于解决问题或满足需求。重点必须是在基础上保持卓越，为客户提供个性化和丰富的体验，并创造持续的指数业务价值。

客户战略和能力由逻辑驱动；设计富有创意；体验是情绪化的；商业结果是商业性的。作为领导者，您必须在这些相互冲突的利益之间取得良好的平衡。消费主义的新时代需要有新的思维、行为和能力来设计、交付和发展。要么你是数字优先，要么以客户为中心，没有模糊状态。如果你是，你就赢了；如果你不是，死神正在等待。

5

制造行业

——行业以外的旅程

5.1 制造行业商业4.0行为概述

整个制造行业，从航空航天到工业制造，从汽车产业到化学品和连续加工工业，数字化正在改变其商业流程。一些初级加工制造工厂可能仍然会产生离散的和加工的货物。但是，数据显示，由于物联网和云计算技术的支持，数字化技术已经越来越成为生产力提高的驱动力。

此外，数字化不仅仅是提高制造过程效率，应用最先进的数字技术正在帮助制造商以前所未有的程度定制化制造产品，使它们能够创造超出其生产的商品的新的价值来源，例如通过生态系统，数字化技术正在帮助他们获得更加丰富的信息、思路和专门知识。

我们的研究表明，采用了所有四种商业4.0行为的制造企业，推动大规模个性化、创造指数价值、构建生态系统和接受风险，我们称之为"领导者"，更有可能报告和预测强劲的财务业绩。尽管在某些领域取得了明显的进展，但在我们调查的几个行业中，制造行业的领导者比例相对较低（如本报告所探讨的那样，制造业面临着相当大的具体挑战和障碍）（见图5-1）。

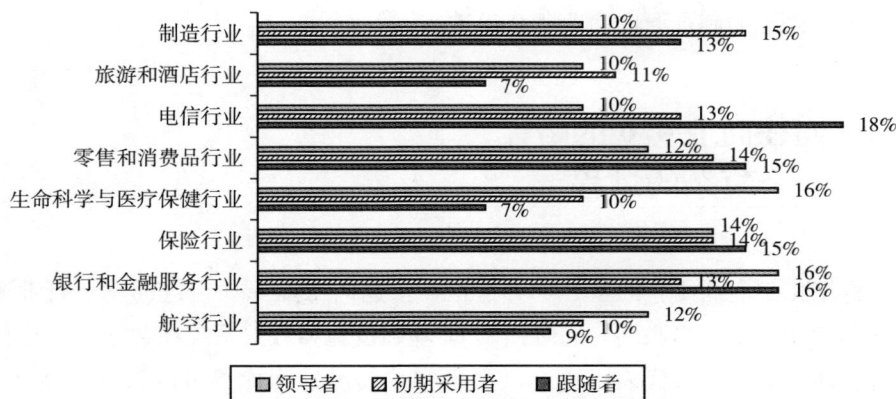

图 5 - 1　制造行业在领导者、初期采用者和跟随者群体中的份额

资料来源：作者团队的调研。

我们将这归因于制造业背景的复杂性。软件不仅在企业中，而且已经进入产品或资产本身，带来了性能、可靠性、安全性、合规性和相关负债等方面的相关需求。但这并不是一种炫耀，正如一家全球科技公司的制造业主管苏舍尔·瓦苏德万（Susheel Vasudevan）评论："制造业变化的核心是产品中的软件。生产自动化、自主汽车、人工智能、飞机和航空生态系统中基于数据的分析以及车内体验的个性化，都有望使制造业成为未来几年更令人兴奋的商业 4.0 的支持者之一。"

以下是我们关于制造行业的重要发现：

（1）商业 4.0 转型的进展是积极的。制造商处于大规模个性化的前沿，领先于大多数其他行业的企业，他们使用数字技术定制产品以满足高度个性化的需求。它们能够比其他公司更有效地创造指数级价值和利用生态系统，然而，大多数企业正在努力接受风险。

（2）采用商业 4.0 行为会带来切实的利益。大多数追求个性化的人报告了更高的客户交易数量和价值，以及更高的客户盈利能力。对于正在利用生态系统的 55% 的人来说，提高创新能力和进入新市场是主要的好处。

（3）强大的数字基础是持续进步的必要条件。今天，大多数制造企业至少在云服务中管理一些 IT 基础设施，因为他们认识到云服务带来的可伸缩性和成本优势。一个强大的物联网基础和扩大自动化范围的愿望提供了进一步的资金，以帮助制造商向商业 4.0 迈进。

5.2　通往商业 4.0 的路径：
　　　一个复杂的过程

　　数字化是商业 4.0 的核心。对于正在快速向工业 4.0 迈进的制造行业来说，即专注于工业物联网，同时强调 IT 基础设施和数据系统在数字技术中的融合，商业 4.0 转型代表了更广泛的数字化转型。因此，可以认为工业 4.0 是制造业通往实现商业 4.0 行为的良好垫脚石。

　　商业 4.0 和工业 4.0 是相辅相成的，两者对于制造业来说都是关键任务。阿特拉斯（Atlas）公司的 IT 战略与创新总监马茨·霍格伯格（Mats Hogberg）说："与工业 4.0 一样，我们不认为商业 4.0 只是一种选项；我们认为它是达到下一个创造价值水平、提高客户满意度的推动因素。"

　　与阿特拉斯（Atlas）公司一样，相当一部分制造商已经开始了商业 4.0 的旅程。图 5-2 显示了制造行业与其他行业对这四种行为的采用情况。

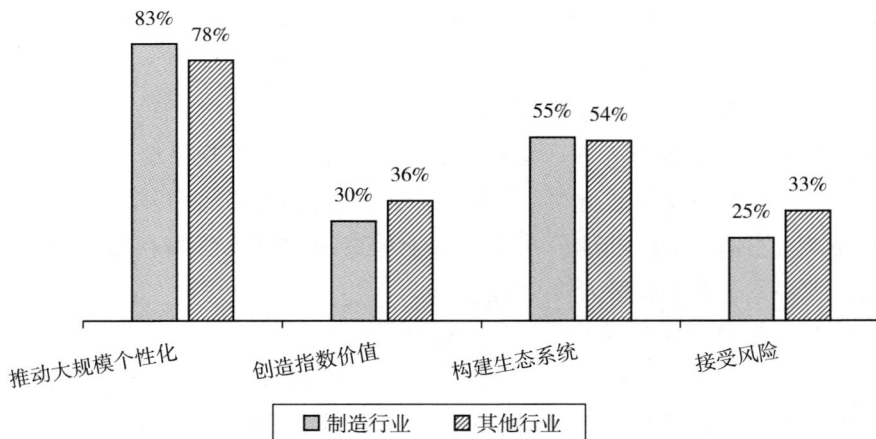

图 5-2　制造行业采用商业 4.0 的行为

资料来源：作者团队的调研。

5.2.1　个性化是这场比赛的一个名称

制造行业在大规模个性化方面取得了最大进展。有83%的受访者表示，他们的企业几乎一直都可以为个人客户定制产品和服务，这比调查中的任何其他行业都要高。

例如，高端产品制造商法拉利就是一个很好的例子——拥有个性化生产（通常称为按订单设计）的经验可以追溯到十年或更长时间。有许多公司从这种做法中获得排他性的例子。如果我们快进到当前，我们发现制造商正在利用数字化的力量，让他们的客户能够在几乎所有的价位范围内高度配置产品，从而有效地使按订单设计方法的排他性民主化。

案例远远超出了工程产品，还包括服装、加工食品、包装和其他类型的产品。即使是高度商品化的化学和连续加工行业也正在走向个性化，公司利用供应链中的个性化业务信息与客户建立更密切的关系。

制造商在规模上提供个性化产品的能力是收入增长的驱动力。那些正在追求个性化的调查中的人会看到它能够增加客户交易量，以及更高的交易平均值（见图5-3）。随着基于云的技术的启用，这种基于成本效益高的方式配置产品和驱动其他形式的个性化，制造商也看到客户的盈利能力显著提高。

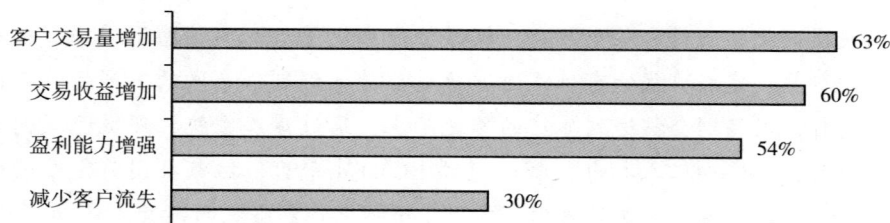

图5-3　制造商正在从驱动个性化中实现盈利

资料来源：作者团队的调研。

📋 **案例分析**

以智能制造为核心的流水生产线①

以往的大规模生产标准一直是固定的，而"大规模个性化定制"想要发展，就必须使量产智能化。智能制造的关键环节仍在于生产和组织流程，而三维信息化的模型则可以分解制作工艺，打造流水线式的生产流程。智能生产流水线上的每一个零部件都配有射频识别的电子仪；能够给生产部门直接传达指令，并向供应部门提交反馈，实现全程在线实时监控，确保成品的质量和制作周期。智能生产流水线是现代信息科技发展的产物，要想实现大规模个性化定制，企业就必须引进智能机器生产，以降低人工成本、提高生产效率。

2013 年，红领集团自主研发的个性化西服定制柔性生产线 RCMTM 开始投入生产，这是一条从排单、制版到剪裁、制作全程通过数据驱动的流水线，配合数据化的下单和量体环节，通过人机合作实现大规模个性化定制。消费者可以通过网络、电话乃至线下门店的形式下单，填写基本信息和量体数据；订单生成后，RCMTM 的计算机辅助设计系统（CAD）根据录入的量体数据自动生成适合的版型。CAD 系统平均每秒钟可以完成 20 余套西装的打版，是传统手工定制版型师一天工作量的 10 倍。版型确认后，智能系统会向剪裁部门发送匹配的面料和版型数据，机器将会在少量工人的辅助下根据数据完成自动剪裁；完成剪裁的布料将通过轨道被传送到制作车间的不同操作工位分工制作，成品则会被送到库房的传送带上，通过库房系统按照成套或同笔订单分类，最终由工人打包邮寄。通过 RCMTM 平台，红领集团将定制西服的周期牢牢控制在 7 个工作日内，实现了个性化定制服装的高效生产。

智能生产的核心在于，利用互联网技术将商品生产的各个环节连接起来，使商家和消费者直接对话，让客户参与到产品价值链中，将分散的消费者需

---

① 红领集团 2014 年以来实现 150% 的同比增长［EB/OL］. http：//www. chinairn. com/print/3958306. html，2014 - 10 - 21.

求数据转化成生产数据，从而达到供给与需求的无缝对接。

随着科技的发展和机器大规模生产的推广，消费者面临的消费选择也将日渐增多。消费者在追求个性化消费的同时，也会对商品及其服务的性价比提出要求，企业必须围绕消费者的需求进行生产才能在市场上具有竞争力。在未来，大规模个性化定制将会渗入更多领域，而信息技术的发展正在加速这一进程。

5.2.2 创造新价值：从产品到服务，数据货币化

制造商正在采用服务化，通过提供服务来增加或取代传统商品销售，为他们的企业创造额外的价值。飞利浦照明提供了一个例子，为商业客户提供"照明即服务"，这家荷兰公司把照明的安装、维护和管理建成经常性的收费基础设施服务。

在工业制造业，笔者发现高达25%的收入已经来自服务。对于较大的公司来说，这一数字超过40%。

此外，我们预计服务将推动许多老牌制造企业的下一波增长。例如，通过将传感器嵌入电梯，电梯公司可以分析和预测需求模式，以减少等待时间，为客户创造新的价值。同时，在航空航天方面，我们看到发动机制造商使用传感器和物联网技术和供电的连接设备提供一系列维修服务。

其他制造商通过将收集到的数据货币化来创造新的价值。例如，一些轮胎生产商通过向车队经理和保险公司出售他们收集的轮胎压力数据，创造了新的收入流。没有物联网和先进的数据处理能力，这种类型的商业模式改变是不可能的。

不到三分之一的被调查制造商声称以这种或其他方式推动了价值的指数增长，这证明了公司在这样做时面临的严峻挑战。然而，那些确实表明了可衡量的利益。近三分之二的企业报告说利润增加，一半的企业说收入有了很大的改善（见图5-4）。后者几乎可以肯定是制造商在扩大其目标客户市场方面取得成功的结果。

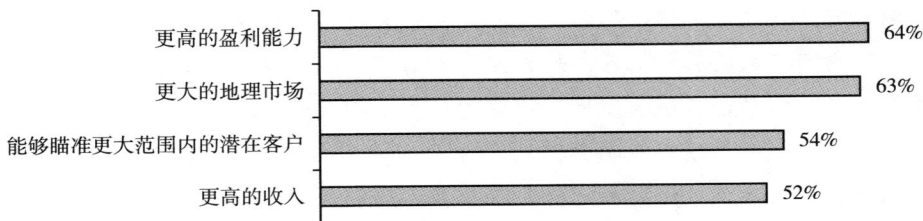

图 5 - 4　在指数业务模型上操作的最大好处

资料来源：作者团队的调研。

以利盟国际为例，利盟国际是一家传统的成像解决方案公司，已经成功地进入了服务业务。该公司提供管理打印服务，以帮助其客户更好地了解他们的整个文档环境。除了减少印刷和纸张的使用，这种业务模型帮助利盟国际的客户统一他们的印刷和数字信息。通过一个三步流程——基础设施优化、主动管理和简化业务流程，利盟国际为其客户提供了更大的成本和库存控制。

📋 案例分析

从产品到服务，来自利盟国际[①]

美国激光打印机和成像产品制造商利盟国际的首席信息和合规总监布莱德·克莱（Brad Clay）说："我们所在的行业正在商品化，我们越来越关注如何推动附加价值和差异化。"

近年来，该公司的一个主要方向是开发解决方案，帮助客户弥合纸张和数字信息之间的差距，推动更多的业务能见度。IT 基础设施功能本身参与了这项工作。

布莱德·克莱引用了利盟国际一个为其提供文档报告功能服务的拉丁美洲客户的例子。利盟国际为客户开发了一个基于云的应用程序，它利用云的巨大资源，比在传统服务器环境中开发的应用程序具有更大的报告能力，并

———————————
① 作者团队的调研。

且可以以更低的成本运行。

布莱德·克莱说："创造指数价值的能力不在商品化领域，也不在基础设施、服务器、网络或存储领域，而是在中间的平台上，才有可能以难以置信的价格点即时交货。"

5.2.3 生态系统：产品创新的平台

制造商与扩展供应链中的合作伙伴并不陌生。然而，今天的许多生产者是生态系统的一部分，它们比传统供应链更具协作性。超过一半的受访者说他们在协作网络中工作，目的是创造新的产品和服务（见图5–5）。

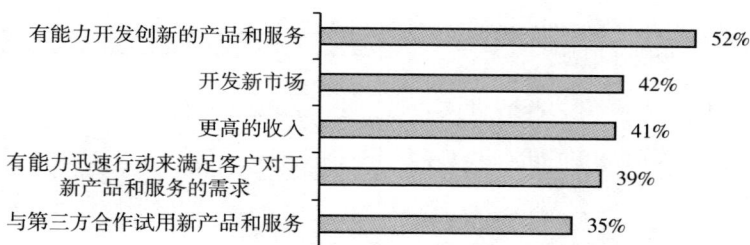

图 5–5 利用生态系统的最大好处

有能力开发创新的产品和服务 52%
开发新市场 42%
更高的收入 41%
有能力迅速行动来满足客户对于新产品和服务的需求 39%
与第三方合作试用新产品和服务 35%

资料来源：作者团队的调研。

在汽车工业中，生态系统可能采取技术平台的形式，这些技术平台将原始设备制造商（OEM）与API微服务的开发人员、娱乐公司、电信公司以及许多其他类型的服务提供商联系起来。一些汽车原始设备制造商不属于此类网络的一部分，像福特、宝马、大众和菲亚特·克莱斯勒等公司都将生态系统视为互联汽车平台的主要驱动力。

制造商很清楚这种生态系统为他们带来的好处：开发能力比单独开发更多创新产品和服务。在汽车领域，这可能包括推出新的基于软件的服务，以及开发"移动即服务"产品。还值得注意的是，要实现互惠互利，因为生态系统合作伙伴可以通过协作进入新市场。有趣的是，这些完全相同的平台还增强了 OEM 个性化以提高交付给每个车主或用户的体验的能力。这正迅速成为汽车业务竞争的新基础。

5.2.4 学会接受风险

虽然一些制造商愿意采用新的工作方式来推动新的价值创造方式，但是风险的接受在我们调查的企业中并不普遍。当涉及改变商业模式时，制造行业似乎是最规避风险的行业。近四分之一的制造业受访者表示，他们的公司可能在下一年内改变其商业模式（见图 5-6）。此外，只有大约 8% 的受访者表示，他们不断适应和改变市场条件。在更深的层次上，我们看到工业或汽车公司接受风险的意愿和能力比化学或连续加工工业要高得多。

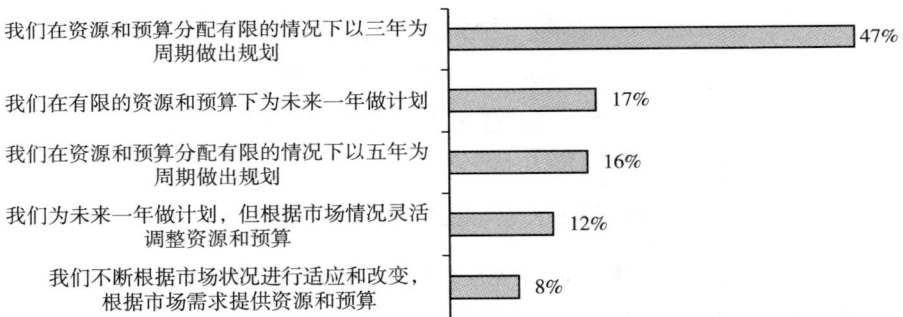

我们在资源和预算分配有限的情况下以三年为周期做出规划	47%
我们在有限的资源和预算下为未来一年做计划	17%
我们在资源和预算分配有限的情况下以五年为周期做出规划	16%
我们为未来一年做计划，但根据市场情况灵活调整资源和预算	12%
我们不断根据市场状况进行适应和改变，根据市场需求提供资源和预算	8%

图 5-6　制造商在未来规划时对风险的偏好

资料来源：作者团队的调研。

随着制造变得更加数字化和软件驱动，由于减少了交付产品和服务所需的资源和时间，风险管理变得更加容易。在这种情况下，不仅要在概念起源的软件开发中，还要在产品开发和车间中采用敏捷操作原则，这一点很重要。一半的制造商在其部分业务中采用了敏捷，但是到目前为止，只有不到四分之一的制造商在整个企业范围内采用了敏捷。这在很大程度上是由于该行业对高成本物理基础设施的依赖——在整个装配线上利用重型工程技术——对于希望采用敏捷方法论的公司提出了运营挑战。

阿特拉斯（Atlas）公司的马茨·霍格伯格（Mats Hogberg）说："接受风险是一个持续的过程，看着眼前的道路。"这不是一次性的努力，他说："既然我们的商业4.0模式运作良好，我们可以放松四年了。"

5.3　数字化驱动制造行业加速商业4.0的转换：加速数字化技术应用

5.3.1　数字时代推动制造业更多地应用数字技术

数字化就是将大量复杂的信息转变为可量化的数据，通过这些数据建立起生产模型，从而进行大规模批量的机械生产。随着互联网技术和物联网技术的进步与发展，机械生产已经在许多领域被普及，大大降低了生产成本。在生产成本不断被压缩的时代，消费者对于"物美价廉"的要求更高，为此企业也只有努力加大改革，建立智能化生产流水线，才能赢得消费者青睐。

京东就是建立智能流水线的典型案例。京东自己开发的物流系统就是运用了云计算、大数据、无人机和无人车等新兴信息技术。云计算和大数据可以快速分析订单，准确高效地安排货物的具体位置，提高仓内的运转效率。无人机和无人车的运用不仅有助于提高配送效率，更节约了人力成本。而这一系列技术型变革都是在利用智能互联网的基础上完成的。

一些制造商尚未确信是否有必要将其业务的所有方面数字化。当被问及未来三年商业战略中最重要的要素时，被调查的人（46%）的主要反应是"采用更多的数字技术，如云计算、数据分析、机器自动化和物联网"。在数字采用的几个领域，被调查的制造商似乎在跟上或领先于其他行业的企业（见图5-7）。三分之二的被调查者报告说，他们的企业今天可以使用基于云的IT服务，并且他们都希望在三年内这样做。

利盟国际的首席信息和合规总监布莱德·克莱（Brad Clay）认为，成本是一个原因，他说，"多亏了云服务，使得IT基础设施的成本几乎下降到没有。特别是使你能进入一个近乎无服务器的环境"。云服务也是基于平台的生态系统的重要组成部分，许多制造商正在自建或加入其他云平台。

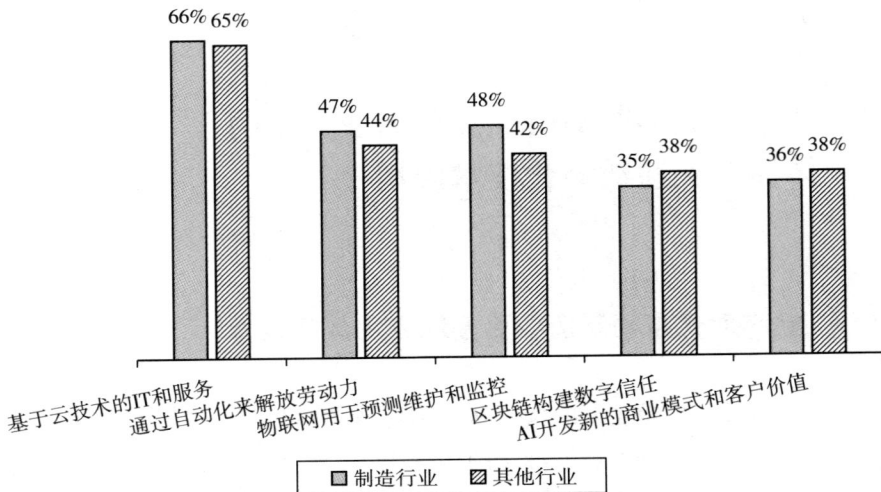

图 5 - 7　制造行业目前采用的技术

资料来源：作者团队的调研。

近一半的被调查制造商也使用物联网和自动化技术，包括机器人流程自动化（RPA）。如上所述，物联网传感器也是汽车制造商连接汽车平台的核心部件，以及其他分部门的连接平台。

从制造业采用技术的角度来看，笔者观察到云服务显然是当前的优先事项（与笔者调查的其他行业一样），人工智能、区块链、物联网和自动化预计将在未来三年增加投资（见图 5 - 8）。

5.3.2　数字技术推动制造业创新转型

不可否认，系统工程是制造业产品设计的核心。对于开发和改进产品的过程至关重要，可以通过其原理来解释每次迭代。具有讽刺意味的是，这些原则变得无所不知，同时又很复杂，以至于经常容易忽略它们，而将注意力集中在产品设计中更肤浅的方面。

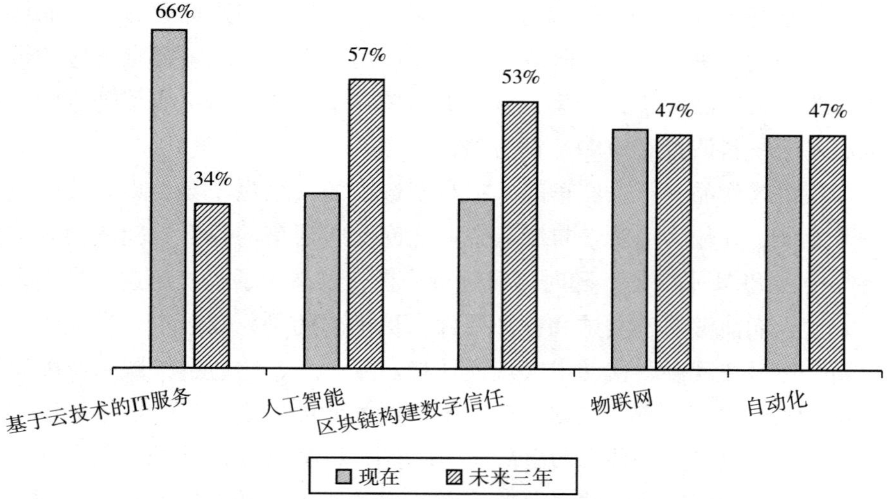

图 5 - 8　未来三年采用技术的优先级

资料来源：作者团队的调研。

　　随着消费者对智能连接产品的需求不断增加，系统工程理论已经发展成熟起来，以适应不断扩大的系统边界、不断增长的属性列表，甚至是定义单个产品的无数功能的内系统。产品配置已经变得如此复杂，以至于不可能将其体系结构分解为离散的设计学科、软件、机械和电气。从单线、单平台生产时代过渡到面向个人消费者的大规模定制时代，有效管理产品配置是实现制造和现场敏捷性的关键。

　　创新与转型是制造业持续的研究课题，研究者一直在研究数字化在这方面如何改变制造业的游戏规则。随着连接变得无处不在，物联网技术使制造商能够将他们的设计过程直接链接到生产线上。这种数字线程正成为集成和管理具有广泛软件内容和互连功能的复杂网络物理系统的重要组成部分。通过它，制造商可以捕获制造两种产品的工程要求——实际的物理对象及其数字孪生。甚至在开始生产之前，就可以使用性能仿真对虚拟设计的高保真原型进行测试和验证，以确保最终产品的功能完全符合预期。

　　数字线程的功能通过将其绑定到一个中央产品生命周期管理（PLM）平台而得到进一步增强，该平台融合了多个工程学科和产品配置数据以支持基于模型的系统工程（MBSE）。这样做会影响完整的系统边界参数，从而影响产品和服务设计决策。这个概念通过选择使用上下文关联、视觉感应的数字孪生作为定义产品配置和跟踪工程变更的单一事实来源，挑战了既定的文档驱动、基于物料清单（BOM）的方法。

即使最终产品离开工厂车间，它与制造商的关系也不会结束。数字主线进一步延伸，并作为消费者与制造企业之间实时通信的媒介。捕获的客户信息将集中到 PLM 平台上，随时可以进行分析，以深入了解如何进一步完善产品。它使人们能够快速测试和验证硬件，更重要的是，在数字孪生上进行软件更新，然后在现场、移动中大规模迭代。实际上，它通过扩展系统配置边界以包括服务周期本身，模糊了产品和服务之间的界限。

然而，改变是一件很难的事情。即使有了 PLM 转型路线图，也存在固有的风险，比如网络安全威胁以及要应对的生产成本不断上升。对协作创新的日益重视以及缺乏促进创新的技术意识，使制造企业很难完全接受这种新范式。他们经常面临多个障碍，试图扩大内部人才库和知识库。当人们考虑到老龄化的劳动力以及企业无法与新的人才技能保持一致时，技能差距就更加明显，这表明缺乏适当的组织变更管理（OCM）计划。因此，制造企业必须在企业内部和外部都加以利用，以利用人群的智慧共同创造价值。

所有这些都做过吗？尽管 CAE 是最早走这条道路的公司之一，但是普及计算的出现以及对大量产品和客户数据的轻松访问使数字产品生命周期管理变得民主化，从而可以更快地做出决定并加快周期。

5.3.3　用数字线程编织未来

今天的制造企业在整个产品生命周期中都通过共享信息联系在一起，在整个扩展的企业中，整个产品生命周期中都有一个数字线程。产品生命周期管理（PLM）将数字主线编织在一起，用于管理、控制和传播数字主线。诸如自动 EBOM – MBOM 转换之类的技术支持数字主线，并被用来尝试缩短产品交付时间并提高产品质量。但即使在更先进的公司，那些拥有数字孪生愿景的公司（完整、连接、产品的数字定义、功能、制造方式、服务方式以及生命周期结束时的处理方式），在整个生命周期中，手动任务仍然存在差距。

今天的创新企业正在管理基于安装的监控、智能供应链和产品智能操作的项目。这些互联产品、智能产品要求使用 PLM 与 MBSE（基于模型的系统工程）、SE（系统工程）和服务生命周期类型的计划进行全生命周期链连接和互联产品的数字表示。

为实现与数字数据集成的 PLM 相关目标，它们通过部署物联网（IoT）、工业 4.0、预测分析和企业资产管理（EAM），来帮助定义数字线程并增强对数字孪生愿景的使用。这些技术和流程正在影响解决方案提供商解决其向市场提供的解决方案的方式。

为了实现梦想的最大潜能，我们现在正在将可能摆在我们身上，我们所需要做的就是将各个部件组装在一起。本部分将讨论其中的一些，包括 PLM 扩展，数据分析和服务交付。

5.3.3.1 数字孪生的定义

生产流程的数字化和系统复杂性将持续深刻影响制造商进行产品设计、开发和维护的方式。根据业务需求和特定的应用程序，制造企业正在发展多个数字线程模式。产品创新平台必须是开放且具有足够的可扩展性，以实现"数字线程/数字孪生"愿景。企业文化、流程变革和人员技能也是实施和财务投资回报率的主要因素。

全球领先的独立战略管理咨询和研究机构（CIMdata）将数字孪生定义为物理产品、生产过程或产品利用率的智能（动态）、虚拟表示（模型：它具有预测实际物理性能所需的精度和保真度）。数字孪生在整个生命周期中反映了真实世界的产品，并进行了更新以反映产品和过程开发的改进，虽然大多数公司谈论和定义一个产品数字孪生，但事实上有许多数字孪生需要创建。其中包括：

（1）数字产品孪生：用于产品开发。

（2）数字性能孪生：用于仿真。

（3）数字生产孪生：用于制造。

这些组成了可操作的数字孪生，可以在整个产品生命周期中使用。

5.3.3.2　可行的数字

一个可操作的数字孪生是一个活生生的模型，通过分析和数学模拟。这些是涉及力学、电子和嵌入式软件功能的多功能模拟，用于创建一个预测工程分析功能，告诉公司如何改进产品设计、过程设计和维护方法。它允许用户在生产零件、产品、系统之前查看它将如何工作。

一个可操作的数字孪生允许一家公司在虚拟世界中完全复制和模拟物理产品、产品线、过程或完整工厂的特性和性能特征，然后才能实际获得单个项目来生产。

今天的产品比以往任何时候都更多地包含重要的电子和软件内容，通过使用物联网、新材料和制造过程来创造不断的反馈。市场要求产品具有最新的功能，迅速淘汰以前的产品迭代。

5.3.3.3　数字孪生带来了可能的艺术

数字产品孪生用于创建或修改零件或产品，从而形成存储几何级别的产品属性的基本数字数据库（模型）。这是当今使用的最熟悉的数字模型形式。但是，仅形成具有延长的数字孪生生命周期的可操作流程是不够的。PLM 充当零件或产品整个生命周期中的交互式管理系统。这包括其他数字孪生表示的管理以及它们之间的交互。

业务挑战：一家家用电器制造商需要为其下一代消费产品提供出色的数据捕获和分析功能。

解决方案：该解决方案最初专注于设备保修管理和现场服务，以增强支持流程，优化产品服务并为客户提供新的差异化体验。创建了一个包含软件、服务、云和预测分析的基于嵌入式物联网的解决方案，以支持该设备。

数字性能孪生可以以多种方式使用。我们对包含有限元过程的零件或产品的物理性能进行了熟悉的建模。但是，还应该有与测试和结果相关的数据，这些数据被循环回到零件中以完善仿真。逻辑扩展是要包括在服务中捕获的产品可靠性数据。我们拥有的技术可以通过当今的物联网监视正在使用的许多产品，并且需要捕获这些数据并对其采取行动。一旦捕获到数据，就可以进行分析，并可以开始纳入预测分析。这些新的数据元素将由 PLM 系统存储和管理。

业务挑战：飞机发动机制造商通过各种数据库和传感器收集了大量有关其发动机的数据，但是它无法集成和分析信息以主动解决发动机问题。

解决方案：使用分析平台创建了一个数字性能孪生模型，以创建预测模型，该模型会自动提醒制造商注意各种即将发生的发动机事件。发动机健康和风险状态的警报和仪表板可视化使公司能够采取主动措施，例如订购和安排预防性维护。这些措施有助于防止一系列发动机问题，并有可能帮助该公司的客户节省了与停飞飞机相关的数百万美元的成本。

数字产品孪生已经存在，并且已经以 NC 模型和生产过程模拟的形式使用了数十年，以使任何行业的制造商都能有效地计划、管理和优化其全球工业运营。同样，通过物联网和工业 4.0 实践，我们可以捕获实际的生产数据并完善数字生产孪生。通过实施预测分析，我们还可以开始预测零件或过程何时会超出规格并进行预防性更正。还必须存储这些更正，并将其包含在产品价值链的反馈回路中，以增加零件、过程和组织的智力资本。

业务挑战：作为电池生产设备的制造商，该公司需要通过在其机器上提供增值功能来使自己与众不同。

解决方案：重置电池生产机器上的参数需要精确的校准。该制造商在其机器上添加了一种分析建模解决方案，可以分析电池制造商的要求。它根据工程专业知识数据对它们进行建模，以找到最佳的生产过程——包括使用的材料以及干燥的温度和时间——从而不断改善质量控制并加快生产速度。该解决方案有助于在电池生产中实现极其精确的误差容限。

5.3.3.4 最后的想法

产品创新平台的出现可以使成功进行"端到端"生命周期数字化成为可能。我们需要不断地重新思考 PLM、MBSE、MBE、MBD 和数字线程，以使我们能够设计和交付创新的、增值的产品和服务。为此，我们需要基于数字技术、物理网、行业数字孪生等创建用例驱动的业务模型。需要使用基于不断发展的标准、解决方案和服务产品，新的交付和定价模型（例如云和SaaS）的平台集成策略来创建用例。

数字化使一切都快速变化。数字孪生并不是一个新概念，如今，我们有能力从端到端的角度实现它，并且比以往任何时候都更加实用。通过实施真正的产品创新平台，PLM 的扩展是定义和管理数字孪生的关键，数字孪生必须包括虚拟产品和虚拟过程定义，以最大限度地受益。这样一来，数字孪生便成为了新商业模式的关键推动力。物联网、大数据分析以及其他技术和计划正在推动数字孪生的经济发展，这些数字孪生定义的组合正在由 PLM 系统管理，作为记录的来源和审讯的起点。现在，通过扩展和合并数字孪生，用户可以更好地管理整个生命周期中的零件和流程，从而为用户及其客户带来价值。

要实施这些数字孪生，需要经验丰富的软件提供商、服务提供商及其客户的合作。这种转换可以在逐步的投资回收方案中进行，其中确定了特定的用例，并创建了协作项目以进行架构、设计和实施。

5.3.4　通过简化走向数字化

如今，产品创新在价值链上面临着多种破坏力，包括制造网络日益全球化的性质、日益增长的竞争压力、多样化的本地需求、迅速兴起的技术以及新法规。这些力量中的大多数要么是制造公司的数字化转型的结果，要么是其导致的数字化转型。

尽管当今大多数制造商都处于"走向数字化"的过程中，但使数字化转型领导者与众不同的是他们在着手进行转型之旅之前所进行的准备工作。对于工程类企业，数字化还意味着产品管理的复杂性增加，这使得简化产品和零件成为这些企业的头等大事。

数字化的好处是无可争辩的，制造行业在数字化游戏中并不落后。在普华永道对 2 000 多家制造业公司的调查中，受访者表示，他们预计将大幅加快数字化举措。33% 的制造商将其数字能力评为先进，而 70% 的制造商表示，他们将在 2022 年前达到全球业务服务或共享服务这一水平，支持具有更大全球足迹的多个功能合作的"在任何地方设计，在任何地方制造，在任何地方提供服务"模型。

未来的制造行业，在可测量性、可伸缩性和适应性方面，利用灵活性，以较低的成本确保更高的质量产品的创新的平台化——涉及一系列在企业层面协调的不断发展的功能服务模块领域。为了从这些趋势中实现价值，制造商正在进行不同程度的业务、流程和 IT 基础设施的升级转换程序。虽然这些举措带来了良好的投资回报（ROI），但这些数字掩盖了程序的意外后果：产品、流程和部件的复杂性增加。这在很大程度上是因为各企业倾向于采取措施迅速解决问题，而没有意识到解决办法可能是复杂的，并可能导致其职能、区域业务或部门内的复杂性增加。这些举措的典型例子包括使用定制解决方案解决特定区域的流程或 IT 基础设施问题，或通过大量定制产品来解决日益增长的外部差异化需求。开发特定项目的解决方案也会导致零件扩散。

那么，在这种情况下，制造商如何识别有益的复杂性而不是可避免的复杂性呢？它首先详细了解企业内部的复杂性类型。整个行业的产品设计师、研发主管、变革经理、项目主管和信息系统（IS）经理以及公司高管们（CXO）都保证复杂性是制造业的新常态。表 5 - 1 详细说明了该行业各类复杂性以及导致这种复杂性的典型企业举措。

表 5 - 1　　　　　　　制造业的复杂性类型及其驱动医素

复杂类型	关注场所或简化机会	典型的组织举措
产品复杂度	产品结构复杂度	产品模块化，大规模定制
	大量的产品变型	平台策略，新法规要求，产品变体等
	内部标准化与外部差异化	产品或产品组合合理化的需求，不断变化的业务模式，产品获利能力管理计划
零件复杂度	零件扩散	扩张，并购，分布式设计决策，区域业务部门自治
	缺乏零件标准化	战略采购，设计和零件重用，运营效率，内部标准化与外部差异化
	缺乏零件合理化	战略采购，设计和零件重用，运营效率
流程复杂度	无效的工艺设计	本地化的工作说明，扩展，并购
	无效的过程性能评估	商业模式，并购，分拆的转变
	无效的决策	重新调整公司结构，以指标为依据的组织
数据和系统复杂度	数据和系统重复	企业范围内的优化计划，运营效率计划
	主数据不足	大型企业范围的 IT 计划，并购，供应商和供应商合并，客户优先级

资料来源：作者团队的调研。

5.3.4.1 简化之旅：遵循三步走的过程

简化最好作为一个持续的过程来实现，它需要企业奠定坚实的基础并实现正确的步骤顺序。

步骤 1：确定简化背后的更大目标。简化为各制造商提供了隐含的好处，很少作为一项单独的举措来实现。例如，各制造商往往发现很难用业务实际案例来证明采用零件分类作为全企业的战略是合理的。然而，当涉及执行企业倡议，如企业范围的产品生命周期管理（PLM）倡议时，分类成为这项工作的基础部分。因此，首先界定和商定简化背后的关键目标至关重要。

步骤 2：确定需要处理的复杂领域。尽管复杂性在某些制造商中可能很明显，但在大多数制造商中，复杂性要么被伪装，要么以症状的形式出现。此外，不同类型的复杂性是相互关联的，因此很难孤立地检查一种类型的复杂性。工业 4.0 和互联产品进一步增加了这种联系。

重要的是，在制造商启动转型计划或战略转变之前，要确定这些复杂领域。密切分析创造价值的车间或设计中心，确定所涉及的人员、管理他们的流程，以及支持他们的技术，可以帮助企业将这些复杂领域归零。

步骤 3：确定实现简化的操作顺序。实现产品或部件简化最好按以下方式排序：

（1）分类：分类是任何简化倡议的基础。它包括逻辑组和类的识别、分析和分配。

（2）标准化：标准化通过降低生命周期成本和促进使用通用的、可用的、成本效益高的和可靠的部件来提高零件或产品的操作准备状态。

（3）合理化：合理化包括去重复或消除多余的部分。

（4）合并：合并包括设计集成、将多个离散部件设计或制造成单个部件或通过合并设计减少部件数量，以及使用创新材料。

虽然按照这一顺序有助于最大限度地提高效益，但不同类型行业的制造企业有权根据其独特的业务优先级自由更改范围——标准化、合理化和合并。通常，业务部门在简化策略中最常强调分类和合理化，而企业团队则专注于标准化，从而延长了实现的时间。

5.3.4.2 简化在流程、程序、组织和技术层面带来了显著的好处

在通过数字化重塑过程不断发展的同时，一个制造商的简化战略可以作为差异化因素，以帮助其取得市场领先地位。它在流程、计划、组织和技术层面提供了显著的好处，提高了企业的营收和利润。对这些好处的推断有助于确定交付的真正价值。表 5-2 将典型的简化驱动因素映射到它们提供的直接好处。代表材料清单（BOM）定义、流程标准化、产品和零件分类以及产品和零件标准化的条形长度揭示了这些活动在推动收益方面的相对重要性。

表 5-2　　　　　　　　　产品和部件简化：将价值映射到活动

业务目标或战略	价值杠杆	操纵杠杆	BOM定义	流程标准化	产品和零件分类	产品/零件标准化
增加收入	改善提案回转	提高估算精度	▬	▬	▬	▬
		加快产品创新	▬	▬	▬	▬
达到产品开发时间和成本目标	改善产品整合	减少原型制作成本、时间	▬	▬	▬	▬
	提高产品组合的盈利能力	提高产品功能/成本比	▬	▬	▬	▬
		社会产品开发	▬	▬	▬	▬
降低产品/项目成本	改善工程师循环效率	改善工程师合作	▬	▬	▬	▬
降低资本支出	提高支出	整合流程并自动化信息流	▬	▬	▬	▬
	降低库存成本	改善供应商合作	▬	▬	▬	▬
		支出分析；做出购买决定	▬	▬	▬	▬
降低运营支出	提高资产效率	改善资产可用性	▬	▬	▬	▬
	提高工厂效率	改善可持续性	▬	▬	▬	▬
	提高运营效率	优化生产和运行参数	▬	▬	▬	▬

业务目标或战略	价值杠杆	操纵杠杆	BOM定义	流程标准化	产品和零件分类	产品/零件标准化
降低风险	改善变更管理	零件信息的可追溯性更好	▉▉▉	▉▉	▉▉▉	▉▉▉
	改善可靠性	改善 RUL（预测分析、仿真和可靠性）	▉		▉▉▉	▉▉
	提高合规性	减少紧急维修费用；工程师反馈回路	▉▉▉	▉▉	▉▉▉	▉▉▉

资料来源：作者团队的调研。

与 PLM 或 ERP 领域的简化举措同步，使业务案例的开发相对容易，因为精心定义的材料清单（BOM）增加了估计的准确性，并使流程标准化。

5.3.4.3 制定简化蓝图：利用数字加速器

利用数字加速器可以帮助快速跟踪简化过程和由此产生的好处。这些加速器对于简化计划的成功至关重要，因为它们减少了从基础到高级所需的时间和精力：

（1）自动化。越来越多的工具采用现成的能力，使用国际标准和程序建造，以便于部署和采用。

（2）大数据和分析。数据是简化过程中大多数基本要素的核心，大数据和分析大大减少了开始简化过程和提供更高 ROI 的时间。

（3）通过内部标准化进行外部差异化。后调整策略和外部差异化在增强利润方面起着主要作用，而过程、产品和系统的内部标准化则改善了利润。

5.3.4.4 简化将推动更深层次的客户中心化

在英国脱欧等政治趋势、全球碳排放规范等制造业法规以及社交、移动互联网、大数据分析、云计算和人工智能等新兴技术正在颠覆制造业的时代，适应能力对成功至关重要。可持续治理支持的产品和部件简化有助于实现这种适应性。简化还提高了许多制造商为其产品组合中的物理产品创建的数字孪生的有效性。通过将实时客户需求嵌入产品构思阶段，集成和简化的产品信息可以优化决策，进而提高以客户为中心的水平。

5.4 大数据驱动制造行业加速商业 4.0 的转换：创建智能制造企业

制造业商业 4.0 转型在许多方面为整个工业的数字化转型播下了种子。第四次工业革命是在计算时代生产自动化的基础上，将数字技术带入工厂。此后，这种情况已渗透到商业的所有方面，导致经济活动的彻底重新设想。其核心是制造商，其产生的数据在多个层次上爆炸——产品、企业和生态系统。甚至在大规模基于物联网（IoT）的系统出现之前，飞机就为每次飞行生成了 TB 级的数据，加工厂记录了在"工厂阶段"和控制系统中捕获了所有生产数据，而工业设备通过其工作周期捕获性能数据。传感器数据通过将 TB 级变成 PB 级，从而以指数级增长。

今天，汽车公司、航空公司和工厂产生大量数据。他们提供的产品和服务通过呈现行为模式来提供关于用户的深入信息。然而，企业仍在努力采用最好的策略来利用这些过剩的数据，往往会在其业务的孤立部分留下深刻的见解。本部分研究了制造企业如何利用这些丰富的数据，以创建一个以数据为中心的运营模式，成为一个商业 4.0 的智能制造企业。

5.4.1 应对海量数据的挑战

在传统的线性制造价值链中，每个制造商执行不同的活动：从设计、采购和生产，到产品的销售和服务，现在与服务捆绑在一起——以创造产品的差异化或驱动基于成本的优势。在新的数据驱动经济中，制造商可以通过协作获得竞争优势，不仅在企业内部，而且在整个生态系统中也是如此，使之成为扩展价值链的一部分。跨越生态系统的平稳数据流动是协作的重要促成因素，从而产生了数据。例如①：双引擎飞机在 12 小时的飞行中产生 844TB 的数据；每天一辆自动驾驶测试车产生 30TB 的数据；燃气轮机每天产生 30GB 的数据。虽然有大量数据可用，但大多数制造商都难以有效地利用数据。这是由于缺乏数据标准化、质量、协调、交换格式、监管规则以及定义明确和普遍接受的数据所有权准则。

此外，来自连接设备的数据可能包含敏感、机密或个人可识别的信息（PII）。公司必须保护这些数据以保护隐私，符合比如欧盟《通用数据保护条例》（GDPR）和《加州消费者隐私法案》（CCPA）的要求，并保持机密性。此外，各制造商必须考虑到对数据安全、成本和存储大量数据的关切。迫切需要通过促进各行业、机构和政府利益攸关方之间的信任来克服这些问题，这些利益攸关方将获得丰富的可用数据。这将随后创造创新服务，降低成本和努力，并通过伙伴关系创造指数价值。

在我们最近进行的商业 4.0 研究中，我们确定了利用数据的关键因素以及阻止它发生的障碍（见图 5 - 9）。虽然调查中的大多数受访者表示数据为他们提供了洞察力，但仍然需要克服数据安全、风险和监管边界。

制造企业通过有效利用海量的可用数据提供个性化的产品和服务，是商业 4.0 时代的一个重要方面，他们能够通过汇集数字技术能力来做到这一点，从而确保他们获得竞争优势。此外，制造商形成的生态系统伙伴关系促进了新的商业模式，使他们能够向客户提供指数价值。

制造业务部门有着漫长而复杂的价值链。企业可以通过从多个来源获得信息从而在这种数据驱动的经济中创造价值，例如：从智能产品中获得信息；从智能企业内部获得信息，如加强工厂内部的安全；跨越价值链，如连接汽车；跨行业，如航空公司（如飞机运营商）。这可能使制造业在其他类似行业中处于独特地位。为了更好地理解这一点，重要的是要了解制造企业如何利用来自各种信息来源的数据。

---

① IDC. Worldwide Global Data Sphere IoT Device and Data Forecast：2019 – 2023 ［R］. 2019.

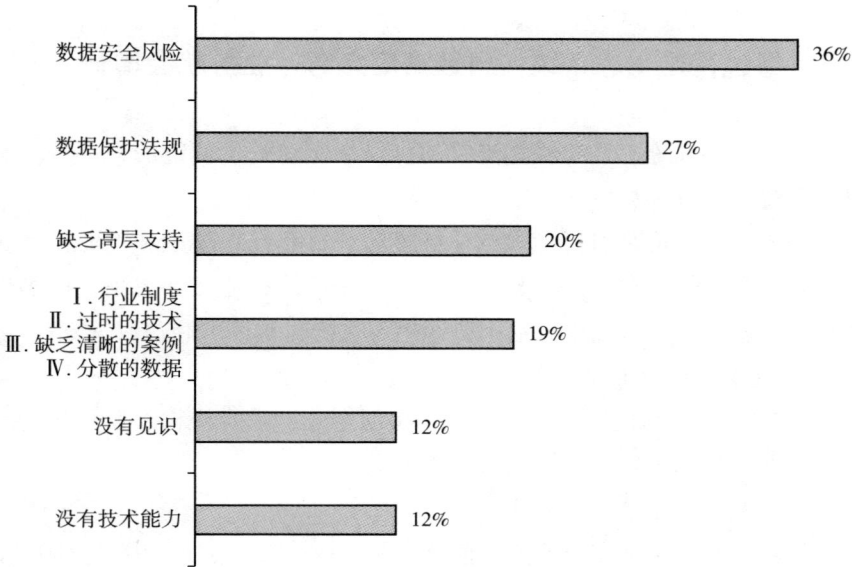

图 5 – 9　交易数据货币化的主要障碍

资料来源：作者团队的调研。

（1）智能产品。制造商可以通过创造智能产品来创造商业价值，从喷气式发动机和采矿设备到消费者和家庭产品，如牙刷和家庭打印机。改变企业商业模式的是它们提供的连通性。嵌入在产品中的传感器为企业提供数据引导的使用洞察力，并为最终用户提供个性化服务。此外，在新的价值创造经济模式中，它们产生的产品和数据是深深地相互联系的。

（2）智能企业。虽然传统的价值链从产品设计到制造和售后服务都正确地捕捉企业数据，但数据管理必须超越这一点，并捕获与时间戳生产、资产性能以及最终用户和使用上下文相关的信息。

企业必须超越效率和优化，注重增长和转型。在企业内部，数据民主化或向每个人提供数据具有多种好处，因为它可以从单一来源访问。连接的企业在各个利益相关者之间提供数据，从供应商到生产和现场使用，这是无数规划和执行洞察力的来源。它将企业系统数据与实时产品数据融合，从而创造价值。为了说明这一点，制造商现在提供服务合同和延长收费保证，这为他们创造了新的收入流，同时确保他们提供最佳的性能和重要的业务成果。

5.4.2　通过构建生态系统：当数据汇集时，业务就会增长

制造业生态系统正日益成为连接的、目标驱动的价值链的一部分，制造商可以通过多种方式从协作数据驱动的经济中创造价值。

合作伙伴在决策时需要考虑到业务模型、目标操作模型和商业模型，因为它们将定义如何创建和共享数据产品。这需要跨行业伙伴关系，以确保所有伙伴都能从充足的盈余中获益。协作生态系统包括以下利益攸关方：

（1）企业、延伸企业、产业。

（2）支持和控制机构——学术界、初创企业、政府机构、监管机构、数据汇总机构、数据主导服务提供商和咨询组织。

（3）连接和智能产品的消费者。

利用数据必须发生在企业、价值链和跨行业的交叉点，如图 5 - 10 所示。

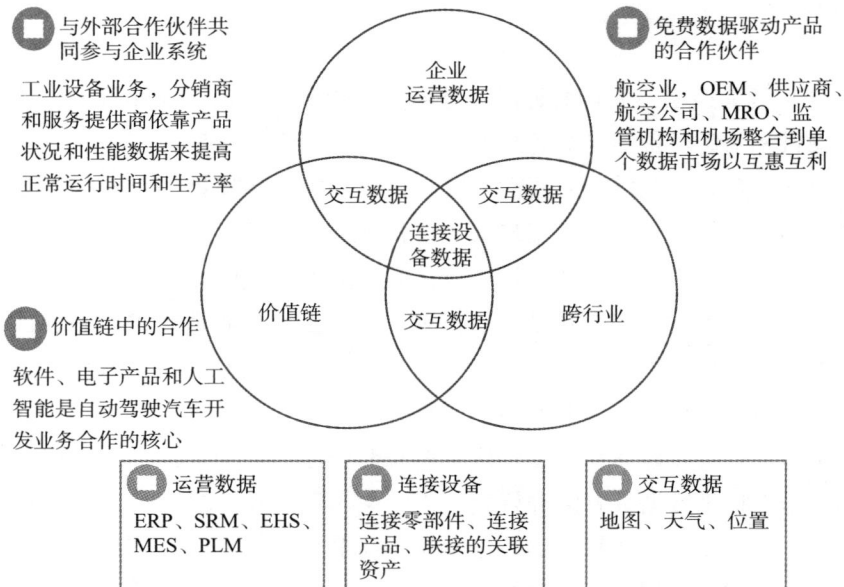

与外部合作伙伴共同参与企业系统

工业设备业务，分销商和服务提供商依靠产品状况和性能数据来提高正常运行时间和生产率

免费数据驱动产品的合作伙伴

航空业，OEM、供应商、航空公司、MRO、监管机构和机场整合到单个数据市场以互惠互利

价值链中的合作

软件、电子产品和人工智能是自动驾驶汽车开发业务合作的核心

企业运营数据

交互数据　交互数据

连接设备数据

价值链　交互数据　跨行业

运营数据

ERP、SRM、EHS、MES、PLM

连接设备

连接零部件、连接产品、联接的关联资产

交互数据

地图、天气、位置

图 5 - 10　在企业扩展的价值链和行业生态系统的交汇处，以目标为导向的经济模型

为了克服利用数据的挑战，如缺乏质量和标准化，并有效地将其货币化，到目前为止，生态系统的成员只是价值链中的分层参与者，可以根据他们提供的新服务创造价值。这导致了数据产品的创建。

以电动汽车轻量化设计为例。汽车车身的材料供应商必须减少汽车的整体重量，而不损害其质量。由于技术的进步，零件现在可以是 3D 打印，而不是通过传统的制造过程冲压金属片到一个理想的形状。材料在不同操作条件下的性能可以导致一个持续的改进周期，包括共享关于使用模式和操作环境的数据。这一价值的增加不仅降低了材料的成本，而且定义了车辆的性能特征，最终影响了其市场接受程度。

下面的图 5-11 展示了新兴的协作模型如何产生新服务。

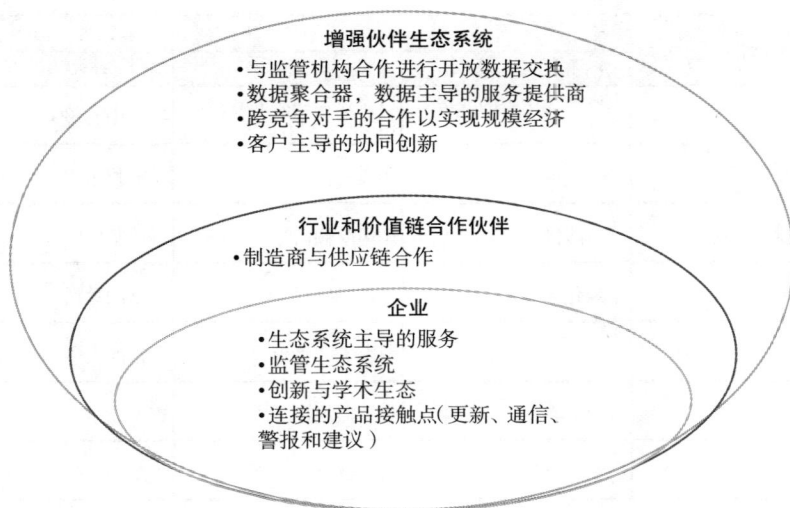

增强伙伴生态系统
• 与监管机构合作进行开放数据交换
• 数据聚合器，数据主导的服务提供商
• 跨竞争对手的合作以实现规模经济
• 客户主导的协同创新

行业和价值链合作伙伴
• 制造商与供应链合作

企业
• 生态系统主导的服务
• 监管生态系统
• 创新与学术生态
• 连接的产品接触点（更新、通信、警报和建议）

图 5-11 协作生态系统中潜在的新服务

随着企业开始提供新的服务，它们必须确保整个企业和行业都有数据。为了了解数据如何在企业内部流动，必须检查组织这些数据的操作模型。

5.4.3 智能制造企业的经营模式

各制造企业可以选择"以数据为中心"和运营模式，这将取决于其基础有多强。图 5 - 12 描绘了其关键运营模式，并根据它们可以提供的潜在收益进行分类。

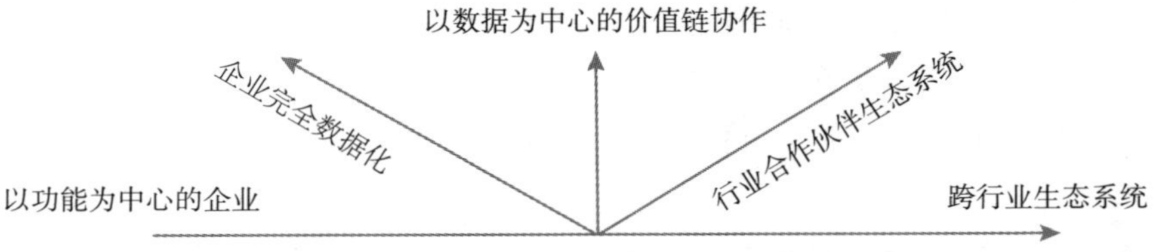

特征	增长率		
	低至负增长	稳定增长	指数增长
典型焦点	以资产为中心的数据服务	以企业为中心的数据服务	平台中心服务
说明性应用	状态监测	供应链优化	数据货币化
风险状况	低风险倾向	中风险倾向	高风险倾向
数据中心	本地化数据	价值链数据	丰富的数据
人才管理	内部人才	混合人才管理	丰富的人才
资本管理	有限资本	投资回报率	资本充裕
协作方式	组织内合作	价值链合作	生态合作

图 5 - 12 以数据为中心和制造企业的经营模式

制造企业必须实现观念的飞跃，从独自经营转变为跨行业合作，但这并不是那么简单，除了技术外，制造企业还需要在业务和目标运营模式上做出选择，这与前面讨论的智能生态系统的构建是一致的。除了数据外，另两个突出的关键因素是资本和人才的充裕。

目前，制造企业只处理个别资产或企业数据，数据交换和商业货币化框架基本上没有。在互联的生态系统中，制造企业需要实时资产数据和传感器数据、用户和使用者的交互数据以及社交数据，这些数据必须在更广泛的利益相关者中共享。为了共享这些数据，需要一个框架来促进资源共享（在丰富数据的范围内），同时保持单个参与者的竞争优势。

互联制造生态系统的描述如下：

（1）行业领导者作为生态系统锚：新兴生态系统中现有的利益相关者具有了解市场动态和驱动因素以及可以为客户创造那些价值数据的优势。例如，通过充当负责人，行业领导者可以吸引互补的合作伙伴，包括技术合作伙伴，他们可以帮助其开发新的数据共享平台，发展商业模式和市场产品，并确保更短的上市时间。随着信任和观念的发展，领导者不断成长和繁荣。尽管担心会削弱竞争实体的商业价值主张，但这样的生态系统面临着在同一平台上吸引竞争对手的挑战。然而，作为行业领导者的制造企业，在获得原始设备制造商（OEM）对"数据解释"提供大量支持下，肯定会从他们作为锚点中受益。

（2）形成"核心"的中立参与者：这是典型的创业型孵化，它在生态系统中没有特定的竞争对手，并且能够吸引竞争伙伴。参与者可以通过形成一个涉及多个利益相关者的中立平台来创造价值。通常，当数据交换不受专有技术的约束时，这些平台就会繁荣起来。

（3）混合选择：寻求形成中立开放平台的参与者可以创建子公司或剥离全新的业务，这可以利用两种运营模式的最佳能力和自由度。

举例来说：汽车行业可能最能洞察各种生态系统的形成方式。以上三种模式都在发挥作用，现有的原始设备制造商形成了协作集群，技术巨头形成了自己的中立平台，竞争对手相互协作。在共享出行的情况下尤其如此，在这种情况下，运营模式可以足够快地达到临界点。这三种模型还可用于利用整个领域数据科学家的稀缺资源库，并优化标准功能的资本支出投资。

5.4.4 发展以数据为中心的智能制造企业的驱动力

确保数据产品在互联、数据主导、洞察驱动和智能制造企业中共享的运营模式基于许多动机和机会（见图 5-13）。在这种复杂且竞争激烈的环境中，很难不采用这些模式中的任何一种。

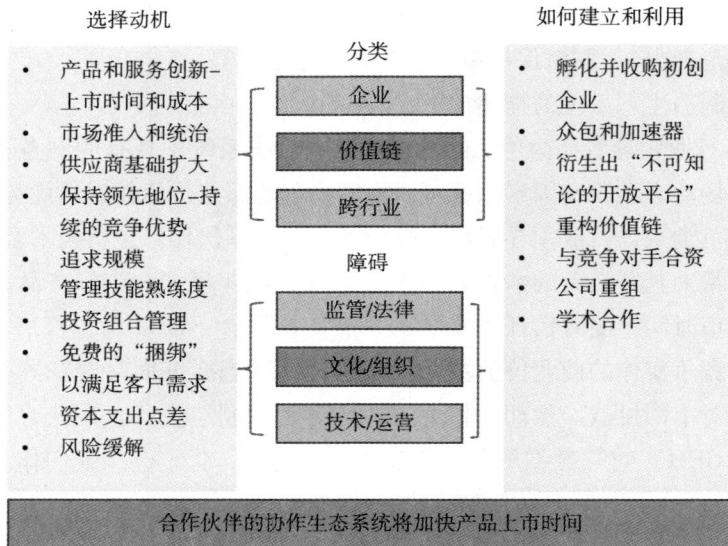

图 5-13　发展智能制造企业

资料来源：作者团队的调研。

制造价值链中的各种数据来源正在推动协作，从而确保用于创建、共享、挖掘和服务数据的框架。这是一条"数字公路"，除了确保数据自由、安全和实时流动外，这条公路还必须能够处理结构化和非结构化数据。

举例来说：航空公司不是孤立运营，而是通过原始设备制造商（OEM）、发动机供应商、维修和大修（MRO）企业、机场、监管机构、空中交通管制员、服务提供商、票务代理、地勤人员等组成的生态系统运作。每个实体都可以访问数据或正在生成数据。整合这些数据可以创造巨大的价值，让所有合作伙伴达成共识。

5.4.5　商业 4.0 时代的智能制造企业的新机遇

传统上，制造业生态系统是在企业、扩展企业（价值链）和行业的层次结构下运作。每个制造公司作为支持和控制机构，都与学术界、非监管机构相关。然而，随着数据主导经济的出现，数据聚合商、大数据管理者和数据主导的服务提供商已经成为每个制造企业的利益相关者。现在需要与服务捆绑的智能产品的"客户"或"消费者"推动了整个工业生态系统，这推动了对更多创新和协作的需求，这也在推动制造商为其客户创造个性化的产品和服务，从而导致更高的消费和生态系统进入协作参与模式推动增长。

我们的商业 4.0 研究结果表明，制造企业需要跨行业合作。接受多种商业 4.0 行为（推动大规模个性化、创造指数价值、构建生态系统、接受风险）的行业领导者经历了更高的客户互动，以及开发创新产品和服务的能力增强，同时能够提前计划，降低其商业模式的风险。

为了在这种竞争环境中取得成功，企业需要尽早选择以数据为中心的运营模式，使其与主要动机和增长驱动因素保持一致，然后仔细评估环境以建立和利用最适当的协作生态系统。

5.5　商业 4.0 转换的障碍

随着车间设备、智能产品和 IT 系统的深度互联互通，越来越多的安全漏洞暴露出来。作为这样研究的一部分，我们采访了一家全球汽车品牌的前首席信息官（CIO），他表示，对于联网汽车来说，这当然是正确的，"车辆搭载的技术越多，联网程度越高，暴露的风险越大"。

攻击者通过互联资产设备进入制造商网络和系统的风险也可能增加。在这种情况下，物联网一直是制造商关注的一个问题。因为芯片制造商尚未就统一的安全标准达成一致。

这就解释了为什么数据和系统安全会成为制造商采用商业 4.0 行为的一大障碍。潜在的安全风险比任何其他因素都更频繁地被引用为利用生态系统和为其业务创造价值指数的障碍（见图 5-14）。也有人提出了相关的担忧，例如向第三方开放 API 和客户数据保护要求，更不用说不灵活的技术了。

推动大规模个性化
缺乏自有的数据分析技能，43%

创造指数价值
数据安全风险，36%

构建生态系统
数据安全风险，40%

接受风险
缺乏清晰的利益和商业案例，38%

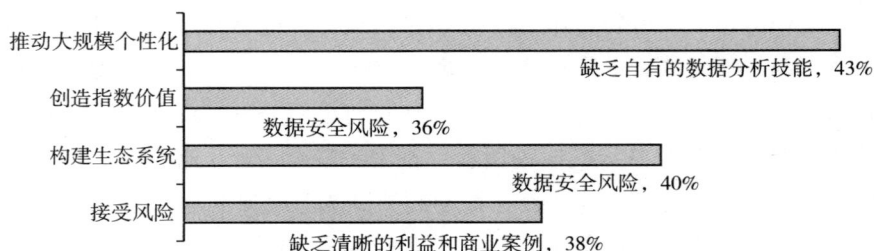

图 5 – 14　采用商业 4.0 行为的主要障碍

资料来源：作者团队的调研。

　　我们的调查结果表明，升级转移到云应该有助于制造商解决他们的一些安全问题，即使它允许他们扩展。许多行业的 IT 主管曾经将云环境视为隐藏漏洞的来源，但如今的制造商似乎并非如此。事实上，超过一半的受访者（52%）认为随着他们加快云迁移，数据安全性将得到改善。

　　成功转型的一个要素是拥有合适的人才来开发数据分析等先进的技术。制造商将缺乏此类专业人才作为个性化的主要障碍。日益增加的个人数据隐私问题并未让事情变得更容易。

　　另一个成功转型的要素是改变既定态度和做法的能力。但是，传统的企业文化是最难突破的障碍之一。利盟国际的首席信息和合规总监布莱德·克莱（Brad Clay）说："我们前进的最大挑战是人性。我经常问开发部门、研发部门和其他领域部门工作的人：'我们什么时候才能停止所有这些变化?'因为我们实际上正在改变一切。"

5.6　本章小结

　　采用商业 4.0 行为的制造商断言，他们的营收和利润已经直接受益于商业 4.0 行为。他们还发现，在他们的企业文化中灌输这样的做法使他们走上了实现更高业务增长的道路，而不仅仅是更高的效率。进步的障碍可能是巨大的，尤其是涉及人员和文化的地方，但该行业不断加强的数字基础为克服这些障碍带来了希望。

随着制造商在商业 4.0 之旅中的进步，我们的研究为制造商提供了一些经验教训：

（1）新的业务和商业模式意味着一切。数字技术的兴起威胁到传统制造商的存亡。许多老牌企业，包括德尔福、康明斯、通用汽车和卡特彼勒，已经接受了数字转型并更新了他们的商业模式以保持相关性。其他制造商必须准备效仿。

（2）强有力的领导是商业 4.0 转换的关键。要采用对转型至关重要的商业 4.0 行为，以及更广泛地在数字世界中取得成功，需要来自高层的强有力支持和一致的信息。没有这一点，根深蒂固的风险规避可能会挫败开发新收入流或共享数据并基于平台的生态系统中萌发想法的雄心。

（3）敏捷应该从工厂车间向上引导企业。敏捷实践使整个企业的制造部门受益，而不仅仅是 IT 部门。加速发展和快速失败的方法使管理者更容易尝试新的产品和服务理念。

（4）优先考虑采用机器优先进行流程重新设计。商业 4.0 行为转型要求在产品开发和车间中突出自动化技术，使其成为业务中所有流程执行的默认技术。许多流程最终应该交给人工智能进行决策，并交给机器人进行制造。

5.7 案例：汽车行业
——通过数字孪生全力推动数字融合

在过去的几十年里，大规模生产、精益管理和全球化是汽车行业推动增长和盈利的关键推动因素。然而，随着数据成为新的"石油"和工业 4.0 的兴起，预计该行业的未来增长将由数据主导的制造推动。在这种模式下，制造企业利用整个产品生命周期的数据来构建更快、更具成本效益和高质量的产品。

数据驱动制造的一个关键推动因素是数字孪生的概念。它代表了由物联网、三维仿真模拟工具和预测分析等新兴技术支撑的虚拟和物理世界的融合。结果是增强了分析数据和监控系统的能力，以在问题发生之前解决问题。

5.7.1 数字孪生：引导汽车行业走向数据成熟

数字孪生由三个部分组成：现实世界中的物理实体、它们的虚拟模型以及将两个世界联系在一起的关联数据/视图（见图 5 – 15）。图的左半部分代表前方的物理道路及其在卫星导航仪（SatNav）上的虚拟图像。在这种情况下，驾驶员需要做三件事：查看卫星导航器（SatNav）的方向，查看实际道路，将卫星导航器方向从大脑意识上叠加到实际道路上以向右转。这需要脑力劳动、一定程度的驾驶经验和时间感。

图 5 – 15　驾驶场景中数字孪生的概念

资料来源：印度科技公司 TCS 白皮书：Digital Twin in the Automotive Industry：Driving Physical-Digital Convergence [EB/OL]. https：//www. tcs. com/rss_feeds/Pages/feed. aspx？f = w。

在图的右半部分，车辆使用增强现实（AR）功能，为驾驶员提供了数字和物理世界的融合视图，以无缝导航道路转弯。通过让驾驶员专注于道路，这可以最大限度地减少脑力劳动、分心和人为错误的机会。这个方案思路可以扩展到整个汽车价值链，通过利用以物联网、大数据分析和模拟技术为基础的不同技术能力来高效地执行运营。

在汽车工业中，车辆的产品生命周期涉及多个阶段——概念化、设计、采购、制造、库存、销售、服务和回收。在每个阶段，作为日常活动的一部分，都会生成大量数据（如图 5 – 16 所示）。利用可用数据来构建更快，具有成本效益的高质量产品是所有制造企业的最终目标。但是，事实是，汽车制造商在有效利用其数据方面处于不同的成熟度级别。

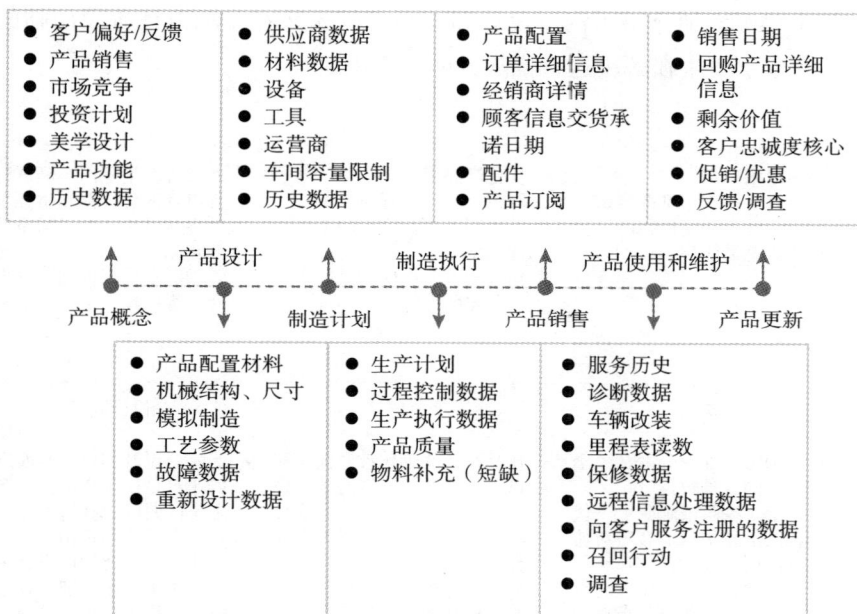

图 5-16 产品生命周期数据（汽车）视图

5.7.2 数字孪生：引导汽车行业克服挑战

确保准确的车辆设计、无缝制造、卓越的销售和服务一直是汽车制造商的长期挑战。利用数字孪生概念可以帮助扭转这种局面。

5.7.2.1 车辆开发

汽车产品开发是一个漫长而复杂的过程。通常，制造一个新的汽车模型从设计到推出需要六年左右的时间。事实上，有效的设计是汽车企业成功和长期可持续性的关键。即使是产品设计中的一个小疏忽也会削弱公司的品牌价值和促进的稳定性。

比如奔驰，该公司于 2000 年初推出了 A 级产品，产品开发成本为 15 亿美元。在发布后，发现这款车没有通过陀螺测试，导致召回 2 500 辆新车。随后，梅赛德斯增加了稳定性控制，并重新设计了汽车的悬架，以解决这个问题。实施这一技术改进的费用是惊人的 2.5 亿美元。

图 5－17 详细介绍了汽车设计和产品工程团队在车辆设计阶段面临的挑战，以及数字孪生在解决这些挑战方面的作用。

	汽车概念	细节设计	设计验证
行动	• 目标市场定义 • 竞争对手的汽车基准测试 • 扩展设计（功能性USP） • 车辆概念最终化	• 优化产品设计（功能、外观、样式、配置参数） • 开发用于商业生产的工具和设备 • 仿真测试，以使产品原型与所需的性能保持一致	• 通过小批量生产车辆进行详细设计的可行性和验证车辆 • 物理测试（各种气候条件下的路测） • 营销活动（抵押品、预告片、媒体等）
挑战	• 设计师需要处理分散在整个组织中的各种数据 • 传统上，现阶段缺少上一代车辆的信息集成（客户对功能的使用、反馈、故障） • 在当前情况下，此阶段的重点是设计师，而不是行业的最终客户	• 产品设计的细化涉及模拟测试的多次迭代，这些迭代是耗时的，并且通常在真实环境条件下缺乏对场景的全面介绍 • 后期设计中的任何更改都会影响设计的多个轨道，包括工具、设备、材料采购、发布时间表	• 为确认设计的可行性而进行的小批量试生产延长了产品上市的时间，并增加了公司资产负债表的负担 • 如果公司需要适应设计中的任何重大更改，那么现在进行回顾性工作为时已晚
数字孪生的职责	• 数字孪生可能会将其上一代车辆与当前车辆概念之间的所有数据集成到其数字模型中 • 设计师、利益相关者和最终客户（产品诊所）之间的沟通可以更互动、更快捷 • 组织可以启用以数据为主导的决策，以最终确定车辆的概念	• 预计数字孪生将保存产品生命周期的完整数据。在此阶段利用数字孪生可以弥合此数据鸿沟，从而提高仿真测试的性能 • 经过验证的模型和模拟的可重用性可以实现对变更影响的快速评估和问题的早期发现	• 数字孪生可能会将其上一代车辆与当前车辆概念之间的所有数据集成到其数字模型中 • 设计师、利益相关者和最终客户（产品诊所）之间的沟通可以更互动、更快捷

图 5－17　产品开发生命周期的行动、挑战以及数字孪生在缓解这些挑战中的职责

5.7.2.2 车辆制造

一个多世纪前，亨利·福特的创新将制造汽车的时间从 12 个多小时缩短到了两个小时。自那时以来，汽车行业经历了多次颠覆和创新。现在每 30 秒就有一辆新车从装配线上下来，而且并不是所有的车都是"黑色的"。引擎盖下的机器已经从一个普通的机械奇迹发展成为一个复杂的智能系统，包括一系列的技术、电子科学和材料科学。

快速顺畅的制造过程取决于资源管理、生产计划和过程控制的稳健性。今天，生产中的模型和变体已经增加了很多，以满足对定制车辆的需求。提高整体设备效率（OEE）参数（如"第一次通过"）的压力迫使领先的汽车制造商考虑数字化制造。执行良好的数字采用现在正在成为该行业的关键成功因素。这涉及在虚拟环境中收集和分析大量数据，以实现卓越的（在许多情况下）预测性决策。

5.7.2.3 车辆销售和服务

新车的引入涉及研究、工程设计、网络规划和营销活动方面的创新。这是一项巨大的工作，通常需要花费五年的时间将投资转化为制造商的收入。但是，仅在零售店实际销售期间发生，零件、配件和服务的售后收入也取决于实际销售，这使销售部门成为实现数字孪生的理想选择。

现在汽车销售基地正在见证各种趋势和范式转变。这些主要是由新兴的服务化模式，客户对卓越、个性化和全渠道零售经验的需求以及 GDPR 等监管准则所驱动。在全球范围内开展业务的汽车制造商在应对宏观环境因素和地理特点方面面临更大的挑战。毫不奇怪，OEM 商渴望利用客户、车辆（产品）和渠道合作伙伴的运营洞察力来不断提高产品性能。图 5 – 18 说明了围绕汽车销售和服务的挑战，以及数字孪生如何帮助 OEM 更快、更有效地解决这些挑战。

汽车销售		汽车服务和零部件	
挑战	数字孪生的职责	挑战	数字孪生的职责
未来的汽车所有权模型将实现服务化，客户将更喜欢根据车辆的功能使用情况向OEM支付费用，而不是为整辆车预先支付费用	OEM可以维护每辆汽车的车辆孪生，并且通过空中更新软件（SOTA）可以在客户请求的一段时间内启用/禁用功能	总拥有成本（售后拥有成本，即TCO）是客户决定汽车品牌的关键标准。从OEM的角度来看，保持低TCO是一项持续的挑战	每个关键部件都可以通过创建其车辆孪生进行监控。零部件孪生备份置于现实环境条件中来预测和为故障做计划
汽车中可配置功能的数量已经增加，这导致了大量的独特组合和特殊订单。其结果将出现一些负利润事项	借助车辆的数字孪生，可以捕获实时现场洞察。将突出客户广泛使用和很少使用的功能	当客户工作地改变或车辆所有权发生变化时，由于OEM及其经销商的IT环境分散，车辆的服务历史记录将丢失	车辆孪生可以保存车辆的服务历史，因此多个利益相关者可以利用这些数据（比如经销商和其他第三方"第一次正确"修理汽车）
在零售商和OEM端缺少有效的客户数据管理。制造商和渠道合作伙伴将失去来自客户的潜在收入	OEM和经销商通过构建360度客户视图来增加收入。数字孪生可以深入了解驾驶员偏好和属性，以构建此视图以进行追加销售/交叉销售	平均保修索赔费用占OEM总销售额的2.5%。保修费用的减少可以显著提高原始设备制造商的利润	当与备份链接时，保修数据将突出显示故障模式。基于此，可以启用现场检查或主动召回。OEM获得准时、收益和品牌形象
新老客户回访经销商都需要类似零售（B2C）的体验。他们期望改善和个性化的销售体验	通过将AR（数字孪生的体现）与发展良好的数字孪生紧密连接，可以增强销售体验。这可以在销售场所创建更具交互性和身临其境的用户体验	车辆的剩余价值由于缺乏汽车使用历史和性能的透明度而下滑。一般而言，当前剩余价值的思维方式是由市场认知而非车辆的实际状况驱动的	车辆孪生将保存所有实时性能数据、传感器数据和检查数据，以及服务历史记录，配置更改、零件更换和保修数据

图 5–18　汽车销售和服务价值链的挑战以及数字孪生的职责

5.7.2.4　为一个相连的未来弥合鸿沟

一个有效的汽车产品生命周期需要来自价值链中各个利益相关者的数据输入，以有效地管理"端到端"的过程。然而，在每个阶段使用或生成的大多数数据仍然是孤立的，并且几乎不与产品生命周期的后续阶段集成。这导致了物理产品与其数字化版本之间的更大差距。通过使物理和虚拟版本的产品原型、商店和道路上的实际车辆无缝融合，数字孪生有潜力解决当今汽车价值链中存在的多种挑战。成为汽车行业"数字孪生"早期采用者的制造商将能够将设计和制造、保修部门统一在一个统一的构架下，以获得更高的收益并超越竞争。

6
生命科学与医疗保健行业

——加速数字化

6.1 生命科学与医疗保健行业 商业 4.0 行为概述

数字化为生命科学与医疗保健行业创造了前所未有的机会。云计算、物联网、大数据挖掘、人工智能正在改变医疗保健领域的诊断和治疗方法，同时实现诸如制药领域数字临床试验之类的创新。包括生物技术公司、医疗技术品牌以及公共和私人医疗保健提供商和付款人在内的所有链条都在利用这些技术来创造新的价值来源。

该行业包括处于数字成熟度各个阶段的公司，从已建立的企业升级其原有系统和实践到数字初创公司。所有人都迫切需要采用商业 4.0 行为并在数字时代实现有效竞争。

我们的研究发现表明，采用所有四种商业 4.0 行为（推动大规模个性化、创造指数价值、构建生态系统和接受风险）的公司，我们称之为"领导者"，更有可能取得强劲的财务业绩。虽然大多数公司仍处于商业 4.0 旅程的相对早期阶段，但我们发现"领导者"小组正在领先。在生命科学和医疗保健行业样本中，9% 的受访者属于这一类别，与其他行业平均水平一致。此外，生命科学和医疗保健企业占领导群体的 16%，10% 的初期采用者和 17% 的跟随者（见图 6-1）。

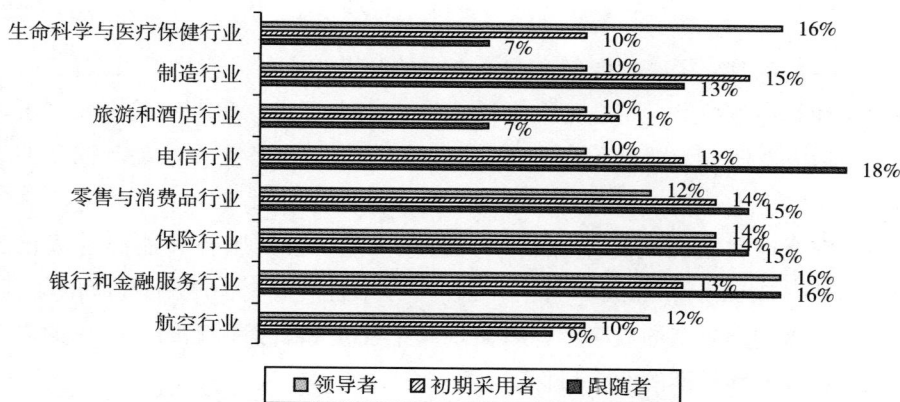

图 6-1 行业在领导者、初期采用者和跟随者群体中的份额
资料来源：作者团队的调研。

以下是生命科学与医疗保健行业的主要发现：

（1）个性化是一个优先选项。解决这一问题的必要性在整个行业都得到了理解。掌握数字能力使个性化的医学、植入物和医疗设备成为一个多方面的现实。在本质上，我们发现个性化是所有业务中最广泛采用的商业 4.0 行为。

（2）商业 4.0 正在带来好处。采用商业 4.0 行为的生命科学和医疗保健行业报告说，通过扩大目标客户市场的形式（通过在药物研究和开发中使用大数据和分析，并开发新的客户）。这有助于大幅提升利润。

（3）数字能力正在大幅提升，但仍有增长的空间。远程和自我监控的医疗聊天机器人、智能药丸和植入物，这些和其他创新证明了该行业的先进数字化水平。云计算的使用也很普遍，然而，通过自动化和更广泛地采用人工智能，仍有许多进展有待实现。

6.2 通过商业4.0的路径：迎接挑战

数字技术改变了医疗保健和相关产品的开发和交付。先进的大数据挖掘、物联网和其他新技术，正在帮助个性化医疗成为现实。病人的健康几乎可以从任何地方监测。大数据分析、人工智能和基于云服务正在推动基因学的进步，并为整个生命科学领域的变革创造机会。

一家全球科技公司的生命科学、医疗保健、公共服务和能源总裁德巴什·高什（Debashish Ghosh）说："在当今个性化医疗和数字健康的时代，各企业必须利用丰富的数字资源来实现其个性化和负担得起的医疗保健以及加速药物开发和批准的业务目标。"

数字化也在改变竞争格局。医疗科技（Medtech）初创公司在行业中的影响力越来越大，因为它们具有更快的创新能力，既是挑战者，也是现有企业的合作伙伴。此外，行业之间的界限正在被侵蚀，因为科技公司看到了将他们的业务范围扩大到更深的客户生活的机会。

抓住这些机会，迎接挑战，就需要按照"商业4.0"的理念作出变革的承诺。尽管有监管和其他压力，许多生命科学和医疗保健公司正在采用一个或多个商业4.0行为（见图6-2）。

6.2.1 诊断、治疗和护理的个性化

技术驱动的个性化是医疗保健行业最近最成功的故事之一。可穿戴设备使患者能够关注他们的健康指标。使用智能药丸和植入物与物联网传感器，医生可以监测在他们自己的家的病人。同时，基因组学使药物和其他治疗方法的潜在发展成为可能，这些治疗方法是特定于个体的遗传特征的。

这些和其他类型的个性化显然正在该领域获得吸引力：3/4的生命科学和医疗保健行业高管表示，他们的企业已经发展了根据个人属性或偏好广泛定制产品和服务的能力。

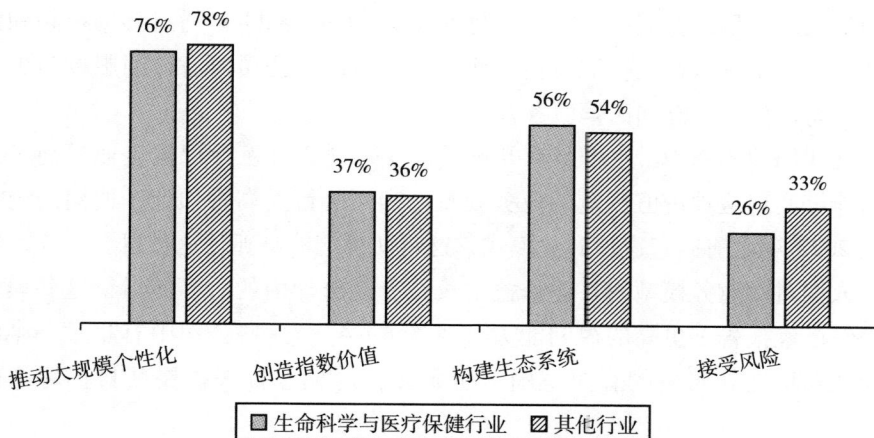

76% 78% 37% 36% 56% 54% 26% 33%

推动大规模个性化　　创造指数价值　　构建生态系统　　接受风险

▨ 生命科学与医疗保健行业　▨ 其他行业

图 6 – 2　生命科学与医疗保健行业采用商业 4.0 的行为

资料来源：作者团队的调研。

　　大多数追求个性化的企业都报告说，在客户交易的数量和价值以及客户盈利能力方面有明显的好处（见图 6 – 3）。

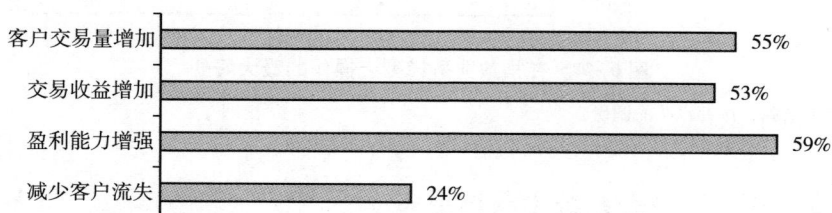

客户交易量增加　　55%
交易收益增加　　53%
盈利能力增强　　59%
减少客户流失　　24%

图 6 – 3　大规模个性化对生命科学与医疗保健行业的好处

资料来源：作者团队的调研。

6.2.2　服务提供者和患者的价值呈指数增长

　　生命科学与医疗保健行业的企业通过数字化方式以不同方式创造新价值。例如，生命科学公司向临床试验组织提供患者监护服务，以确保遵守测试条件。

　　此外，创新型初创公司正在开发新的收入模式，这很可能会吸引成熟的公司加入。例如，在英国，巴比伦健康（Babylon Health）通过移动视频和消息传递与医生进行在线咨询。在一些国家或地区，公司通过订阅服务为患者提供预防性医疗保健和医师服务。

在我们的调查中，一群具有开创性的生命科学和医疗保健企业目前正在运营能够实现这种价值创造的业务模型。20% 的行业高管预计，他们的公司将在 2022 年之前拥有这种商业模式，这将使他们能够抓住这种机会。

人们对新业务模型的兴趣日益增长是有充分理由的。当前运行这些模型的组织已经报告了更高的盈利能力（见图 6-4）。这些公司中有超过一半的公司能够根据其服务的客户范围和所服务的地理位置来扩展其目标客户的市场。

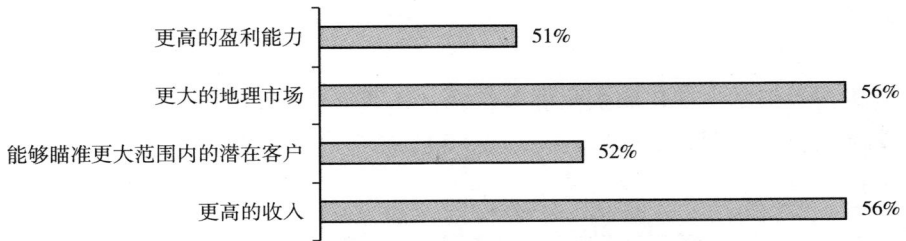

图 6-4　在指数业务模型上操作的最大好处

资料来源：作者团队的调研。

6.2.3　从医疗生态系统中获得更多

在生命科学与医疗保健行业，合作联盟、伙伴关系和其他形式的多人协作是很好的。医疗服务提供者和保险公司可以共同努力，不仅确保提供医疗服务，还可以分享数据和见解，以寻求改善健康结果。此外，生命科学公司定期与学术机构合作，推动医学研究。

超过三分之一的接受调查的公司参与这种生态系统，目的是开发新产品和服务（见图 6-5）。市场竞争对手之间通常形成联盟，"制药公司之间的合作是一个重要的组成部分，因为它分散了实际或感知的风险"，一家全球制药公司的研发主管说。"个别公司的创新中心可以产生创新想法，并帮助公司开发有意义的示范项目来测试新的解决方案。如果合作共享这种竞争前的知识，那么广泛采用的障碍和规模化的时间就会减少。"

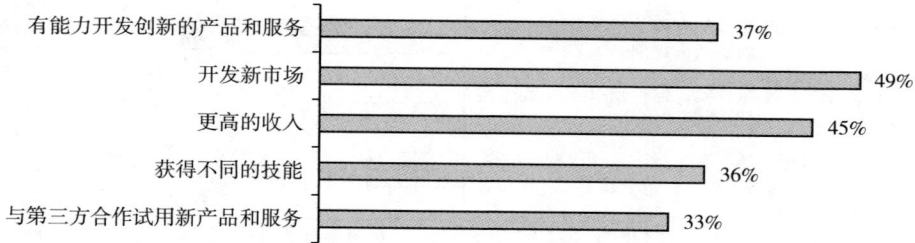

图 6-5　在生命科学与医疗保健行业利用更广泛的生态系统的好处
资料来源：作者团队的调研。

生命科学的合作努力往往受到既定参与者对知识产权（IP）的专有方法的限制。然而，有一些变化的迹象，如领先的制药公司 Janssen 的 iStep 平台，旨在自动化和简化临床试验中的产品供应和数据管理。该平台已向制药公司和其他行业参与者开放。

6.2.4　通过接受风险来扩大机会

我们的调查研究表明，接受风险是生命科学与医疗保健行业最难采用的商业 4.0 行为。在这一支柱行为中，生命科学与医疗保健行业的代表性低于其他被调查的行业，只有 26% 的企业计划在一年内改变其商业模式（接受风险），而其他行业的比例为 33%（见图 6-2）。在我们调查的生命科学和医疗保健公司中，33% 的公司乐于在预先分配的预算和资源下以三年为工作周期，只有 6% 的公司不断适应和转变市场条件（见图 6-6）。然而，鉴于制药研发涉及巨大的财务风险和严格的监管环境，这并不奇怪。

将一种新药推向市场的平均成本从 2010 年的 12 亿美元上升到 2018 年的 20 亿美元。然而，能够通过试验阶段的药物相对较少。例如，在美国，只有不超过 14% 经过临床试验的药物获得食品药品监督管理局（FDA）的批准。

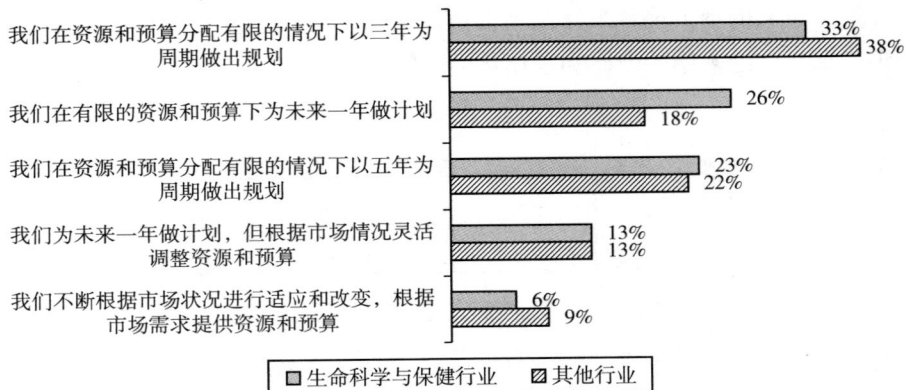

图6-6　未来规划时的风险偏好

资料来源：作者团队的调研。

敏捷方法及分析、人工智能和其他技术的应用旨在提高临床试验的有效性，目的是缩短开发时间，改善监管批准的前景，从而降低风险（见后文默克公司的案例）。

根据一家制药公司的研发负责人的说法："对于我们这个全球性制药公司来说，除了整个药物开发过程中固有的巨大风险外，学会接受新方法和技术带来的风险，这将是我们可以采取的一种行为，我可以看到这种行为使我们转化为竞争优势。"

制药公司比医疗保健公司更有可能接受风险。同样，最有可能的解释是医疗机构，从本质上讲，需要把重点放在病人护理上，这不可避免地助长了一种对现状的快速、破坏性变化持谨慎态度的文化。

📋 案例分析

默克，用敏捷方法创造新思想[①]

在默克公司的法规事务中，"创新委员会"追求的目标包括四种商业4.0

---

① 作者团队的调研。

行为中的两种：利用合作伙伴的知识并培养承担风险的意愿。根据默克公司法规事务运营和质量管理副总裁克里斯·李（Chris Lee）所说，创新委员会由内部专家及其合作伙伴和供应商的代表组成，旨在业务的不同部分集思广益。克里斯说，默克公司或其理事会合作伙伴可以将产生的想法付诸实践。

创新委员会也是公司采用敏捷开发方法的工作的一部分。克里斯说："如果我们有一个创新想法，我们不会立即写 2000 页的需求说明，然后进行开发它并在十年后看到它失败。我们有创新团队介入并讨论这个想法，然后其中某一位合作伙伴很快就拿出一个样品，可能只需要一个星期。"

克里斯认为，创新委员会还有另一个好处：向员工表明，他们提交的想法将得到认真对待。"人们充满活力和热情，分享他们的想法，因为他们看到许多想法都变成了现实。他们不再认为自己在浪费时间。"

6.3 数字技术推动生命科学与医疗保健行业加速商业 4.0 转换

6.3.1 构建数字推动者

生命科学与医疗保健行业几乎不需要让人信服云服务所赋予的优势。大多数被调查的公司现在都是云服务的活跃用户（见图 6-7）。"我们不担心数据的存储，也不担心成本，因为它都是商品化的，"一家大型制药公司的一位高级主管说，"你得到的水平尺度和计算能力是一个云结构。这无疑是在帮助我们扩大和发展业务。"

在物联网（IoT）方面，该行业表现良好。连接传感器的使用在医学科学和护理的许多领域都很普遍。医疗植入物、活动监测器和自动调节胰岛素传递只是它的几个应用。此外，与其他制造商一样，制药公司也在供应链中广泛使用物联网，不仅是为了提高效率，而且也是为了确保运输中药物的完整性。

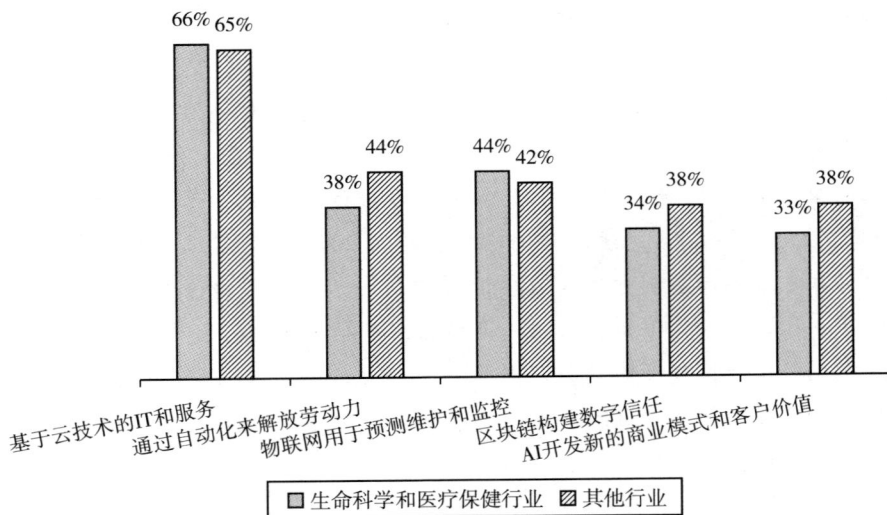

图 6-7 生命科学与医疗保健行业目前采用的技术

资料来源：作者团队的调研。

然而，人工智能和自动化是这一部门落后于其他部门的两个领域。一些组织正在使用人工智能技术来支持病人的诊断和临床试验；另一些组织正在使用人工智能聊天机器人来提供自动化的医学见解。但生命科学和医疗保健企业只从人工智能可以为商业模式和病人做些什么来触及表面。也有相当大的空间使用自动化技术。例如，它们为制药商提供了加速、简化和提高临床试验和药物制造过程可靠性的潜力。

6.3.2 数字技术支持医疗保健行业未来：为未来制定由数字技术支持的课程

数字技术的不断发展引发了保健生态系统的变化，并为更好的病人护理、成本和健康结果提供了多种机会。

在全球范围内，医疗保健生态系统正在寻求数字技术，以获得新的、有效的患者护理方法，从而保证以较低的成本提高护理质量和获得服务的机会。越来越多的患者对个性化的、负担得起的、按需的、方便的和优质护理的期望也促使人们需要重新考虑现有的模式。此外，在医疗服务和医疗研究的技术中断和快速突破面前，医疗服务已经变得复杂、具有竞争力和挑战性。

整个行业都在尝试一系列技术创新，以改善治疗的总体安全性、质量、速度和准确性，从而更好地为患者提供护理。诸如区块链、人工智能（AI）和虚拟现实（VR）之类的技术正越来越多地用于帮助诊断和治疗。展望未来，技术将帮助付款人从仅管理医疗保健付款和理赔转向更全面的患者护理管理。

为了寻求更好的护理体验，他们逐渐采用了技术创新。此外，对数字化进行投资将有助于更好地利用健康数据进行研究和个性化护理。

6.3.2.1 付款人如何应对当前的挑战？

随着人口老龄化和与慢性病有关的病例的增加，对医疗保健的投资和需求激增。反过来，这推动了新的但昂贵的技术的进步，导致医疗保健支出增加。显然需要解决有关成员的成本、质量和便利性的问题。

当前，医疗保健利益相关者正在努力应对不断增长的需求和援助需求带来的临床、运营和财务挑战。以技术为后盾的医疗保健生态系统可能会提供新的业务和护理模型，以帮助解决这些问题，同时确保将来为患者提供负担得起的高质量医疗保健。但是，所有利益相关者将需要同步工作以实现此结果，并转换为能够进行预防和及早干预的系统，而不是当前的疾病治疗模式。

不断增长的医疗保健支出引发了新的商业模式，零售、电子商务和银行业等非医疗保健公司在大笔投资的支持下大举进军该行业。尽管真正颠覆像医疗保健这样复杂、受监管和分散的行业将是耗时且具有挑战性的，但付款人已经采取措施应对潜在的颠覆。利用技术创新和合作将是改变医疗保健格局的有效方式。

区块链等技术可以帮助自动执行手动流程，例如新成员身份验证以及对付款人提供合同的验证。反过来，这不仅将有助于减少总体处理时间，还可以降低运营成本。分布式分类账技术可用于与多个提供商安全地共享患者数据，以帮助更好地进行诊断和后续治疗。同时，人工智能、大数据预测分析以及不断增长的患者数据存储库可以为根据实际证据做出更快的医疗保健决策打开大门。从长远来看，人工智能可以潜在地应用于患者信息，可以从多个系统中收集信息，以帮助做出护理决策，制定用于慢性病管理的护理计划并降低财务风险。

图 6-8 是一些帮助并提高利益相关者（会员、雇主、供应商）价值的举措。

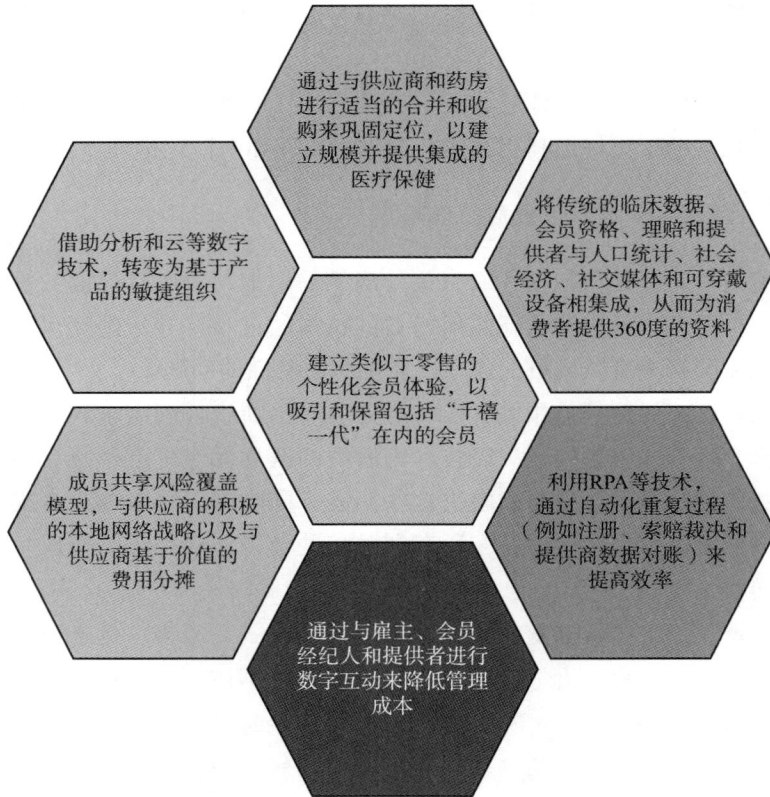

图 6-8　提高利益相关者（会员、雇主、供应商）价值的举措

6.3.2.2　转型之路

付款人需要从现有的传统费用价值交付模式过渡到以价值为基础的医疗保健驱动的模式，以确保负担得起的、可访问的、方便的和优质的医疗服务。图 6-9 展示了付款人从价值聚合者过渡到价值提升者，然后过渡到价值乘数

者的成熟路径。从价值整合者到价值提升者的过程以更低的成本提供了越来越高效的服务。

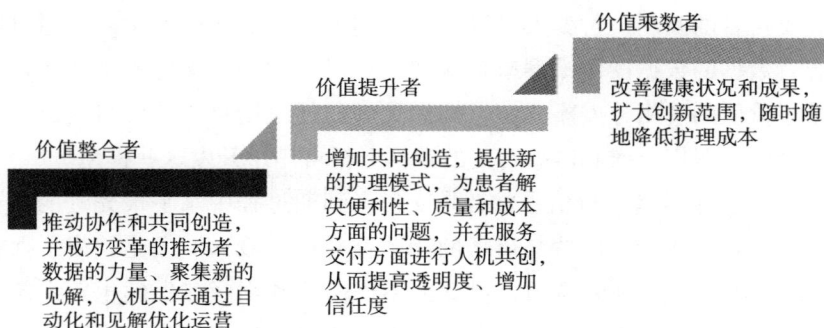

价值乘数者
改善健康状况和成果，扩大创新范围，随时随地降低护理成本

价值提升者
增加共同创造，提供新的护理模式，为患者解决便利性、质量和成本方面的问题，并在服务交付方面进行人机共创，从而提高透明度、增加信任度

价值整合者
推动协作和共同创造，并成为变革的推动者、数据的力量、聚集新的见解，人机共存通过自动化和见解优化运营

图 6 – 9 付款人成熟期框架

价值整合者利用技术优化运营，并通过协作，共同创造和共同创新，利用数据的力量来创造价值。价值提升者有能力增加共同创造并帮助创新新型护理模式，从而为患者带来便利和提高质量。在价值倍增阶段，付款人可以扩大创新规模，以便随时随地交付，并能够以较低的成本提供更高的质量。他们可以扩大规模以提供个性化护理（n=1），同时解决总体人口健康和福祉（n=N）。付款人必须进行明确定义的转换过程，才能到达每个阶段，同时导航并执行转换计划。

下面是付款人的三个基于价值的级别，以及每个成熟度阶段的重点领域：

（1）价值整合者。付款人作为价值整合者，提供的服务包括远程护理，支持语音和视频的智能设备以及数据驱动的个人数据聚合等。付款人可以在此阶段采取的措施包括汇总各种来源的患者数据，例如理赔、会员资格、电子健康记录、提供者、社交媒体等。在此阶段，付款人还将对现有数据进行分析以实现转移向基于价值的费用分摊模型。这有助于增加利益相关者（会员、患者、供应商、雇主和护理人员）之间的协作和价值。

（2）价值提升者。为了与市场中的新竞争者竞争，付款人将需要保持敏捷并提高利益相关者的价值，同时还要控制医疗费用。他们将需要采用商业4.0行为来提高会员和提供者的护理价值。此外，在此阶段，付款人需要通过尽可能多地启用远程护理来提高其客户的护理价值，从而减少去诊所就诊的次数。这可以通过利用智能设备和可穿戴设备的日益普及来实现。

大规模个性化可用于推动会员体验并提供全渠道体验，以实现会员与提供商和支付者的互动。付款人可以广泛使用人工智能和机器学习，通过利用整合患者数据的数据操作模型来预测健康结果。此外，支付者将需要建立先进的基于价值的费用分摊模式，以提供更好的健康结果。部署与提供商人口统计、合同、费用分摊和网络有关的数据分析可用于开发这些模型。

（3）价值乘数者。价值乘数者是支付者到期过程中水平最先进的。在增值阶段，付款人将能够保持与市场的相关性并产生收入。但是，为了保持竞争优势并与利基零售业者竞争，付款人不仅需要利用医疗保健生态系统为所有利益相关者创造价值，而且还需要利用行业内的技术进步和研究突破来创造产品，为利益相关者提供极端的个性化和独特的体验。

我们预见的一些举措包括使用连接的健康平台随时随地进行护理，通过人工智能（AI）进行极端个性化以及使用预测性和规范性分析来改善健康状况。此外，可以利用乘车共享网络的生态系统来提供紧急护理。

6.3.2.3　使用商业4.0推动付款人成熟之旅的蓝图

商业4.0思想领导力框架为支付者提供了一个蓝图，可以帮助他们利用颠覆性技术并推动向核心业务的行为转变。表6-1总结了各种重新定义支付者行为准则的举措。这一转型蓝图以基于价值的护理、注册自动化、传感器驱动的智能老年护理等领域的创新为基础。这些举措将帮助支付者通过利用技术专注于核心战略主题——健康驱动的护理、基于价值的护理、高级护理和会员体验。

以下是该蓝图帮助支付者实现指数价值的一些示例①：

一是美国一家大型的支付公司推动了由自动化、人工智能和云支持的大规模个性化服务，以改善整体报价到卡支付的过程。使得支付周期时间从21天减少到2小时，同时运营效率提高了45%。

二是支付公司与一家领先的零售体育用品公司合作，为超过15万客户创

---

①　作者团队的调研。

造了一个游戏化的健康参与平台。

三是美国最大的医疗保健组织之一通过纳米级角色和大规模循证营销增加了会员的参与度和注册人数。

四是一家大型支付方利用机器优先交付模型，将其运营从孤立且互不关联的组织转变为互动感知且近乎实时的企业。这有助于确保更好的人口健康，同时提供更好的会员和提供者体验。

表 6-1 　　　　　　每个付款人成熟度级别的战略举措

付款人成熟级别	潜在战略举措	商业 4.0 技术层次			
		人工智能	敏捷	自动化	云计算
价值整合者	利用机器人索赔处理节省运营成本		④创造指数价值	④创造指数价值	
	通过基于价值的护理使服务提供者满意		②构建生态系统 ③接受风险		
	360 度会员资料分析数据	①大规模个性化		①大规模个性化	
价值提升者	采用自动化		④创造指数价值		
	使用 AI 和聊天机器人进行积极的患者参与	①大规模个性化		①大规模个性化	③接受风险
	使用机器学习的结果驱动的供应商合同		③接受风险	②构建生态系统	
价值乘数者	随时随地使用连接的健康平台进行护理	①大规模个性化	①大规模个性化		①大规模个性化
	个性化医学和使用基因组学的早期干预	①大规模个性化		②构建生态系统	④创造指数价值

注：序号为四种商业 4.0 行为。

6.3.2.4　结论

我们相信，通过降低护理成本，并利用技术、数据、背景和雇主提供更好的会员体验，支付者在提供价值方面具有独特的地位。科技在决定"什么""怎样""在哪里""什么时候"提供护理方面发挥着越来越大的作用，提供更多的选择使个人能够更好地控制自己的健康和福祉。展望未来，技术将消除护理服务创新的准入障碍。

支付者已经采取措施改造现有业务。展望未来，通过对当前实际运营状态进行全面和结构化的评估，确定一套最佳的数字技术有助于加快这一进程。

鉴于现有会员数据的丰富性，支付者可以从投资不断发展的技术中受益。旨在帮助驾驭价值成熟度框架高峰的包容性、敏捷、数字技术支持、数据驱动、人工智能支持、物联网支持的医疗保健模式可以帮助所有支付者——私人和公共——为未来数字时代做好准备，实现所需的转型。

6.3.3　个性化医疗：生命科学与医疗保健行业的变革之风

生命科学行业一直在努力应对的最古老和最持久的挑战之一是传统药物治疗的副作用。人类基因组计划的成功和随后的药物基因组学的引入，使该行业通过个性化医疗的发展在这一方向上取得了长足的进步。个性化医疗概念的核心在于积累和构建包含生理和基因组信息的海量患者数据库。通过访问这些数据，临床医生可以开出专门满足患者独特需求而量身定制的药物。

本部分探讨了个性化医疗的出现将对制药和医疗保健行业的各个领域产生的影响。通过创新的治疗模式，个性化医疗（PM）有望在基础设施层面改变行业，并为先锋公司提供先发优势。

6.3.3.1　现状

根据个性化医学联盟（PMC）发表的一份报告，2017 年美国食品药品监督管理局（FDA）近 35% 的新药批准是个性化药物。在个性化医学开发计划中观察到的这种增长大部分可以归因于技术进步，这些进步迅速降低了计算和基因组测序成本。这使医疗保健行业能够成功识别患者群组并设计针对他们的药物。然而，如果没有一个健全的模型来加速和扩展完整的个性化医学生态系统，仅仅识别患者群组和开发个性化医疗是不够的。

与传统药物的大批量生产相比，个性化药物生产涉及小批量且通常是按需生产的药物。在很大程度上，这需要进行重大改革，包括基础设施的改造，以及重新构建传统医药制造商的生产模式。

在外部，它转化为供应链的系统转型、患者生态系统的理解、医疗保健管理以及弥合传统药物处方中普遍存在的治疗差距。与这种变化相关的投资相当广泛，阻碍了医疗保健生态系统的个性化医疗采用过程。

个性化医疗广泛生产和分销的另一个主要障碍是缺乏明确的总体监管框架。快速发展的基因和细胞治疗法使利益相关者更加难以预测个性化医疗所需要的法规类型。虽然美国食品药品监督管理局（FDA）和欧洲药品评估局（EMEA）等监管机构正在制定个性化医疗监管框架，但进展缓慢。

尽管个性化医疗法规的发展步伐缓慢，但《21世纪治愈法案》等其他各种法规能够推进医疗产品的开发和审查，及时为患者带来新产品。这些法规鼓励新的临床试验设计和使用真实世界证据（RWE）来支持新适应证的批准或批准后的研究要求。

6.3.3.2 个性化医学背后的力量

当涉及医疗保健行业个性化医疗中断的关键驱动因素时，一系列的因素就显得尤为突出。其中之一是改进的药物发现方法。随着现代药物研究越来越侧重于了解疾病生物学和人类遗传学分析，对较小的统计患者群体的隔离显著改善了测试结果，并有可能减少药物不良反应（ADR）事件。除了解码人类基因组的科学突破外，许多优势还可以归因于技术的快速进步，尤其是数据计算。例如，医学成像帮助研究人员获得了治疗癌症等慢性病和危重疾病的宝贵见解。此外，降低患者发病率和死亡率的现实需求正在推动个性化的医疗计划以实现有效的治疗模式。

个性化医疗作为传统药物治疗的实际替代品的另一个驱动因素是患者信息的可用性。智能设备和可穿戴设备的使用帮助创造了看似无穷无尽的数据流，这为开发个性化医疗奠定了基础。除了公开可用的信息外，来自电子健康记录（EHR）的患者级数据还为个性化医疗的开发和广泛使用提供了巨大的潜力。

6.3.3.3 谁是关键球员？

个性化医疗的大规模开发和分销需要大量协同运作。从患者和基因组数据的积累和处理到集成至电子健康记录（EHR）中，该过程形成了一个相互关联的利益相关者责任网络。这要求在整个利益相关者结构中采取包容性的协作办法。这种努力将涉及：

（1）提供者研究可用的患者数据，特别是患者的分子信息，并设计适合患者群组需求的治疗方案。提供者在启动有效的患者参与、取代现有的象征性参与方面发挥着重要作用，这些参与产生有助于开发个性化治疗方法的信息。提供者可以通过研究他们在疾病管理、疾病预防和最佳药物程序方面的能力，开始研究个性化药物管理的各个领域。

（2）医疗保健提供者（HCP）冒险进行分子治疗研究，例如遗传学和生物化学，以便更好地衡量可能的治疗方法。此外，他们应该考虑基因和细胞治疗领域的最新发展，以便为利益相关者提供全面的靶向治疗方法。

（3）患者承担最终用户角色并提供有价值的疾病数据。通过同意与证明对研究诊断和测试阶段预测，患者还将在开发疾病群组的综合测试结果数据库中发挥重要作用。

（4）诊断合作伙伴提供具有成本效益的技术，在早期诊断中将准确性和速度相结合，从而实现越来越有效的上市策略。此外，该模型需要可扩展才能处理大量的诊断数据。

（5）通过引入风险评级保费，支付者重新考虑财务激励措施。这将使支付者能够有效地分担整个患者群组的风险，同时仍然能够提供定制的诊断和治疗的覆盖范围。

（6）监管机构为利益相关者共同商定的标本要求制定强有力的合规协议。

（7）电子健康记录（EHR）/信息技术（IT）合作伙伴实时存储和处理相关数据，并为制造商和医疗保健提供商提供关于患者群组的药物基因组学见解。这包括在标准患者记录中整合基因组和生物标志物数据，使其成为个性化医疗处方处方的关键工具。IT合作伙伴成为将机器学习和大数据分析等技术融入个性化医疗保健计划的关键。例如，ML 算法能够识别大型遗传数据集中的模式，使研究人员能够有效地解释遗传变异。这将使研究人员能够在细胞水平上分离异常并预测疾病的发生。

这种协作努力将被证明是个性化医疗生产和分销的关键驱动因素，利益相关者通过挖掘大量市场份额获得先发优势。此外，积极主动的办法将消除目前实践的常规药物治疗的"试错法"方法的需要，从而提高生活质量（QOL）并随后减少财务影响。

6.3.3.4 个性化医疗如何影响医药价值链？

根据对全球制药行业领导者的调查显示，92% 的受访者认为个性化医疗是一个机会，而 84% 的受访者认为公司已经开始这样的计划。然而，将个性化医疗带入主流目标需要重新思考我们已知的制药和医疗保健行业。现有的医药价值链，包括药品的生产、分销和供应，经过多年的调整，已经适应了传统的治疗系统。引入个性化医疗意味着价值链的各个组成部分将发生混乱，其中最重要的是：

1. 制造业。

在广泛采用个性化医疗方面，制造业起着至关重要的作用。因此，行业需要创新以应对不断变化的业务需求。生命科学行业正在探索更新的技术。因此，对连续制造、增材制造和便携式制造等一次性技术的评估开始成熟。

由于传统的生产模式不能很好地满足个性化医疗的小批量多产品需求，因此药品制造商需要考虑不同的生产模式。制造精密药物领域最有前途的技术之一是 3D 打印。作为一种一次性技术，3D 打印为个性化药物的小批量多产品制造提供了所需的灵活性。此外，按需打印的方法支持基于药房的生产，并有可能彻底改变整个生命科学领域的所有权模式。

3D 打印可以将小批量生产成本降低到原来费用的 1/5。通过利用 3D 打印技术，药物制造商可以专注于精确配制和"打印"具有自动剂量控制和定制药物释放曲线等特性的药物。该工艺适用于制造低剂量和高剂量浓度。3D "打印"药物也可以使用尺寸和药物组合进行定制，以满足不同患者群组的需求。这种个性化药物生产方法允许在设计口服剂型（ODF）方面有很大的自由度，这些因素包括活性药物成分（API）剂量、口服剂型（ODF）的分布和吸收以及赋形剂的使用。

个性化医疗的 3D 打印涉及三种常用技术：基于打印的喷墨系统、基于喷嘴的沉积系统和基于激光的书写系统。虽然基于激光的书写系统依赖于光聚合原理，但基于打印的喷墨系统涉及两种技术，即连续喷墨打印（CIJ）和按需喷墨（DOD）。然而，这些技术中最流行的是基于喷嘴的沉积系统。在打印过程之前提供混合药物和聚合物使其在剂量精度方面具有更高的灵活性。

2. 供应链。

过去十年见证了医疗保健供应链的优化，以实现药品的大规模配送和集中治疗的目的。该部门实现这一目标的方法之一是通过整合供应链组件。传统上，该方法是"一个供应链多次执行"。然而，个性化医疗的出现需要全新的能力来支持"数百条供应链执行一次（极端——更有可能执行几次）"的场景。不断发展的个性化医疗生态系统和客户分布的独特性正在迫使供应链行业进化并适应个性化医疗市场。有可能破坏供应链的不仅仅是分销模式的转变。为个别患者定制治疗的机会或需求进一步增加了供应链的复杂性。

个性化医疗背后的基本理念是提高治疗质量，可以肯定地说，及时、无差错地提供合适的产品是取得这一成就的重要因素。这需要改进框架中的供应链控制和可见性。

考虑到这些要求，制药公司越来越多地采用"完整的监管链"的做法。通过承担供应链的端到端责任，制药公司可以确保产品满足客户的个性化包装和交付需求。这种整体方法要求公司在供应链的每一个阶段（从采购到制造再到分销）对每个单独的产品进行无缝跟踪。这将涉及供应链的有效管理，包括使用物联网传感器监控运输或储存中产品的温度等细节。

个性化药品配送也正在改变医疗保健行业第三方物流的运作方式。最明显的趋势之一是引入了"药剂师和患者协调员"模型，该模型可实现个性化用药的双向继承流程。例如，协调员从患者身上收集血液或细胞样本并将其交付给制造商，然后将得到的治疗交付给患者。

除了生命科学价值链的杠杆之外，受个性化医疗影响的其他活动包括：

第一，伴随诊断。

伴随诊断构成了患者群组识别和后续个性化治疗设计的组成部分。伴随诊断是在给药的同时进行的。这些工具提供的见解有助于识别生物标志物并提供有关相应药物有效性的重要信息。这是开发创新治疗方案发展最快的途径之一。为了在主流治疗中采用伴随诊断，美国食品药品监督管理局（FDA）在 2018 年提出了一项支持药物和体外诊断联合开发的政策。

然而，由于制药公司的不情愿，该领域的研究和探索经历了一定程度的停滞。事实上，不到 5% 的体外诊断伴随视频诊断。障碍在于缺乏监管框架、数据不足以及数据泄露的潜在威胁。

第二，早期诊断。

患者数据的可用性，从生理到基因组，是个性化医疗的关键推动因素之一。此外，这个庞大的患者数据库也带来了早期诊断和疾病预防的机会。这种诊断对于识别、减轻和管理可能需要数年时间才能出现症状的疾病和病症特别有用。早期诊断正在稳步进入现有的医疗保健框架。

6.3.3.5　推进个性化关怀

在药物治疗的处方模式中，个性化医疗的效果将越来越明显。医疗保健提供者将被要求参考患者群组的平均值，并根据每位患者的身体需求制定出定制疗法。

人们可能会从即时性的角度争论个性化医疗的实用性，但很难反驳它对医疗保健行业意味的颠覆。从医疗保健提供者（HCP）角色的转变和制造实践的转变，到不断变化的供应链管理方法，个性化医疗的影响将在整个行业中得到见证。再加上个性化药物批准的显著增加，个性化药物进入主流只是时间问题。虽然政府机构、制造商和分销商有机会获得先发优势，但他们也需要为个性化医疗对市场乃至自身产生的影响做好准备。

6.4　商业 4.0 转换的障碍

当被问及阻碍行业迈向商业 4.0 发展的最大障碍是什么时，我们的受访者明确地指出了根深蒂固的企业文化和传统思维。在我们的调查中，传统的企业文化是接受风险的主要障碍（见图 6 - 10）。

后遗症也体现在技术上。高管们表示，大规模个性化的主要障碍是不灵活或过时的技术。这可能包括：错误百出或无法相互通信的数据库；建立在旧架构上的软件应用程序；无法支持实时分析或远程监控的带宽要求的网络。将他们的应用程序和基础设施转移到云环境将帮助企业克服遗留系统的缺点。对他们来说，迁移到云的速度还不够快。

曾几何时，高管们普遍认为云会带来安全风险。然而，生命科学和医疗保健公司如今的疑虑减少了。事实上，他们中有一半认为将 IT 系统迁移到云环境将提高数据安全性。

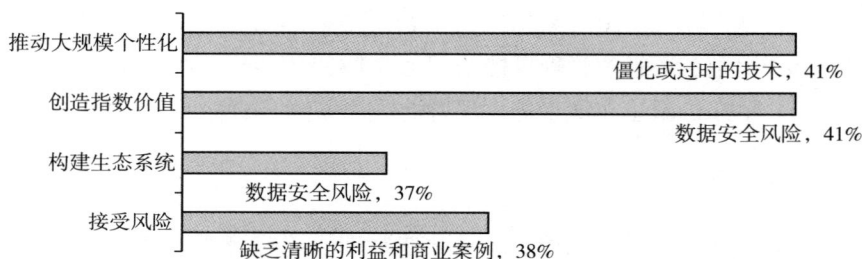

推动大规模个性化
创造指数价值
构建生态系统
接受风险

僵化或过时的技术，41%
数据安全风险，41%
数据安全风险，37%
缺乏清晰的利益和商业案例，38%

图 6 – 10　采用商业 4.0 行为的最大障碍

资料来源：作者团队的调研。

6.5　本章小结

如今是生命科学与医疗保健企业发生深刻变化的阶段。在其业务中嵌入数字技术的企业已经能够找到为企业以及其合作伙伴和客户创造新价值的方法。许多企业正在接受商业 4.0 行为，而另一些企业则试图围绕文化、技术和其他变革障碍开展工作。

以下是研究中的一些经验教训，可以帮助企业克服其商业 4.0 之旅中的障碍：

（1）强有力的领导是必须的。严格的监管、对遗留系统的依赖以及昂贵的研发往往会限制有前途的数字计划。需要高层领导强有力的、一致的指导，以确保广泛嵌入商业 4.0 实践。

（2）专有心态限制了生态系统的价值。数字技术正在改变业界长期熟悉的联盟和网络的性质。例如，区块链技术可以被研究人员用来保护他们的IP，在他们的工作上添加不可变的时间和所有权戳，从而使他们能够共享数据和想法，而不必担心侵权。

（3）"机器第一"必须指导所有工艺重新设计。手工流程主导了医疗保健价值链的大多数业务领域。因此，从自动化、效率和创新中获得收益的潜力是巨大的。人工智能、物联网和其他技术必须成为流程执行的默认驱动程序。

7

保险行业
——从保守到数字驱动

7.1 保险行业商业 4.0 行为概述

快速发展的数字化技术正在缓慢地改变保险行业的面貌。现在，保险行业已经能够通过利用可穿戴设备和物联网传感器的数据，并通过部署先进的大数据分析，为客户定制产品。此外，数字化技术还帮助该行业走上了与客户发展持久关系的道路，提供了超出保护和储蓄的价值，并有效利用了生态系统伙伴的内部数据和能力。

虽然这种能力还不能在行业的所有部门中感知，但我们的研究表明，保险行业在采用商业 4.0 行为时与其他行业相比是有利的。采用所有四种商业 4.0 行为的公司（推动大规模个性化、创造指数价值、构建生态系统和接受风险），我们称之为"领导者"，更有可能取得强劲的财务业绩。在保险行业样本中，14% 的受访者属于这一类别（见图 7 - 1）。

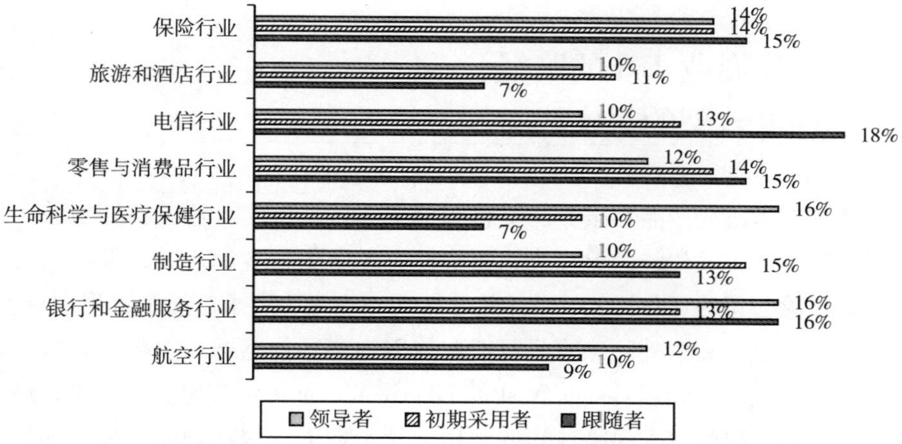

图 7 - 1　保险行业在领导者、初期采用者和跟随者群体中的份额

资料来源：作者团队的调研。

以下是保险行业的主要发现：

（1）来自商业4.0的收益正在增长。追求个性化的保险公司正以更高的价值和更高的客户交易量以及减少客户流失的形式获得好处。那些开发能够创造新价值的商业模式的企业已经能够扩大其目标市场。更广泛地参与基于平台的生态系统将使保险公司从商业4.0中获益成倍增加。

（2）数字化和敏捷正在帮助保险公司重新思考风险——从"保护"转向"预防"。在以风险为中心的业务中，保险公司承担风险的意愿似乎在上升，41%的受访者愿意从根本上改变他们的商业模式（尽管有严格的监管制度，但在不久的将来一定会推出）。这可能部分是由于他们采用了云计算并实施了超越IT的敏捷实践，因为更快、更精简的产品开发降低了与失败相关的潜在成本，通过快速失败提高了学习和采用的能力。

（3）防止市场混乱和保险科技的威胁。由于保险科技公司等非常规参与者进入该领域并有效扰乱了市场动态，保险产品已经商品化。鉴于消费者可以通过聚合网站直接获得保险，保险范围现在越来越通过价格而不是品牌关联或客户服务来区分。领先的保险公司通过在零售消费者生态系统中变得更加活跃来应对当前的趋势。掌握数据、云、物联网、智能手机应用程序，在某些情况下甚至是人工智能，都是这些工作不可或缺的一部分。

7.2　通往商业 4.0 的路径：
寻求转型的果实

随着技术改变产品和服务的交付和消费方式，保险行业正在拥抱数字化也就不足为奇了。传统的保险公司可能没有数字先行者的声誉，但面临着来自灵活保险公司的竞争挑战，其中许多公司正在大力追求产品和流程创新。

例如，财产和意外险保险公司正在使用物联网传感器和大数据分析来开发新产品，例如，利用 Google Nest 的 Liberty Mutual 家庭保险解决方案，渐进地基于使用情况的汽车保险计划或利用大量新数据的快速理赔。终身和年金保险（L&A）提供商正在使用智能手机应用程序和智能聊天机器人来提高其客户互动的质量。经纪人和再保险公司开始使用相同的技术来改变他们与 B2B 客户和合作伙伴互动的方式。

这些努力有助于解释为什么保险业在采用商业 4.0 行为方面与我们研究中涵盖的其他部门相比更有利。在四大商业 4.0 行为中的三个行为，保险公司的数量超过了其他接受调查的公司（见图 7-2），这表明该行业的很大一部分正开始利用数字化带来的机会。

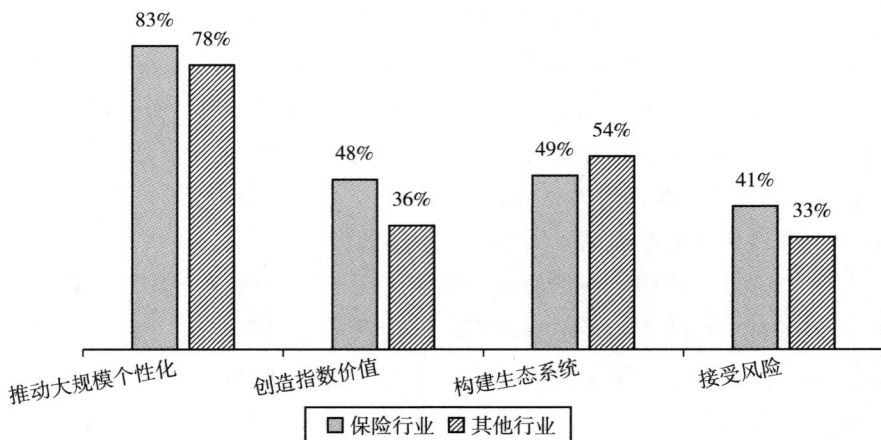

图 7-2　保险行业采用商业 4.0 的行为

资料来源：作者团队的调研。

7.2.1 通过为某一细分市场提供保险来提高盈利能力

企业对消费者（B2C）类型的保险公司正在利用数字技术来推动个性化，尽管大多数保险公司还处于这一旅程的开始阶段。大数据挖掘、物联网和人工智能正在被很好地用于产品定价。例如，汽车中的物联网传感器生成有关驾驶员的数据，用于确定汽车保险费。此外，可以使用从可穿戴设备收集的实时数据生成健康和人寿保险产品的个性化优惠。所有这些都是保险公司如何利用现有能力为某一细分市场提供服务的绝佳例子。

此外，以这些能力为基础的保险公司已经能够实现盈利（见图7－3）。大多数受访者表示，客户交易的价值和数量增加，最终提高了公司的盈利能力。这些领域和其他领域的个性化，包括客户服务和索赔处理，也有助于减少客户流失。

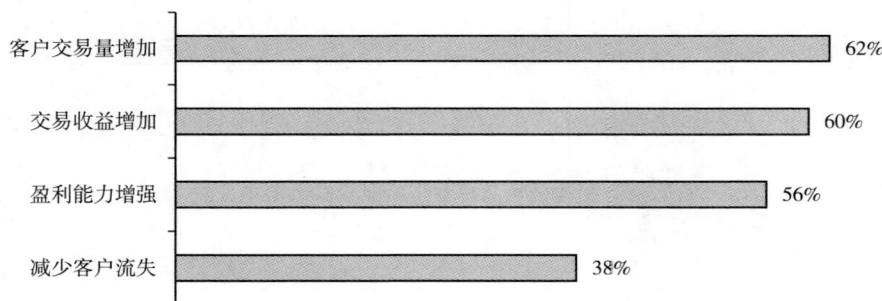

客户交易量增加	62%
交易收益增加	60%
盈利能力增强	56%
减少客户流失	38%

图7－3 保险行业大规模个性化的好处

资料来源：作者团队的调研。

7.2.2 保险人率先创造指数价值

根据我们的调查，与其他行业相比，保险行业的公司更有可能以能够创造新价值的商业模式运营。

他们是如何做到这一点的？一家全球科技公司的银行、金融服务和保险业务总裁克里西瓦桑（K. Krithivasan）认为，主要是通过货币化他们拥有的大量数据并使用新的数字功能。他以 AXA 为例，该公司使用区块链技术在客户的航班延误时提供自动的航班延误保险付款，从而消除了理赔流程。

在其他地方，汽车保险公司通过提供汽车保养并推出定制产品（如按需驾驶汽车保险）来创造新的收入来源。健康保险公司利用物联网、可穿戴设备和高级分析工具，可以从健康监测和咨询服务中获得客户的忠诚度。

从预防到保护的转变使保险公司能够不断加深与客户的互动。以这种方式追求新价值创造的保险公司正在从多个方面获得收益，包括利润和市场扩张（见图 7-4）。多数人拓宽了他们的目标市场，并能够打入新的地理市场。此外，保险公司能够借助与相邻生态系统中的合作伙伴共同开发的新业务模型来创造附加价值。

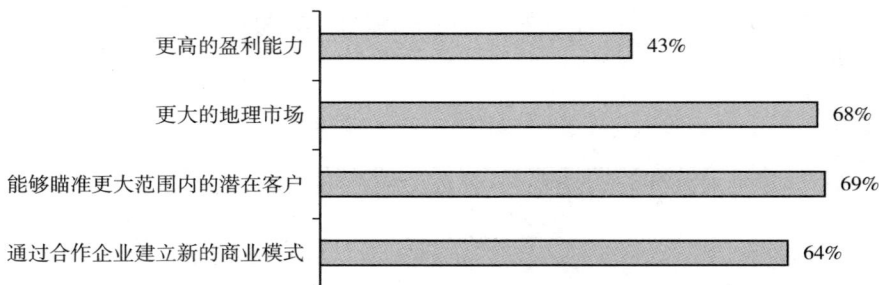

图 7-4　保险公司从指数型商业模式运营中获益

资料来源：作者团队的调研。

7.2.3　生态系统是在不断变化的行业中取得成功的关键

生态系统，无论是基于平台提供互联服务，还是与参与者建立更传统的联盟（以推动创新、改进营销计划等），都是为保险公司提供创造新价值的资源。

标准人寿保险公司软件工程主管罗伯特·麦吉尔（Robert McGill）认为："生态系统可以为一些保险公司提供建立以前不存在的客户关系的机会。在人寿和年金等行业领域，与客户的互动有限，保险公司更有可能通过与已经活跃在客户生活中的其他组织合作来接触他们。"

然而，与其他行业的公司相比，保险公司不太可能在生态系统内合作开发新产品和服务（见图 7-5）。即便如此，我们调查中仍有一半的保险公司使用外部网络，并正在重新思考商业模式。

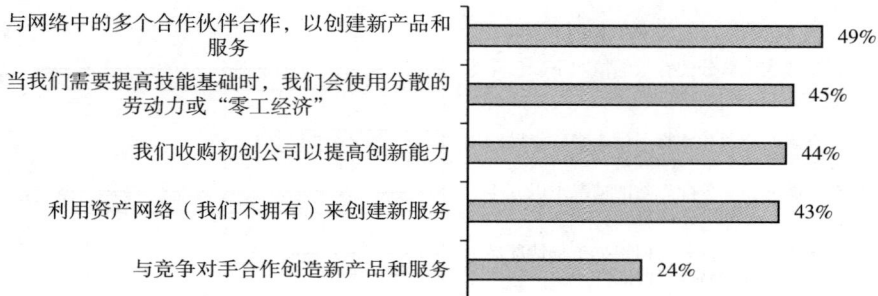

与网络中的多个合作伙伴合作，以创建新产品和服务 ████████ 49%
当我们需要提高技能基础时，我们会使用分散的劳动力或"零工经济" ███████ 45%
我们收购初创公司以提高创新能力 ███████ 44%
利用资产网络（我们不拥有）来创建新服务 ███████ 43%
与竞争对手合作创造新产品和服务 ████ 24%

图 7-5 保险公司如何利用其更广泛的生态系统
资料来源：作者团队的调研。

例如，保险公司作为互联网汽车平台的一部分来开发和提供服务，其中一些已经建立了自己的平台。一家全球科技公司的银行、金融服务和保险业务总裁克里西瓦桑（K. Krithivasan）说："保险公司必须处在围绕各种产品和服务形成的生态系统中。"

一个例子是比利时 AG 保险的储蓄平台 Yongo。该产品为不同的利益相关者实现了多种目的。对于父母而言，这使他们可以为孩子计划长期投资并分享一些尊重，包括与他们的朋友和家人。对于那些因吉他或生日庆典之类的即时要求而存钱的孩子，这有助于养成在小时候存钱的习惯。这有助于在不同的客户群中建立品牌召回机会。对于朋友和家人来说，这不仅使他们为自己所爱的未来做出了贡献，而且建立了一个社区，供他们将来满足自己的需求。

7.2.4 保险公司的风险偏好不断增长

愿意接受可能改变业务的风险是商业 4.0 公司的核心属性。保险公司更习惯于对不同类型的风险进行建模和定价，而不是在自己的业务中承担风险。

然而，调查中的大量保险公司似乎已准备好接受此类风险。我们的调查发现，36%的保险公司采用一年或更短的规划周期，并根据市场条件的要求灵活调整资源和预算（见图7-6）。例如，40%的受访者表示他们打算在下一年"从根本上改变"他们的商业模式——接受风险（见图7-2）。

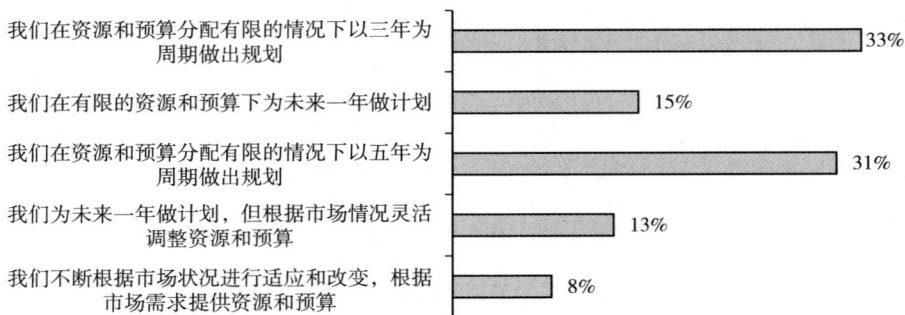

图7-6 保险公司做计划时的风险偏好

资料来源：作者团队的调研。

用ICICI伦巴第综合保险公司首席运营和技术主管克里斯·纳亚克（Girish Nayak）的话说："如果想领先于其他人，您需要尝试新事物。"

7.3 保险行业加速商业4.0转换

7.3.1 在"机器第一"世界中保持敏捷

敏捷方法正被保险行业广泛采用。超过一半的受访者表示，由于敏捷方法论的实施，他们能够显著加快技术项目的进度。

根据标准人寿保险公司软件工程主管罗伯特·麦吉尔（Robert McGill）的说法，"过去，我们可能需要两三年才能构建出一些东西，而今天，我们可以在数周、数天或数小时内交付更改，并与客户进行迭代测试，而不是采取大的步骤"。

在我们的调查中，保险行业在数字化的所有方面都领先于行业平均水平（见图 7-7）。

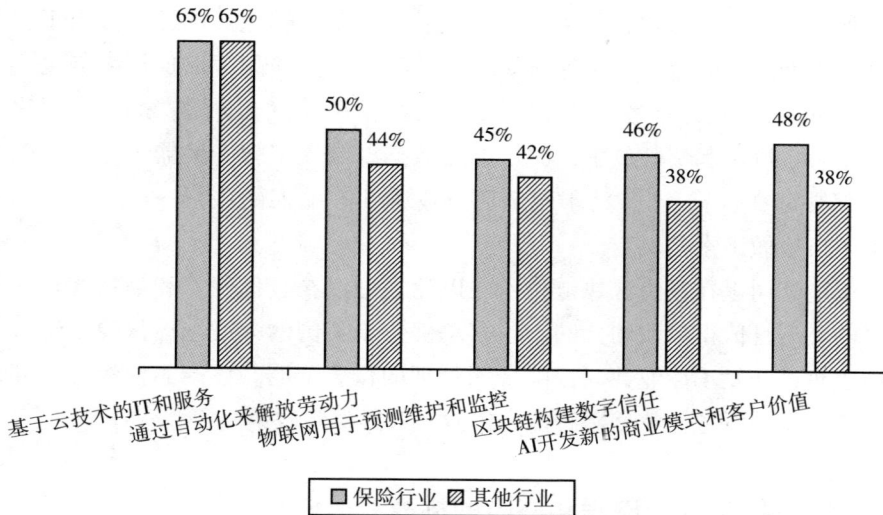

图 7-7 保险公司今天采用的技术

2/3 的保险公司使用基于云的 IT 流程和服务，但认为云是他们当今主要 IT 环境的保险公司则少之又少。提高数据分析的能力——以上提到的几个能力的核心是保险公司经常提到的云优势。

机器人流程自动化（RPA）等自动化技术对于保险公司简化前台和后台流程并提高成本效率来说不可或缺。与其他行业的同行相比，更多的保险公司也致力于实现自动化，以解放员工，专注于更有价值的活动。

一些保险公司似乎在有效地使用人工智能——近一半的受访者正在使用它来增强商业模式并创造新价值。几家保险公司正在使用人工智能聊天机器人来发送和接收来自客户和现场代理的信息。

人工智能还被用于改变索赔处理，为客户关系和运营效率带来明显的好处。ICICI 伦巴第综合保险公司最近推出的基于人工智能的健康索赔审批就是一个很好的例子。该公司首席运营和技术主管克里斯·纳亚克（Girish Nayak）说："这大大减少了此过程所需的时间。使用人工智能，索赔可以在大约一分半钟内得到处理。当从医院收到数据时，它使用 ICR/OCR 技术直接输入系统，人工智能决定索赔是否在医学上可接受以及提供的索赔授权金额。"

保险公司正在为物联网生态系统生成的大量数据做好准备。公司正在利用这些数据以新的方式分析保险风险，并与客户分享见解以加深参与度。例如，加拿大的一家保险公司推出了基于使用情况的汽车保险产品。该解决方案使用来自汽车和驾驶员手机的传感器数据以及人工智能机器学习算法来开发"驾驶员签名"。这有助于他们区分业主和其他人的旅行——这些数据可用于更快地做出索赔决定。

保险公司也在投资区块链技术，以建立可以在合作伙伴和最终客户之间共享的灵活且值得信赖的合同。一家总部位于美国的大型全球保险经纪公司使用区块链开发了商业共同保险合同管理的概念证明。该产品使经纪人和商业保险公司的财务能够使用智能合约建立共同保险政策。

7.3.2 遗留系统、流程和心态的挑战

在某种程度上，所有传统行业的老牌公司都受到遗留 IT 系统的拖累。然而，由于其商业周期的长期性质和不断发展的监管制度，大型保险公司可以说比大多数公司承担更重的负担。据一家全球科技公司的银行、金融服务和保险业务总裁克里西瓦桑（K. Krithivasan）说，许多公司都在努力应对从以前的合并和收购中继承的不同政策管理系统的激增。此外，这些和其他遗留系统通常是完全折旧（支付）的资产，这给寻求新技术投资批准的保险公司带来了额外的障碍。

不灵活或过时的技术是采用商业 4.0 行为的障碍之一，调查受访者引用了这一点（见图 7 - 8）。例如，它是最常被引用的障碍，在推动个性化和接受风险方面取得进展。在这种情况下，使用基于云的应用程序或基础设施启动新的服务或流程比遗留的预处理系统要好。

在利用生态系统和使用数据创建高价值的新服务时，安全问题比其他因素更具威慑力。在这方面，保险公司与其他被调查行业的组织没有什么不同。许多领域的监管更加严格——例如，欧盟的 GDPR 规则、美国保险公司的新

网络安全要求，以及偿付能力Ⅱ等金融部门法规——阻止保险公司更积极地部署新技术。

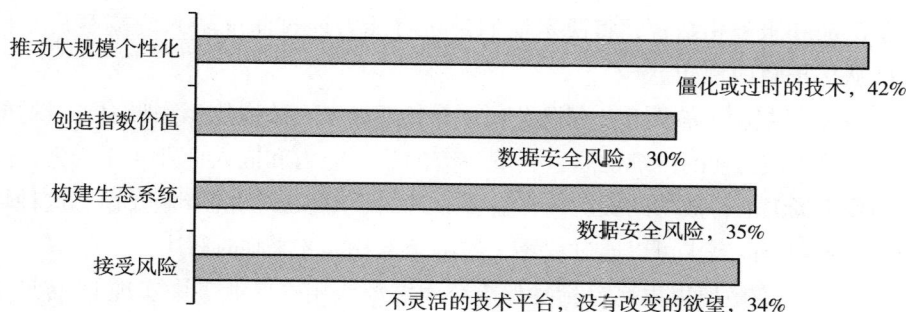

图7-8 采用商业4.0行为的最大障碍

资料来源：作者团队的调研。

保险公司要向商业4.0迈进需要克服的另一个主要障碍是传统思维。被调查的受访者将传统企业文化视为愿意承担转型风险的重大障碍。传统观念有时会限制保险公司采用新技术和创新方式来实现其价值主张的能力。此外，在新技术投资中获得早期回报的困难阻碍了许多保险公司。从长远角度看待成功是什么样子的能力可以放松对数字化的限制。

7.4 本章小结

我们的研究表明，尽管速度不同，保险行业正在朝着采用商业4.0的方向发展。在面向零售的保险产品线中，敏捷的在线供应商正在挑战老牌供应商使用数字格式并推出新产品以及从根本上改善客户互动。几家保险公司正在响应这一行动呼吁。参与我们调查的大多数保险公司都以一种或另一种形式意识到数字化带来的好处——无论是在盈利能力、生产力、扩大的市场范围还是加快上市时间方面。

从研究中吸取的教训可以帮助指导保险公司继续他们的商业4.0之旅。这些包括：

（1）利用伙伴关系在生态系统内发展。保险公司长期以来一直与行业内外的参与者保持合作伙伴关系。然而，如今正在形成的生态系统是数字化的。展望未来，保险公司能否有效参与此类数字化转型并将点状的产品和服务与主要产品和服务相结合，将决定他们是否有能力通过深度融入终端客户来使自己从保护转向预防。

（2）寻找新一波人才。保险公司领导长期以来一致抱怨无法吸引到合适的人才。鉴于该行业的传统性质，开发一流的数字能力和嵌入商业 4.0 行为——在当今市场上取得成功的关键——需要非凡的、难以找到的专业知识。这种填补高技能职位的需求可以通过"零工经济"寻找人才来临时解决。

（3）拥抱敏捷以提高目标。保险公司需要应用在其业务中实现 IT 转型的敏捷的方法。可以通过改变商业模式和快速推出产品来降低失败的成本。反过来，这将使保险公司能够接受更高水平的风险。

（4）今天的基础产生明天的红利。从头开始重新构想流程、考虑所有可用的数字推动因素以及克服遗留系统的控制是艰苦的工作，需要时间才能带来收益。但是，一旦到位，它们将为商业 4.0 行为的扎根扫清障碍。

具有未来思维的保险公司需要立即采取行动，重新构想商业模式、重新思考客户参与度并开发新的市场空间。

7.5 案例：保险行业如何使用 AR/VR 技术实现可视化及交互

增强现实（AR）和虚拟现实（VR）试图将物理世界与虚拟世界融合在一起，并在此过程中导致了数字可视化和交互的新时代。他们从根本上彻底改变了我们接触、看到、听到和感受周围空间的方式，并将我们与物理世界的互动提升到一个新的体验水平。

本部分探讨了这些技术如何为保险业的利益相关者创造一种不同的经验，以及保险公司如何利用它们进行复杂的风险管理、有效的损害评估、顶级增长和有意义的最终客户体验。

7.5.1 眼见为实

好莱坞引入了 AR 和 VR，并通过面部识别和视网膜扫描仪、平视显示器、多点触控用户界面、交互式手势控制、电子纸、个性化广告和全息投影来激发我们的想象力。尽管 AR 和 VR 技术密切相关，但构建它们的系统及其各自的用户交互机制却大不相同。

在 VR 中，用户会看到一个与现实世界非常相似的虚拟世界，发生在封闭环境或 VR 头戴式显示器（HMD）中。HMD 包含用于跟踪头部运动以同步显示器上的虚拟图像的传感器。当它与身体运动跟踪和响应系统相结合时，它将用户体验提升到一个新的水平。

在 AR 中，用户可以通过各种中间界面（如智能手机、平视显示器、光学透视和视频透视、智能眼镜和空间显示投影）看到增强了附加内容的现实世界。图像扫描和空间映射在将内容叠加到物理世界中起着关键作用。这些都是通过使用相机、全球定位系统、陀螺仪和深度传感器来实现的。

随着 AR 和 VR 的交叉和融合，创建了一个混合现实（MR）环境，其中虚拟和真实对象共存，以创建更新的可视化和交互设置。MR 严重依赖图像识别和计算机视觉技术来了解环境。通过 HMD 使用光学投影技术将虚拟对象投影到现实世界。借助先进的眼睛、头部和运动跟踪、手势控制、触觉反馈或语音命令，用户可以直观地控制这些虚拟元素。

7.5.2 召唤新现实

这些技术提供了当前数字接触点无法提供的体验。虽然 VR 通过虚拟重建环境提供便携式模拟存在，但 AR 被认为通过增强内容提供现实的实用价值。两者都展示了不同行业的大量实际应用：

（1）沉浸式体验：VR 耳机和控制台通过提供近乎逼真的感觉和触感，提供整体体验，特别是在游戏和娱乐方面。交互式三维虚拟现实创建了一个增强可视化系统，以提供一个沉浸式虚拟环境。

（2）设计可视化：在工业设计、规划、制造业新产品开发等领域提供高实用价值。

（3）远程指导：使用 AR，专家为现场检查和修理机械的非专家提供远程指导。他们可以通过语音命令做笔记，或者通过手势控制来检查核对表和手册。

（4）内容增强：AR 和 VR 提供了新的渠道，以增强用户参与，彻底改变客户体验，丰富内容交付。使用情况见零售商店、连接汽车和操作剧院。

7.5.3　跳跃保险曲线

保险公司可以通过不同的方式使用 AR 和 VR 来推动创新并通过实时决策、出色的内容呈现和复杂的客户参与来增加价值。在保险行业，企业业务流程和利益相关者培训的采用仍处于起步阶段。

（1）销售和营销：AR 和 VR 允许保险公司处理敏感的现实生活情况，并以非侵入性的方式向客户展示价值。它们可以用于个性化描述，而不是大规模销售宣传。

（2）风险检查：AR 可以通过引导和指示可能需要更仔细物理检查的风险点，帮助风险评估人员从远程位置访问正确的信息。

（3）损坏评估：AR 可以帮助理赔员远程测量损坏财产的尺寸，使用捕获的图像和镜头创建 3D 图像模型，并执行 360 度评估。理赔人员可以通过在损坏的部件上叠加相关模板来了解损坏前的情况，测量尺寸，评估损坏程度，并使用图像处理来估算维修成本。

（4）培训和教育：AR 和 VR 可以用来培训代理、理赔员或风险评估员，通过虚拟模拟环境以较低的成本开发正确的技能组合。基于 AR 的应用程序和游戏主题可用于培训员工了解内部流程和业务功能。

7.5.4　扩大现实视野

AR 和 VR 将通过弥合物理－虚拟的鸿沟并消除对台式机、平板电脑或智能设备等任何中间设备的需求，开辟一个非侵入式虚拟交互世界。

AR 和 VR 的融合将模糊物理世界和虚拟世界之间的界限，让 MR 成为未来。为了让这些技术无处不在，必须解决用户友好性、高效功耗、无缝图形渲染、视觉疲劳、数据和隐私保护等现有挑战。这些技术需要发展以了解环境及其属性，并相应地将投影放置在 3D 物理空间中。

将传感器、摄像头、扬声器和投影仪放置在环境中与头饰或小工具相辅相成，将进一步增强用户体验并打开视野。除了处理触觉以控制计算机应用程序并与之交互之外，温度、气味和味觉模拟的增长将进一步增加虚拟世界的真实感觉。

7.5.5 总结

这些技术未来将朝着服务于现实世界的效用和目的的方向发展，不再只是为了激发和娱乐用户。在适当的时候，面对面的会议或视频会议将演变为虚拟 3D 远程呈现。

构成 MR 基础的虚拟投影和全息图将在质量上不断发展，因此很难区分真实对象和虚拟对象。它们将为用户提供无缝且更自然的体验，并转化为现实世界的人际接触和交互，提供增强的控制和更高的效用商业数据。例如，在保险环境中，代理人可以坐在自己的办公室中使用 MR 拜访他们的客户。理算师将能够进行虚拟财产访问，触摸和感觉到投保人所在位置的任何损坏或材料，并估计损坏情况。

AR 和 VR 的潜在应用将随着技术的成熟而发展。与此同时，保险公司可以探索上述一些用例的试点概念验证。通过利用这些新时代的数字技术，保险公司可以提升产品和服务的品牌体验，以刺激增长并重新定义其业务。

8

银行和金融服务行业
—— 一种风险更高的业务场景

8.1　银行和金融服务行业商业4.0行为概述

尽管对精通技术的挑战者充满焦虑，但数字时代为成熟的金融机构提供了更多的机会而不是风险。掌握数字技术能力可以帮助银行和其他金融服务公司转变客户体验和关系；挖掘以前无法访问的数据、想法和专业知识来源，并解锁新的价值来源。

大多数银行和金融服务公司都在利用云计算、大数据、自动化、人工智能（AI）以及区块链所赋予的能力。许多人正在采取对商业4.0世界的进步至关重要的行为：推动大规模个性化、创造指数价值、构建生态系统和接受风险。我们的研究发现表明，采用所有四种行为的组织——我们称为"领导者"，更有可能预测和报告强劲的财务业绩。银行和金融服务行业受访者占领导小组的16%（见图8-1），这在所有研究的行业中是最高的。

以下是与银行和金融服务行业的主要发现：

（1）变革势头正在形成。尽管历史上存在规避风险的文化，但大量银行和其他金融服务提供商仍在积极追求商业4.0的一种或多种行为。

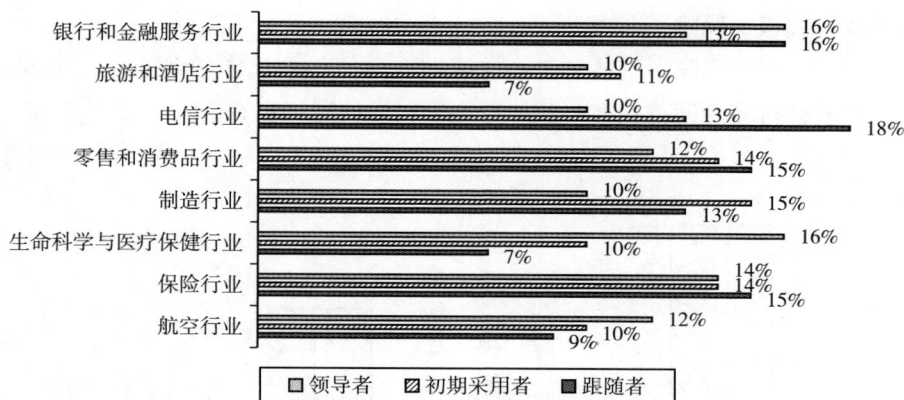

图 8 – 1　各行业在领导者、初期采用者和跟随者群体中的份额

资料来源：作者团队的调研。

（2）商业 4.0 的回报是真实的。对商业 4.0 的追求正在为行业企业带来切实的回报。根据我们的调查，个性化和新价值创造正在对利润结果（客户盈利能力）产生积极影响，而前者正在帮助该行业成为最以客户为中心的行业之一。那些利用其生态系统的人正在获得进入新市场、想法和技能的机会。

（3）建立在数字化早期成功的基础上。金融服务公司已经被公认为数字化的先驱，如今正在拥抱数字化。尽管对安全性的担忧是可以理解的，但当今大多数组织都在云环境中工作。几乎一半的公司使用人工智能和自动化技术。此外，与其他行业相比，银行已迅速尝试使用区块链。

8.2　通往商业 4.0 的路径

尽管银行和金融服务行业受到来自新市场进入者的竞争威胁，导致增长相对较慢，但当今的银行和其他金融机构与众多各种规模的在线参与者共享市场。金融科技和其他新进入者的数字创新，再加上消费者行为和期望的不断变化，促使许多老牌金融企业开始进行意义深远的技术主导的变革。因此，人们通常认为金融部门在数字创新方面要超越其他部门。此外，在探索和采用新的业务模型时，以前曾经规避风险或充其量是意识到风险的金融机构如今正在学习接受风险。

我们的研究反映了这些趋势，这表明金融机构在追求商业 4.0 行为方面要么与其他行业的同行大致一致，要么比它们的同行更有活力（见图 8-2）。

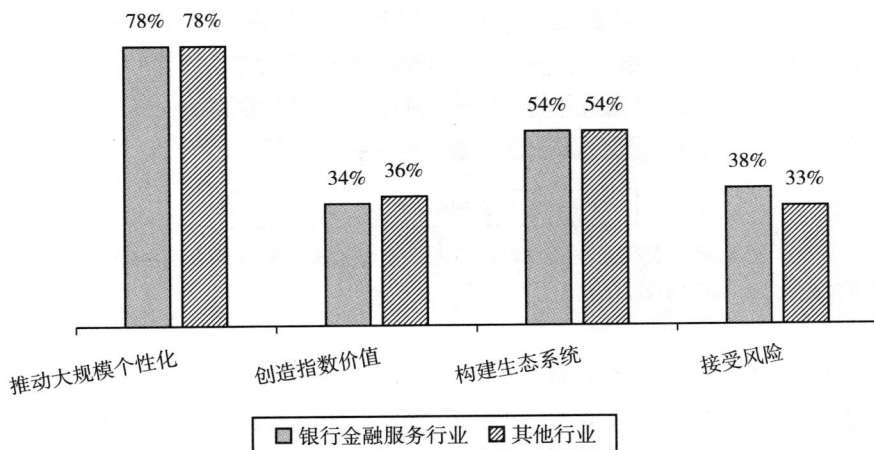

图 8-2　银行和金融服务行业采用商业 4.0 的行为

资料来源：作者团队的调研。

8.2.1　超个性化金融

大规模个性化作为一种商业行为，在我们的研究中被金融机构广泛采用。一位国际银行的高级主管说："在零售银行业务中，每个客户都是他或她自己的一个细分市场。"当然，在小型企业银行、财富管理和其他行业中也是如此。

与此相符，我们的研究结果表明，绝大多数金融领域的受访者声称能够为几乎每笔交易定制服务。这有助于银行和金融服务行业成为我们调查中最以客户为中心的行业之一。

数字技术使金融机构能够大大扩展其个性化服务的范围，以及按需实时提供这些服务。手机银行就是一个很好的例子，投资经理使用的人工智能聊天机器人也是如此。一些银行使用移动应用程序来提醒客户当前的支出方式，并提供个人预算建议或有关新储蓄产品的建议。

这些示例仅展示了金融机构通过超个性化所能实现的一小部分。下一阶段将涉及使用数据来更深入地了解客户的个人情况，并使用它来显著增强整体客户体验。

大规模个性化已经对追求它的金融机构产生了切实的利润影响，其形式是增加单笔交易的价值和数量，以及更高的客户盈利能力（见图 8 - 3）。在客户交易价值以及减少客户流失方面，金融服务提供商比其他接受调查行业的公司获得了更多的收益。

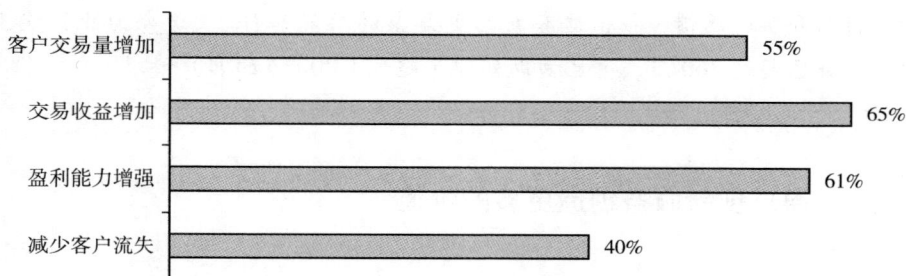

客户交易量增加	55%
交易收益增加	65%
盈利能力增强	61%
减少客户流失	40%

图 8 - 3　银行和金融服务行业大规模个性化的好处

资料来源：作者团队的调研。

📋 **案例分析**

利用人工智能（AI）技术的财务助手功能，变得越来越智能①

美国银行是世界领先的金融机构之一，为大约 6 700 万客户和小型企业客户提供服务。2018 年，该银行推出了由人工智能驱动的虚拟财务助手埃里卡（Erica），可帮助客户处理复杂的任务并提供个性化、主动的指导以帮助他们掌握财务状况。

如今，该银行继续根据客户反馈向埃里卡添加更新和功能。美国银行数

---

① 作者团队的调研。

字银行业务负责人米歇尔·摩尔说："对埃里卡的最新改进就是让 2 600 万移动用户对其财务状况有了更深入的了解……当我们试用这些新产品时，我们收到了压倒性的反馈。许多人报告说，埃里卡帮助他们节省了大量资金。例如，埃里卡会提醒他们，他们甚至没有意识到自己不想要的订阅费用。"

美国银行消费者、小企业和财富管理技术负责人阿迪特亚·巴辛（Aditya Bhasin）解释说，他们的人工智能（AI）引擎是为与客户一起发展而构建的。"自发布以来，我们已经通过 20 余万种不同的方式来提出客户的财务问题，并扩展了埃里卡的对话知识库。我们将基于数百万埃里卡用户的洞察力、行为和实时反馈，推出这套新的更复杂的功能套件。"迄今为止，埃里卡的用户已超过 360 万，并已协助处理了超过 1 200 万的客户请求。

8.2.2　通过创新服务创造更多的价值

与他们在个性化方面取得的成功相反，相对较少的金融机构声称掌握了可使其在很大程度上扩展目标市场的业务模型类型。现今，许多人都在努力做到这一点。

扩展目标客户的能力是一半的受访金融机构从创建新服务中看到的主要好处之一。在通过移动应用吸引年轻消费者之后，银行正在为这些精通数字应用的客户部署较为复杂的新服务。比如花旗集团通过微信提供银行服务，以帮助其客户在购物、制订旅行计划和与朋友交谈方面平衡财务需求。与此同时，法国巴黎银行（BNP Paribas）正在通过专用平台帮助人们寻找梦想中的家园，同时提供抵押等传统产品；渣打银行（Standard Chartered）推出了纯数字解决方案，该解决方案允许客户从社交平台访问服务而无须打开互联网访问主银行应用程序。

以创新的新商业模式运营的金融服务公司实现的最大收益之一就是更高的获利能力和收入（见图 8-4）。鉴于有关数据隐私的法规越来越严格（例如欧盟的《通用数据保护条例》和《加利福尼亚州消费者保护法案》），许多银行对试图通过其持有的客户数据获利感到谨慎。但是，有些公司旨在通过引入可帮助客户管理自己数据的服务来创造新的收入流，或至少加强与客户的关系。其他公司则利用"开放银行"平台使客户能够在一处查看来自多个提供商的账户。

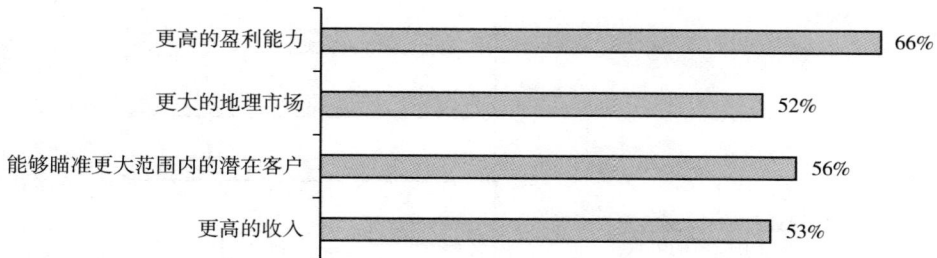

更高的盈利能力 ————————————— 66%

更大的地理市场 ———————— 52%

能够瞄准更大范围内的潜在客户 ——————— 56%

更高的收入 ———————— 53%

图 8 - 4 银行和金融服务行业从按指数价值商业模式运作中获得的最大利益
资料来源：作者团队的调研。

一些金融机构可以从提供给其他商业组织的数据中产生新的收入。例如，一家欧洲银行通过提供信用评级，地址验证和匿名的客户行为洞察力，通过其数据获利。该银行还将这项服务扩展到中小型企业客户，提供指导以帮助他们计划业务扩展和预测区域需求。

8.2.3 大力推进金融生态系统建设

据一家欧洲机构银行的前董事总经理表示，利用生态系统是创造指数价值的关键。他说："我们与客户和合作伙伴共享、自动化和协作以实现互利的程度越多，我们所有人就能创造的价值就越大。'对于银行而言，这可能意味着将其作为连接家庭或连接汽车平台的一部分向客户提供服务；它还可能意味着与金融科技或科技公司合作开发基于区块链的基础设施，正如日本银行财团在 2019 年所探索的那样。①

大多数接受调查的银行和金融服务提供商已经接受他们需要进入更广泛的生态系统。调查中的大多数人都参与此类生态系统网络以产生创新并帮助

---

① Fintech News. Japanese Banks Collaborate towards Blockchain Finance Platform［EB/OL］. https：//www.fintechnews.org/japanese-banks-collaborate-towards-blockchain-finance-platform/，2019－03－07.

开发新产品和服务（见图 8 - 5）。大约一半的人使用他们的生态系统来获取所需的技能。

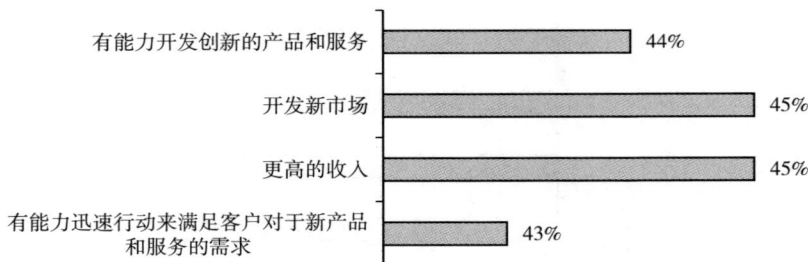

图 8 - 5 利用生态系统对银行和金融服务行业的最大好处

这样成熟的参与者就可以利用金融科技为行业带来新的功能和专业知识。银行现在将金融科技同时视为协作的引擎和挑战者。当然，金融科技也被视为收购目标。超过 1/3 的受访者表示，他们的公司收购初创公司是为了获得新的（通常是数字技术）能力。我们还听说，金融机构对技术公司进行战略性投资而不一定要将其收购，例如摩根大通与支付品牌 LevelUp 的投资伙伴关系，以及高盛对消费者抵押初创公司的投资。

📖 **案例分析**

信用卡迈进 3.0 时代，中信银行率先
构建数字金融"生态市场"①

为构建数字金融"生态市场"，2020 年中信银行信用卡中心携手 11 家合作机构联合启动"生态市场"，按照"1 + N + ∞"的模式，以 StarCard 新核心系统为基础，围绕"风险、市场、销售、运营"等 N 个场景，携手合作伙伴共同创造∞种业态，为多元化的信用卡市场开创无限新可能。

---

① 信用卡迈进 3.0 时代，中信银行率先构建数字金融"生态市场"［EB/OL］. https：//new. qq. com/rain/a/20210406A0ACBS00，2021 - 04 - 06.

作为率先投产的国内首个具有自主知识产权的新一代云架构信用卡核心系统——中信银行信用卡 StarCard 新核心系统已稳定运行 1 周年。数据显示，目前 StarCard 已成功承载 1.1 亿账户的运营管理，交易峰值高达 4 500 笔/秒，为原系统的 3 倍以上，平均交易响应时长做到仅 36 毫秒。2020 年，StarCard 新核心系统在中国银行业金融科技应用成果大赛中，摘得"最佳技术创新奖一等奖"。

2020 年，中信银行发布信用卡"动卡空间"7.0 版本，截至报告期末，"动卡空间"APP 注册用户数 3 598 万户，同比增长 22%，月活同比增长 7%。为全面延展金融服务触点，重塑用户的数字化体验，中信银行信用卡全面布局新媒体平台矩阵，根据不同用户的互联网触媒习惯，提供个性化的金融服务方式，目前已广泛覆盖手机 QQ、微信、小程序、短视频、官网等新媒体平台，累计粉丝量达 1.02 亿人，稳居行业第一梯队。同时，该行以"中信优享 +"平台运营为纽带，深入开展与中信集团战略客户、各子公司间的协同合作，共建集团 C 端生态协同平台。2021 年初，"中信优享 +"平台注册用户累计已超 1.15 亿户。

8.2.4 构建接受风险的理念

风险规避使许多银行和其他金融机构无法积极追求某些商业 4.0 行为。一位资深银行业高管表示："如果我们正在谈论涉及与许多其他供应商建立伙伴关系的生态系统，则银行需要确定这与中低风险战略的契合度。对于许多银行来说，这是一个巨大的挑战。"

但是，与制造、零售和生命科学等行业的公司相比，金融机构似乎更愿意接受某些类型的风险（如当改变商业模式时）。接受风险的确为行业参与者带来了丰厚的回报（见图 8-6）。

有两个因素可能会导致金融服务公司对风险的更大接受。一个是银行已经建立了可靠的流程，可以对其进行修改并将其应用于管理无形风险，例如与提供商生态系统合作可能造成的声誉损失。

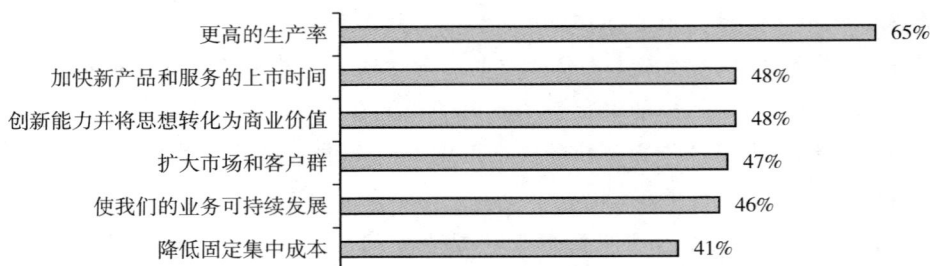

更高的生产率 65%

加快新产品和服务的上市时间 48%

创新能力并将思想转化为商业价值 48%

扩大市场和客户群 47%

使我们的业务可持续发展 46%

降低固定集中成本 41%

图 8 – 6　银行和金融服务行业接受风险的最大好处

资料来源：作者团队的调研。

　　另一个因素是敏捷方法被越来越多采用。我们的调查表明，敏捷方法已帮助许多金融公司加快了对新想法的尝试，并在不投入大量预算的情况下尝试了更多的想法。在开发涉及风险的想法时，敏捷方法还帮助许多企业减少了对失败的担忧。

　　"公司没有意识到敏捷方法不仅是为了 IT，"银行部门的一位高级主管说，"整个企业都需要能够支持敏捷方法论。"

8.3　银行和金融服务行业加速商业 4.0 转换

8.3.1　数字化的变革的春天

　　网络安全和数据安全隐私问题是银行和金融服务行业在合规方面最重要的议题，但是它们似乎并没有阻止金融机构积极追求数字技术的采用。如前所述，尤其是在人工智能方面，其一些数字计划可能会提高其管理网络安全性和降低风险的能力。我们认为，健康地采用敏捷方法对于实现必要的文化条件以承担风险和释放指数价值至关重要（见图 8 –7）。

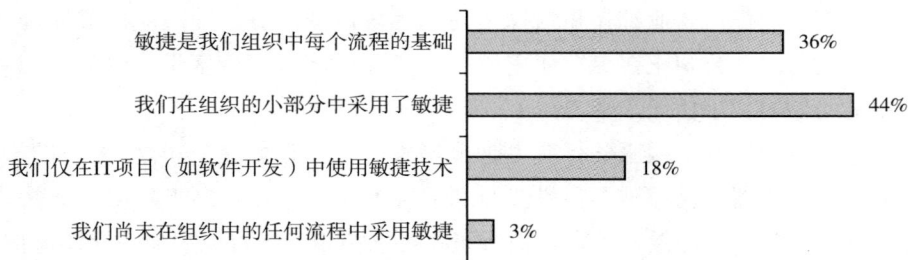

图 8-7　银行和金融服务行业采用敏捷方法的情况

资料来源：作者团队的调研。

付款处理公司（Worldpay）的全球集成负责人米奇·奥特里（Mitch Autry）表示："流程的数字化可以帮助即使是规避风险的组织也能建立规模，并在当前结构之外发展业务。"

金融机构可能曾一度怀疑基于云的服务的安全性，但从我们的研究判断，这种疑虑已经有所缓解（见图 8-8）。大部分接受调查的人至少访问了他们在云上的某些 IT 服务。因此，超过一半的机构的安全性得到了改善。这些机构现在还使用云来丰富它们的计算能力和存储，从而改善人机交互的平衡并提供更好的洞察力以加快上市速度。

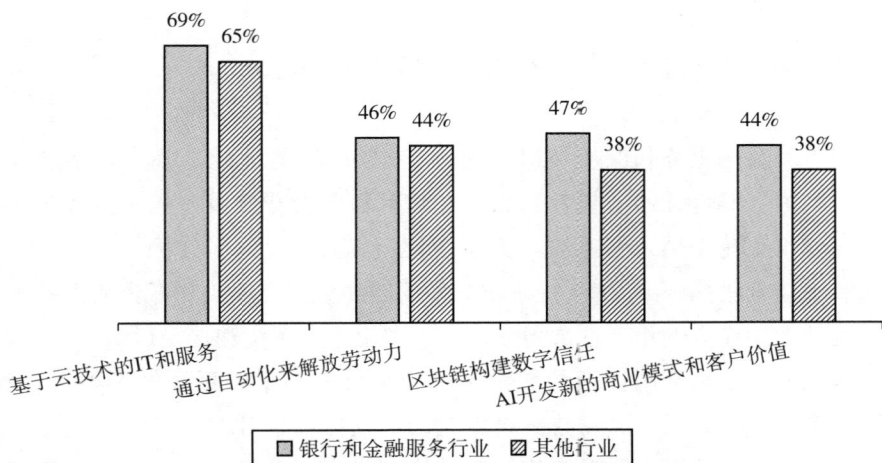

图 8-8　银行和金融服务行业目前采用的数字技术

该部门的任何企业都在积极探索使用区块链的服务，即使应用程序经常处于开发阶段。公司正在寻求使用该技术来确保能够支持基于平台的生态系统中的协作的数字信任水平。

同时，银行和金融服务行业也是最早采用人工智能的公司之一。机器人顾问和聊天机器人已经被零售投资经理部署了几年，人工智能（AI）算法指导了几个对冲基金的投资策略。银行正在寻求使用人工智能来加强欺诈保护。在我们的调查中，银行、保险公司和其他金融服务提供商在采用人工智能方面远远领先于其他行业的企业。例如，我们看到人工智能被用于处理保险中越来越复杂的索赔查询，并且还被用于银行，以提供更多关于客户偏好和行为的洞察力。

在我们的调查中近一半的金融公司正在部署诸如 RPA 这样的自动化技术。例如，付款处理公司（Worldpay）的全球集成负责人米奇·奥特里（Mitch Autry）表示：“使用机器学习和 RPA 自动化技术是 Worldpay 接下来的主要技术重点。这种自动化形式，尤其是在后台，将使公司能够支持持续的国际增长。”在该行业的其他地方，无论是通过从法律文件中提取信息来加速审核流程，挖掘文件以根据客户特征向财富管理机构提供背景建议，还是监控交易以检测欺诈和洗钱，我们看到各企业都在使用自动化来实现广泛的优势。

8.3.2 在数字化时代，银行加速运营翻转范式

银行、金融服务和保险（以下简称“BFSI”）行业处于拐点。不断变化的客户行为、非传统的参与者、数字推动者和要求开放模型的法规都为该行业的商业 4.0 转型奠定了基础。人工智能（AI）、大数据分析、云计算、自动化和敏捷方法是帮助 BFSI 行业企业采用四种关键商业 4.0 行为的关键推动力，推动大规模个性化，创造指数价值，利用生态系统和接受风险。

金融企业正在利用灵活的数字平台与来自不同生态系统的参与者合作，创造创新的产品和服务。在数据自由流动的支持下，针对个人情况量身定制的超个性化产品被用于增强客户体验并增加收入。数字化、云计算和敏捷提供中途改变路线和控制风险企业影响的灵活性。因此，企业越来越容易接受

尝试新想法或利用它们先前认为有风险的机会的风险。通过大量的数字化投资，BFSI 组织不仅可以很好地驾驭商业 4.0 浪潮，还可以利用它来开发差异化能力、转变运营模式并改变其业务进程。然而，成功将取决于他们摆脱传统管理方法和改变组织思维方式和文化的能力。

8.3.2.1 优化稀缺资源以充分利用资源

这种转变的基础是思维方式的转变，从优化稀缺资源到充分利用资源。对于准备利用生态系统中可用的丰富资本、人才和能力的组织而言，存在着无与伦比的增长机会。成功将取决于组织能否挑战长期存在的组织信念以及从孤岛思维转变为与客户、同行和合作伙伴的协作。协作生态系统将帮助 BFSI 组织利用更广泛的生态系统中的能力进军消费品等相邻行业，创建新的商业模式，设计创新产品并推动增长。基础技术平台将是这一转变的关键，并有助于实时利用生态系统资源来产生指数价值。一些国家监管机构已采取措施推广平台模式，例如，新加坡金融管理局已决定允许银行运营数字平台以匹配消费品的买家和卖家。① 但是，银行在投资和扩展非金融业务方面将受到监管上限的约束，以限制风险敞口并确保专注于其核心业务。

📑 **案例分析**

银行优化稀缺资源并从分利用资源

（1）新加坡的星展银行（DBS Bank）已与新加坡汽车交易网（sgCarMart）和新加坡二手车交易平台（Carro）联手推出了直接买卖对购在线汽车市场 DBS Car Marketplace。DBS 还使用 DBS Car Marketplace 向客户提供优惠和贷款服务。

（2）荷兰的荷兰银行（ABN AMRO）建立了一个开发人员门户，其中包

---

① Monetary Authority of Singapore. MAS Streamlines Framework for Banks Carrying on Permissible Non-financial Businesses ［EB/OL］. http：//www. mas. gov. sg/News-and-Publications/Media-Releases/2017/MASStreamlines-Framework-for-Banks-Carrying-On-Permissible-Non-financial-Businesses. aspx，2019.

含多个应用程序编程接口（API），使外界能够与其创进行创新合作。① API允许商业客户轻松访问它们的支票账户，而门户允许使用数字技术构建模块来快速实现支付。该门户在银行的"超越银行业日"黑客马拉松期间进行了测试，该活动汇集了来自荷兰银行、合作伙伴和金融科技公司的参与者。这些努力是荷兰银行为遵守欧洲委员会的欧洲支付服务指令（PSD2）所做的准备工作的一部分，该指令允许受监管的第三方访问获得同意的客户账户。

（3）美国联合银行已与 Lending Club 建立联盟，以通过 Lending Club 的平台购买个人贷款。两家公司将共同创造新的信贷产品，为两家企业的客户带来利益，从而提供卓越的体验。②

（4）挪威的几个金融机构（DNB、Eika、Sparebank 1 Gruppen）已决定合并支付系统，例如移动支付应用程序 Vipps，借记卡服务 BankAxept 和身份验证平台 BankID Norge，以从根本上改善客户体验并避免竞争全球技术公司和改善产品。此举被认为对于保持数字支付市场的至高无上至关重要。③

8.3.2.2　服务客户细分至服务一个人

客户数据是 BFSI 组织内大量可用的资源。结合外部数据，它可以实时洞察客户不断变化的环境，从而为大规模个性化创造机会。利用大量的客户数据，还可以实现更好的细分，并通过超越个人到特定的交易来实现无与伦比的个性化和以客户为中心的程度，从而使组织能够采用细分市场营销。通过客户数据分析获得的洞察力还可以帮助流程的改进和运营效率的提高，促进更快的交付并增强客户体验。

① ABN AMRO. ABN AMRO Launches its Developer Portal［EB/OL］. https：//www. abnamro. com/en/newsroom/press-releases/2017/abn-amro-launches-its-developer-portal. html，2019.

② Lending Club. Lending Club and Union Bank Enter into Strategic Alliance［EB/OL］. https：//www. lendingclub. com/public/lending-club-press-2014-05-05. action，2019.

③ Eika. Will Establish the Nordic Region's Leading Payment and Identification Player［EB/OL］. https：//www2. eika. no/aktuelt/ny-betalings-og-identifiseringssamarbeid，2019.

📋 **案例分析**

从服务细分到客户细分

（1）安联全球企业与专业服务（AGCS）及保险技术初创企业（Flock）合作，推出了一款应用程序，以提供按需无人机保险。该应用程序允许飞行员为每次飞行定制政策，以满足他们的特定需求和背景，并提供可选的附加组件。该应用程序利用与无人机风险相关的大数据，获取有关本地天气状况、环境、操作员资料等的实时数据。使用算法来处理这些数据并为每次无人机飞行分配风险评分，云计算技术被用来进行复杂的计算，并且在一秒钟内生成评分。然后将该分数被转换为用于保险飞行的保险费。①

（2）法国安盛保险公司（AXA）已推出了 fizzy，这是一个全自动的安全平台，可为客户提供针对航班延误的补偿。当乘客通过 fizzy 购买航班延误保险时，它会记录在区块链分类账中。智能合约利用全球空中交通数据，并在航班延误超过两个小时后自动启动补偿。Fizzy 处理大量数据，从乘客的位置和航班详细信息到航空公司的时间表和空中交通数据。大数据分析与人工智能（AI）相结合，使 fizzy 能够提供个性化、及时的建议，以促进乘客在前往机场的途中购买航班延误保险。②

（3）总部位于印度的创业公司（Toffee）已与印度和全球主要保险公司合作，通过其数字平台提供针对"千禧一代"客户的生活方式定制的创新政策（通勤的 Toffee、Globetrotter Toffee 等）。该公司允许客户承特定风险，例如登革热治疗、日常通勤事故和国际旅行。③

---

① Allianz. Allianz and Insur Tech Startup Flock to Launch UK's First Pay-as-you-Fly Drone Insurance [EB/OL]. https://www.agcs.allianz.com/global-offices/united-kingdom/news-press-uk/agcs-flock-partnership/, 2019.

② AXA. AXA Goes Blockchain with Fizzy [EB/OL]. https://group.axa.com/en/newsroom/news/axagoes-blockchain-with-fizzy, 2017.

③ Toffee [EB/OL]. https://toffeeinsurance.com/, 2019.

（4）美国银行部署了一个聊天机器人埃里卡（Erica），该聊天机器人利用自然语言处理来从语音和文本中解密客户意图，并通过机器学习从客户数据中收集见解，从而提供个性化的银行业务建议和推荐。①

8.3.2.3 从降低风险到接受风险

BFSI 参与者传统上采取"不输不赢"的方法，重点是通过"安全"选项来控制风险。从长远来看，保护主义心态通过专注于保持领先地位而不是大力推动能够释放指数价值的举措来阻碍增长。随着消费者越来越期待快节奏的服务，"安全"方法将不再奏效。我们今天需要的是从降低风险的心态转变为接受风险并采用"快速失败"方法来探索新机会的范式，将重点从所涉及的风险转移到创造指数级客户价值的可能性上。

📋 **案例分析**

浙江网商银行为中小企业贷款②

蚂蚁金服旗下的浙江网商银行利用云计算和大数据技术向中小企业（SMB）提供贷款。缺乏信用记录或信用评级，中小企业无法证明其信用，因此被传统银行视为高风险。通过分析来自阿里巴巴电子商务网络的中小企业的购买或交易数据，浙江网商银行的自动化系统评估信用并在几秒钟内批准或拒绝贷款，无须人工干预。为没有传统信用评分或经证实的信用度的高风险的中小企业（SMB）细分市场提供服务的决定使公司为自己创造了一个新的客户细分市场。

---

① American Banker. Where Bank of America Uses AI, and Where Its Worries Lie［EB/OL］. https：//www. americanbanker. com/news/where-bank-of-america-uses-artificial-intelligence-and-where-itsworries-lie，2019.

② Ant Financial［EB/OL］. https：//www. antfin. com/index. htm? locale = en_US，2019.

8.3.2.4　实现增量收益以创造指数价值

企业在很大程度上侧重于提高效率和成本收益。实现转型发展，以不同的方向或更高的效率推动企业发展，将需要利用新兴技术及其网络效应，这种结合可以重塑行业并创造指数价值。

📋 **案例分析**

利用数字化技术创造指数价值①

（1）一家领先的欧洲银行在其抵押再融资功能中启用了实时信用决策。对"端到端"价值链进行数字化处理后，可通过90%以上的直通式处理为银行创造指数价值，将全职员工数（FTE）减少30%，并为银行节省大量成本。银行的客户也受益于信贷决策的端到端自动化，将等待时间从两周缩短至几分钟。与第三方服务的集成是转型计划的关键要素。

（2）同样，浙江网商银行通过涉足未知领域来创造指数价值——对替代数据的分析以评估中小型企业的信用度，从而产生了一个全新的客户群。

8.3.2.5　在商业4.0世界中迈向成功之路

鉴于客户体验跨越企业的范畴，BFSI组织必须通过金融交易的无缝衔接来满足客户需求。例如，必须无缝处理家庭或企业购买汽车、休闲或商务旅行、个人和财务健康等，在整个过程中必须通过无缝衔接的金融交易来提供高度个性化、无摩擦的体验。为了实现这一目标，BFSI企业必须重新构想超出其业务范围的客户服务；与跨行业、金融科技和社交平台的生态系统参与者合作培育商业模式；并在自己的业务范围内将与客户互动整合在一起。生态系统杠杆必须更多地被是为业务推动因素，而不是促进遵守欧洲支付服务

---

① 作者团队的调研。

指令（PSD2）或开放银行等法规的工具。这意味着在整个组织或业务线级别的业务战略必须考虑生态系统的货币化和利用能力。最后，BFSI组织必须摆脱"安全"的选择，探索新的增长途径，这可能需要他们审查他们的商业模式。

那么，BFSI组织必须做什么才能转向商业4.0范式？采用专注于关键业务战略方面的系统方法以及相应的人员流程技术和IT基础设施升级将实现无缝过渡（见表8-1）。

表8-1　　　迁移到商业4.0所需的业务策略和IT基础架构更改

商业4.0行为	战略层面的变化	IT基础架构，功能和流程变更
推动大规模个性化	● 检查业务和技术能力、前台和后台职能以及组织孤岛，并定义以客户为中心的整体转型战略	● 建立利用实时洞察力的功能，并通过正确的人机交互来创造个性化的互动体验，从而在效率和人性化之间取得平衡 ● 根据适用法规，确保安全性和客户隐私
构建生态系统	● 通过利用组织和行业内外的功能来创建业务模型、产品和体验	● 评估在迁移到新模型时可以利用的现有功能
	● 像目前为合并和收购所做的那样，着重于生态系统的发挥，同时定义业务扩展策略（包括进入新市场和细分市场）。必须根据要实现的排他性、差异化、支配程度以及相应的上市速度来做出最终决定	● 定义转型路线图，以重新设计系统，应用程序组合和平台，以支持生态系统的发展 ● 确保IT架构中正确的隔离度和粒度，以促进企业以外的重用、消耗的可扩展性、更广泛功能使用的可扩展性、遵守不断发展的行业标准、管理能力和云就绪 ● 采用和实施API模型以及开发人员门户，以确保在组织内部和外部均可轻松使用每种功能 ● 将定价模型集成到正在构建或转换的新功能中 ● 简化工程、保证、发布管理和相关流程
	● 制定明确的战略以利用金融科技和保险科技参与者	● 确定可在即插即用模型上利用的金融科技和保险科技解决方案，同时改变业务功能

续表

商业 4.0 行为	战略层面的变化	IT 基础架构，功能和流程变更
接受风险	• 评估来自技术公司、金融科技和保险科技以及其他非常规参与者的威胁	• 投资金融科技、保险科技和其他新进入者或与之合作
	• 创建一个纯数字化企业，在有业务范围的地区内与新进入者平等竞争，并扩展到新的地区和细分市场	• 确定可用于创建数字实体的市场解决方案，或确定可与市场上可用的解决方案进行组装或组合的现有 IT 功能，以加快上市速度 • 从头开始构建一个单独的平台——这将很耗时，并可能导致失去竞争优势
	• 接受开放式银行业务并将其转化为产品的分销渠道。与主要生态系统参与者合作，为产品创建新的商业模式和分销渠道	• 实施 API 策略以及适当的获利模型
	• 提供小额保险和按需保险，以确保新进入者不会断绝客户群	• 设计创新的数字按需产品和小额保险产品
	• 采用平衡的欺诈管理方法和避免过分审慎的方法，以免产生误报并禁止合法交易，从而对客户体验产生不利影响 • 制定政策以有效管理客户对数据共享和货币化的同意，同时遵守隐私法规（如 GDPR）	• 使用智能的预测模型可以有效地处理或预防欺诈并实时识别误报，从而确保更好的体验 • 实施正确的解决方案和产品，并建立正确的做法和流程，以根据适用法规进行有效的客户管理和隐私管理
	• 通过将 SaaS 或 PaaS 模型用于将关键服务进行商品化来重新定义运营模型，以降低拥有成本并实现无限规模的业务扩展	• 评估现有平台和应用程序的技术价值，并根据业务策略实施应用程序合理化策略，以适当地增强、停用或外包能力

必须在敏捷的环境中将多种技术（以机器第一原则为基础的 AI、数据分析、物联网、云和自动化）的强大力量结合起来，才能推动商业 4.0 转型。为了成功地转变为商业 4.0 公司，BFSI 参与者还将需要进行一些重要的调整：

（1）获得领导层的认可：观念转变是商业 4.0 转型的基础，如果没有这一基本的第一步，采用四种商业 4.0 行为的进展将会很缓慢。此外，高层管理人员的承诺和企业内部业务 4.0 原则的一致沟通至关重要。

（2）采用敏捷模型：敏捷方法与数字技术相结合使能使企业能够探索新的业务构想并拓宽视野。走"快速失败"创新之路可以让企业在想法不成功时迅速反弹，并有助于灌输尝试新想法和商业模式的文化。

（3）使核心基础设施现代化：核心基础设施现代化计划需要大量投资和时间，并且可能破坏一切正常的业务。然而，尽管存在这些痛苦点，遗留基础设施改造的对于传统银行的数字化改造和应用"机器优先"方法来设计新流程或重组现有流程至关重要。

8.3.3　数字化时代，金融科技在金融领域的主要应用

8.3.3.1　大数据在金融领域的主要应用

金融领域大数据的应用主要以金融业务数据集为核心，面向银行业、证券业、保险业和互联网金融等细分行业，提供覆盖从数据采集、存储、分析挖掘到可视化展示全流程的解决方案。金融大数据通常用于实现资源配置效率提升、风险管控能力强化和业务能力创新等目标。

金融领域大数据的应用，按机构类型分为监管应用和机构运维服务应用两大类，其中机构运维服务又分为机构运营、服务、基础设施三类。从监管机构层面看，金融监管通过采集具有全面覆盖性和穿透性的全量数据，根据统计分析规则，运用数据分析和数据挖掘技术形成综合性监管分析报告，为监管方了解和掌握各类金融业务和机构的发展变化及存在的潜在风险，从而丰富和完善监管基础设施，还可针对一些不规范机构提出风险预警模型。从金融机构层面看，通过云计算等信息化手段对海量数据进行专业的挖掘和分析，相比传统金融模式，可以更好地判断资产价格走势、评估机构个人信用、分配资金流向、把控金融风险，为机构的运营、服务和营销渠道提供更精准的策略。

8.3.3.2　云计算技术在金融领域的主要应用

云计算在金融业的应用，主要是以面向金融机构（银行、证券、保险、

信托、基金、金融租赁、互联网金融等）的业务量身定制的集互联网、行业解决方案、弹性 IT 资源为一体的云计算服务。目前，国内传统金融机构使用云计算技术主要采用私有云、公有云和行业云三种部署模式。其中，对公有云的接受程度相对落后于其他行业，这与金融行业安全性要求高以及监管严格有关。

8.3.3.3 人工智能在金融领域的主要应用

在人工智能的业务应用场景上，可以运用数据与技术平台的服务能力来推动传统金融业优化转型，实现场景的创新。这将给银行、证券、保险等金融机构的客户营销、风险防控、运营管理等带来深刻的变革：基于企业级平台高效开展智能分析，多维度多角度发掘客户关系图谱和进行时序动态画像，为客户提供"比客户更懂自己"的产品与服务；加强内外部信息融合与联动，依托强大的 AI 计算引擎，获取基于专家规则无法发现的风险特征，打造金融业智能风险防控体系，提升风险识别的时效和准确率；运用 OCR 识别、语义理解等技术能力，发挥机器高效的生产效率优势、简化业务操作流程、降低业务运营成本，构建高效、准确、智能的运营管理与服务体系。人工智能在金融领域的应用，要发挥技术与业务的协同优势，在前端服务客户、中台提供金融分析决策、后台提供风险管控等领域持续向业务进行赋能，创造更多的业务价值。

8.3.3.4 区块链应用于金融领域的前景展望

区块链的本质是信任链接的基础设施，当前虽然处于发展初期，但其底层技术具备很大的发展空间，应用前景广阔，有望重构生产关系，重塑金融产业生态。通过对行业现状的研究与分析，我们认为区块链未来的发展趋势如下：

（1）技术方面，区块链底层技术还有很大的发展空间。首先，在跨链互联领域，链与链之间的信息存在相互打通的需求，从而迫切地需要跨链互联的协议和标准落地，解决链与链之间信息安全共享的问题，确保跨链之后的信息同步，这是当下跨链领域研究的热点；其次，在共识算法领域，由于去中心化、安全和可扩展的不可能三角的存在，如何突破不可能三角，或者设计区块链的共识算法以满足某一领域的特定商业需求，都是未来区块链技术发展的方向；最后，安全是区块链未来的生命力保障之一，如何围绕网络部署、数据隔离、应用交互、加密存储、权限控制等维度构建安全体系，是未来面临的重要课题。

（2）应用方面，联盟链将成为主要应用模式，存在重构金融基础设施和金融服务的潜力。当前区块链技术在金融行业的应用还处于初级阶段，以私有链和小范围的联盟链为主，因其体量小，使用场景单一而比较容易被创造和管理，进而催熟一些相对成熟的应用落地。随着区块链在金融行业的快速普及，必然出现一批相对同质化的应用场景，各个联盟链之间出现同质化的竞争，一定程度上有利于技术进步和服务质量的提升，有利于行业的繁荣发展；不同应用场景的并行发展，也有利于业务场景的隐私隔离，同时又能保持一定的成员灵活性。此外，区块链作为一项底层分布式存储技术，未来的应用趋势将由单技术应用转变为结合物联网、大数据、人工智能、云计算等技术的综合性应用，未来极有可能重构金融基础设施和金融服务。特别是凭借去中心化、可信性等优势，未来不仅有望重塑跨境汇款、供应链金融等金融业务，也具备重构新一代金融基础设施的潜力。

（3）制度方面，随着区块链技术的深入发展，金融区块链政策规范将逐步完善。区块链与金融行业的结合决定了其必将面临严格监管。随着区块链技术的发展和应用的日趋成熟，行业监管制度体系将进一步建设完善。与此同时，在产业生态和场景落地需求的拉动下，区块链标准体系将逐步完善，形成对区块链应用的"社会共识"，打通应用通道，防范安全风险，并激发更多的技术创新。此外。区块链的不可篡改、可追溯、公开透明的特性，也有利于监管，使其成为监管科技的一部分，促进监管部门获得更加全面实时的监管数据。

8.4　在商业 4.0 里，一个新的对风险的态度

金融部门的风险规避部分源于许多机构——尤其是银行——必须遵守的

严格的监管框架。在追求大规模个性化时，金融行业参与者将监管作为障碍的频率远远高于其他行业的高管，后者主要指向过时的技术或缺乏内部分析技能。在许多金融机构中，这种风险规避的主要方式是小心谨慎地将数据货币化或通过 API 或其他机制与生态系统合作伙伴共享数据，这反过来又削弱了金融机构围绕创新的更普遍的雄心。

尽管如此，许多金融机构担心与生态系统合作伙伴共享数据可能会损害它们与客户群的主要关系。在考虑创造新的价值来源和利用生态系统的方法时，数据泄露风险也是高管们的首要考虑因素（见图 8 - 9）。金融机构经常成为网络犯罪攻击的目标，违规的平均成本高于其他行业。监管机构对违反客户数据规则而处以罚款的力度非常大且频率很高，因此一些金融机构的高管不得不暂停一部分业务。

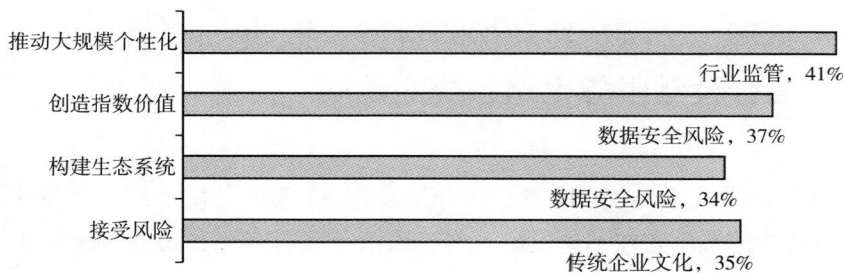

图 8 - 9 采用商业 4.0 行为的最大障碍

资料来源：作者团队的调研。

8.5 本章小结

对于在严格的监管约束下运营的老牌金融机构而言，数字化转型和采用商业 4.0 行为绝非易事。我们的研究提供了一些经验教训，可以帮助指导金融机构在商业 4.0 转换中取得进展：

（1）领导强力的支持是必不可少的。对于害怕风险和对于变革的抵制，且高级管理人员对此缺乏明确的指导意见，这种文化在金融机构中根深蒂固，可能会使商业 4.0 的转型缓慢下来。

（2）培育风险开放精神。由于金融服务的性质，银行在业务模式方面历来保守且规避风险。然而，在不断变化的竞争格局以及生态系统的巨大潜力的背景下，银行正在学习接受风险。我们将鼓励它们更多地评估创新风险，并以与它们在面对信用或市场风险时评估财务决策相同的开放度。这可以使它们轻松地领先于竞争对手。

（3）预测生态系统的挑战以获得好处。金融机构正在利用生态系统来应对金融科技带来的挑战。当它们使用生态系统来挖掘技能或利用特定技术时，它们可能会发现员工对源于企业外部的大胆的新想法和工作方式有抵抗力。对于多年来一致以传统的、规避风险的心态运营的金融机构来说，这是不可避免的。与外部供应商合作既是一种文化挑战，也是一种实际挑战，必须解决这个问题才能使这种关系富有成效。

8.6 案例：金融科技和保险科技，推动混合金融服务生态系统的发展

随着 BFSI 企业与实体企业合作开发具有差异化功能的产品，金融科技和保险科技生态系统正在迅速发展。然而，由于现有企业和初创企业都面临着挑战，这种伙伴关系生态系统通常无法实现预期的业务成果。此外，现有企业在没有全面了解整个产品或投资组合价值链的情况下利用启动生态系统，从而导致治理、集成和解决方案管理的大量成本开销。BFSI 企业需要采取一项长期战略，考虑其业务目标、目标客户群和大型转型计划，以引入组装和专有解决方案的混合生态系统。

8.6.1 金融科技和保险科技的兴起

客户对精心设计的利基数字产品、卓越的用户体验和参与度的期望不断提高。金融科技和保险科技通过利用移动、物联网（IoT）、数据分析、人工智能（AI）、社交平台、云和区块链等数字化推动因素，成功地以经济高效的方式满足了这一需求。在此过程中，金融机构正在重塑 BFSI 领域提供的产

品和服务，尤其是在交付、访问和体验领域。金融科技和保险科技生态系统的指数级增长可归因于新客户群和商业模式以及新兴技术的发展；银行和保险公司的新产品、监管动态以及新的数据和服务来源。金融科技和保险科技活动主要集中在借贷（P2P、替代承保）、抵押（数字化、更快履行）、个人理财（保存、管理、跟踪账单和账户）、支付（订阅计费、处理）、保险（理赔、分销和经纪）以及财富管理（基于大数据分析和人工智能的工具）。

另外，现有的 BFSI 企业受到传统基础设施以及监管合规工作和成本增加的限制，这正在转移他们对于新产品和服务创新的注意力。尽管如此，BFSI 企业还是通过各种方法来做出回应：投资或收购初创公司、启动解决方案孵化加速器计划、合作进行概念验证（PoC）、获得使用白标解决方案的许可以及启动金融科技和保险科技子公司。

8.6.2　现有企业与金融科技/保险科技参与者之间的合作伙伴关系演变

最初，金融科技和保险科技参与者被老牌金融机构视为威胁。然而，随着生态系统的成熟，初创企业意识到他们也可以将他们的技术和产品贴上白标给 BFSI 公司，而不是与他们竞争以获得最终客户。随着时间的推移，老牌金融机构改变了它们的看法，开始探索与初创科技公司合作的机会，以实现创新和成长的共同目标。

金融科技公司与几乎所有地区的多家领先银行和保险公司合作。通过实地观察以及与 BFSI 顶级参与者的互动使金融科技公司相信，现有银行和金融科技公司之间的大多数合作伙伴关系本质上都是协作的，而保险公司和保险科技公司之间的伙伴关系主要涉及投资。但是，保险公司也越来越多地与保险科技公司合作，通过数字产品扩展其产品组合，实现为客户创造价值的利基功能。在促进这种伙伴关系和系统集成方面的经验表明，现有金融机构的大多数此类交易都是旨在改善客户体验、提高内部效率和增强分销服务。

金融科技和保险科技初创公司将与其他参与者（如市场公用事业、供应商平台、IT 服务提供商和市场基础设施提供商等）一起融入未来的 BFSI 生态系统。金融科技和保险科技解决方案是新的、利基的和创新的，使现有金融机构能够通过合作伙伴解决方案的生态系统来补充其现有的投资组合，并为最终客户创造指数价值。然而，BFSI 企业将需要接受与没有建立市场信誉的小型初创企业合作所带来的风险。因此，对于 BFSI 企业而言，在对即时访问创新、随时可用的产品的好处进行彻底评估后，决定此类合作伙伴关系将承担所涉及的风险是很重要的。

8.6.3 BFSI 企业在生态系统中扮演的角色

尽管 BFSI 企业一直与初创企业合作，但这些合作伙伴关系往往有些仓促，没有进行充分的尽职调查。现有金融机构通常无法评估技术解决方案及其对整体 IT 格局的影响，从而导致业务效果低于标准水平。金融科技和保险科技产品可能需要根据现有企业的需求进行定制，以应对可能超出银行和保险范围的特定机会领域。此外，将这些解决方案集成到现有企业复杂的遗留应用程序基础架构中并确保适当的治理、管理和维护将是一项挑战。此外，从封闭的专有 IT 环境成功过渡到利用第三方解决方案的混合组装生态系统，需要对每个产品和产品组合的业务能力进行全面了解。这将涉及对价值链的端到端评估、为混合生态系统开发参考架构，以及将应用程序级 KPI 重新映射到生态系统级 KPI，所有这些都伴随着挑战和复杂性。然而，这个过程对对现有企业和初创企业都提出了一系列挑战（见表 8 – 2）。

表 8 – 2　　　发展为混合生态系统的初创企业和现有金融企业所面临的挑战

初创企业面临的挑战	IT 服务提供商产品	现有金融企业面临的挑战
难以理解现有企业复杂的遗留 IT 基础设施	遗留基础设施和服务的分解和解耦，以及为模块化和集成创建应用程序编程接口（API）	初创公司对通过 API 和微服务的模块化业务服务的期望
现有企业将初创企业视为"沧海一粟"并因此受到欺凌	敏捷和 DevOps（过程、方法与系统的统称）文化；通过最佳实践的交叉传播，在利益相关者之间创建一个具有单一文化的统一团队	缺乏敏捷性和文化不兼容会阻碍与初创公司的无缝合作

续表

初创企业面临的挑战	IT 服务提供商产品	现有金融企业面临的挑战
用于订制解决方案并将其集成到现有企业的环境中的资源和带宽有限，这对新产品的上市时间产生了不利影响	金融科技和保险科技实体的可扩展性以实现定制	金融科技和保险科技解决方案发布后缺乏持续支持和维护
无法使用沙盒环境来演示真实数据和集成	在沙盒环境中测试解决方案的相关领域专业知识和监管知识	初创公司缺乏对数据隐私和安全法规的了解
无法为各种用例扩展和推出产品，无法为最终客户展示价值创造	利用金融科技和保险科技产品协作和共同创建新用例，以在相近行业取得更大成功	技术解决方案达不到预期——初创公司的主张与实际产品之间的差距
治理和与现有组织协调方面的挑战	利用具有共同目标的跨职能团队，将金融科技与保险科技合作作为一个具有明确里程碑和时间表的项目来推动	影响"快速失败"方法的初创公司评估、批准和入职延迟

因此，BSFI 企业必须考虑与 IT 服务提供商合作，以评估金融科技 - 保险科技生态系统，并确定合适的合作实体，以实现协作和可持续的伙伴关系。IT 服务提供商可以提供很多服务：技术提升和 IT 重新架构实施专业知识、新旧系统领域专业知识、敏捷和 DevOps 实践经验以及具有跨行业专业知识的团队。与 IT 服务提供商合作还将帮助现有企业执行概念验证（PoC），并将金融科技和保险科技产品无缝集成到他们的应用程序环境中，以释放最大价值。

凭借在零售、医疗保健、汽车等行业的丰富经验，IT 服务提供商能够很好地整合各种能力和解决方案，以提供互联服务并确保长期治理、管理和维护。通过利用 IT 服务提供商广泛的专业知识和全球经验，现有金融机构将能够确保向市场提供具有成本效益、更快和更智能的解决方案。

尽管金融科技和保险科技能够利用数字技术灵活地开发创新的利基产品，但它们通常缺乏比现有企业更大的业务范围的规模和知名度。这种情况将要求 IT 服务提供商帮助 BFSI 企业大规模订制和实施高科技或保险技术解决方案，比如 IT 服务提供商的产品系列功能（见表 8 - 2），实现业务连续性所需的必要可扩展性和稳定性的能力，了解现有的遗留基础设施可以支持哪些功能，以及在交付定制方面的丰富经验。此外，IT 服务提供商提供具有跨行业专业知识的人才的能力，可以帮助实现无缝且轻松的过渡。

因此，不同的实体（现有金融机构、初创企业和 IT 服务提供商）将在未来的混合生态系统中扮演特定的角色。现有金融机构将专注于满足最终客户的需求、合规性以及核心业务和 IT 能力，而初创企业将在通过技术试验设计创新产品方面发挥关键作用，通过将这些创新产品成功整合到 BFSI 企业的生态系统中，从而确保可扩展性和可持续的解决方案管理，IT 服务供应商将演变成为"锚"，以指导和领导老牌金融机构与初创企业之间的合作伙伴关系。

8.6.4　IT 服务提供商在创建混合生态系统中的作用

很多金融企业通常会实施一些大型的开发计划，以使其遗留系统和技术基础设施现代化。但是重写整个代码库需要付出巨大的努力和投资，并导致产品上市时间更长。所以 IT 合作伙伴可以帮助审查此类计划，在业务目标的背景下评估技术选择，并建议由初创公司开发替代解决方案，从而使现有金融机构能够避免昂贵且费力的现代化计划。IT 服务提供商带来独特的能力和专业知识来分解传统金融机构的业务价值链，分析每个业务功能并评估用金融科技或保险科技产品替代、补充或增强现有应用程序，以实现价值链的丰富。

8.6.5　立即行动或落后

现有金融机构必须定义并采用一种战略，通过利用最佳生态系统为客户提供最佳业务价值的方式，引领不断发展的合作伙伴关系生态系统。金融机构必须采取循序渐进的方法来启动这种战略。首先，现有金融机构领导必须审查并确定其战略优先的设想和目标；其次，他们必须准备并采用整体策略，以过渡到一个组合的"混合"生态系统；最后，他们必须与值得信赖的 IT 服务提供商合作，通过相关的金融科技和保险科技合作伙伴来锚定和推动生态系统的发展。

未来生态系统中的每个节点都将发挥特定的作用，利用其核心优势和产品。互惠互利的协作生态系统的积极影响远远超过挑战者破坏相关风险的消极影响。然而，成功将取决于现有金融机构建立更好的生态系统而不是更大的企业的能力。

8.7 案例：人工智能在金融风险管理的应用

人工智能是一门广泛的技术，以至于它无法进行简单的分类。但是，术语"AI"通常是指一组统计技术，这些技术将以下各项组合在一起：大数据集、非传统数据（即变化和非结构化）、变量之间的复杂关系导致不透明的所谓"黑盒子"模型、具有快速变化的时间轴结构的模型。

如果使用得当，人工智能可以为金融机构提供以前未知的洞察力、更好的针对性映射和更有效的分类。比如聚类算法，深度神经网络和情感分析在客户细分、欺诈检测、价格优化、合规监控和损失预测中的应用。

从广义上讲，诸如机器学习（ML）、EP、拓扑数据分析和自然语言处理（NLP）之类的人工智能（AI）工具可以看作传统统计和优化方法的扩展，适用于需要调整复杂模式或检测高度非模式的特定用例。当前使用的大多数人工智能技术都属于技术性的，很大程度上是统计性的类别，它们背后具有强大的支持性数学形式主义。为了本部分的目的和便于阅读，我们没有对这些数学结构和形式主义进行深入的描述。

8.7.1 人工智能在金融风险管理领域应用介绍

在金融机构（FI）中，"人工智能"（AI）一词不再仅仅是流行语。在各种金融服务环境中，人工智能已成为具有用例的重要工具。在本部分中，我们探讨人工智能在风险和合规性方面的现状，并研究以下几个关键主题：

（1）人工智能工具的整体成熟度。

（2）人工智能成熟度在不同背景下的外观（例如，在不同类型的机构中）。

（3）在整个风险和合规价值链中使用人工智能工具的方式。

在本部分中，我们认为人工智能使用的成熟度在不同类型的金融机构之间存在很大差异，无论是类型上还是在业务线级别上。除少数例外，我们发现金融机构在人工智能方面仍在"追赶"。对于许多金融机构而言，试验性人工智能阶段仍在进行中，实际用例仍在不断涌现。即使在许多具有更多人工智能经验的大型金融机构中，今天的项目也可能是第一个大规模部署人工智能的项目，并且在跨行业的广泛用例中，人工智能工具的应用也因用例而异。例如，人工智能在数据管理领域相对普遍，其中特定工具〔如机器学习（ML）、自然语言处理（NLP）和图形分析（GA）〕已被证明特别适合某些应用。然而，为了有效地利用数据驱动的项目，金融机构必须能够访问正确的数据源和正确的专业知识来进行管理。

各个细分市场的金融机构都在有效利用第三方人工智能应用，例如：

（1）利用资本市场和投资管理中的替代数据将贷款和债券的条款映射到结构化数据库中。

（2）利用替代数据和媒体数据（传统媒体和社交媒体）来推动信用风险审查触发和补救措施。

（3）利用各种外部数据（替代数据、供应商丰富的数据集、社交媒体数据等）进行金融犯罪风险管理中的客户筛选。

（4）利用历史数据进行监管风险分析。

（5）在准备数据时使用神经网络以利用信用评分模型，或在信用分析中使用供应链、社交媒体和其他替代数据。

（6）嵌入用于映射和分类客户及交易对手行为的人工智能，以进行行为分析建模。在信用评分等领域，直接使用客户档案和行为分析存在监管挑战。然而，更间接的用途——例如，在金融犯罪控制、资产和负债管理（ALM）和资产负债表管理的行为分析，或在证券定价和交易中嵌入行为模型等领域——没有遇到类似的挑战或问题。

事实上，客户细分和行为分析正在成为人工智能在风险管理中的实际应用的最强大候选者——两者都是数据密集型的，并且都具有相对较低的失败风险。我们研究中出现的一个关键主题是，在分析需要高维、多参数分类映射或针对模糊或高度非线性变量进行优化的情况下，人工智能应用程序运行良好。当它们用于内部分析而不是用于监管合规或报告目的时尤其如此。而且，当人工智能应用于内部分析时，我们发现其使用的深度和成熟度通常更高。

我们相信，将来两种驱动程序都可能为更广泛和更复杂的应用程序奠定基础。

8.7.2 人工智能在金融风险管理领域的研究发现

8.7.2.1 人工智能应用的成熟度

（1）没有适用于所有环境的人工智能成熟度的单一、固定定义。在定义成熟度的上下文中考虑任何成熟度评估是很重要的。可以从人工智能项目的特征（包括扩散、部署和标准化）中收集不同业务线（LOB）和地域的成熟度指标。

（2）成熟度因行业和地域而异。特别是，我们发现人工智能应用的成熟度因机构类型和地理位置而异。例如，在整个风险和合规价值链中使用人工智能的方式受机构类型的影响最大。

（3）可以高水平衡量成熟度。某些核心标准可以用来衡量更高级别的成熟度。其中包括用于测量 LOB 级别成熟度的扩散、部署和标准化指标，以及对整个企业的定量和数据科学团队的方法确定性和清晰度的评估，以及不需要任何形式的监管的流程比例批准。

（4）在金融服务（FS）领域，机构的人工智能成熟度仍然较低。使用我们的成熟度标准（扩散、部署和标准化指标），我们发现只有少数机构在使用人工智能技术方面被认为"高度成熟"。而且，即使在这些最成熟的机构中，采用水平仍然因 LOB 而异。

8.7.2.2 人工智能应用的现状

（1）人工智能是数据管理的首选。与其他应用程序相比，人工智能在数据管理中的使用相对广泛。例如，尽管人工智能在资本市场和批发银行业的数据密集型服务中得到了广泛使用，但目前仅很少用于决策和针对法规的分析中。相反，在零售银行和消费者金融领域，我们发现人工智能在更广泛的环境中使用。

（2）替代数据的影响。为了适应它们需要处理的越来越多的非结构化数据，公司需要一套功能强大的新分析方法。我们认为，这是驱动几乎所有机构在其风险和合规流程中越来越多（有时在某些情况下积极地）利用人工智能的关键因素。

（3）与传统技术融合以获得最佳效果。我们的研究发现，作为一组分析和数学工具，人工智能应与传统的定量技术和风险管理实践相结合，以取得最佳效果。

（4）广泛的人工智能用例。行业的许多领域都在大量地尝试使用人工智能来替代传统工具，尤其是在零售银行业务和金融犯罪预防方面。例如：

①人工智能工具被广泛用于零售银行价值链中，尤其是在零售信用评分、行为分析和客户细分等领域。

②人工智能还广泛用于建模和生产系统中，证明了其在零售银行欺诈/反洗钱（AML）检测和行为建模中的价值。

③从治理、风险管理和合规性（GRC）的角度来看，我们看到人工智能被用于设置和定义控制，协调控制以及自动化控制测试。

④风险管理合规性（GRC）的数据管理是人工智能有望通过简化的分类管理实现价值的另一个领域。

⑤人工智能工具还用于财务和非财务风险管理中的预警功能管理。例如，正在为客户信用风险概况［尤其是中小型企业（SME）和公司客户］生成预警信号时实施这些措施。

⑥在股权和信用研究领域，通过处理非结构化数据以揭示以前看不见的模式和相关性，利用社交媒体和客户数据来更好地理解绩效。

⑦在商品交易优化领域，采用机器学习和进化编程（EP）的模型正在管理复杂的管道。

⑧在合规领域，我们看到人工智能工具和技术主要在面向数据的上下文中使用，例如解析、分类、结构化和面向搜索的功能。

⑨从 GRC 的角度来看，我们看到人工智能工具被用来设置和定义控件，以及这些控件的管理。

（5）ML 和细分分析规则。金融服务所有领域中使用最广泛的工具是 ML 和细分分析。尽管如此，在风险管理用例中，细分和行为分析成为实际应用的最强候选者。

（6）要克服的挑战。尽管人工智能具有不可否认的重要性，但许多金融机构仍然需要克服非常重要的基于技能，数据和结构的挑战。当涉及人工智能的成熟度时，机构的反应很重要，银行如何组织自身以及它们组成的团队的性质直接影响其成熟度水平及其在人工智能项目中的成功。

8.7.2.3　人工智能工具的使用

在各种情况下跨业务线使用人工智能工具：

（1）人工智能存在于整个零售银行价值链中（见图8-10），尤其是在零售用户信用评分（作为流程的组成部分）以及用户行为分析和客户细分中。在零售银行业务以及金融犯罪背景下，也可以看到基于人工智能的模型的使用以及生产系统中人工智能的正式使用。

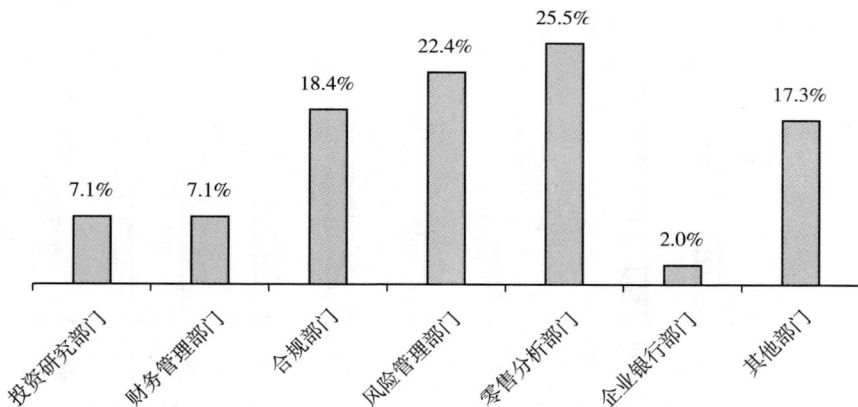

图 8-10　按业务部门使用人工智能工具的情况
资料来源：作者团队的调研。

①人工智能工具也正在合规管理价值链中用于合规管理，影响管理、合规测试和合规性方面。

②人工智能工具也广泛用于围绕控制管理的 GRC 空间中。

③人工智能工具还用于在金融犯罪风险中引入认知、分析干预措施 - 客户筛选、案例分析和自动化（制裁、交易监控案例等）。

（2）尽管人工智能在资本市场和批发银行领域广泛用于数据密集型服务，但很少用于决策和以法规为中心的分析中。

（3）许多 LOB 正在尝试使用人工智能例程作为传统研究的替代方法。例如，在股权和信用研究中，利用社交媒体和客户数据来更深入地了解目标公司的业绩。

（4）在商品交易中，利用 ML 和 EP 的优化模型来管理复杂的管道。

（5）人工智能工具也正在整个财富管理价值链中使用，特别是在针对中端市场客户的投资组合优化中。

8.7.2.4 少数机构在使用人工智能工具方面非常成熟

通常，我们发现人工智能成熟度因机构而异（见图 8 – 11）。事实上，即使在我们调查的少数高度成熟的机构中，成熟度因 LOB 而异。只有极少数机构全面使用人工智能技术，并将其作为其业务的基础组成部分。

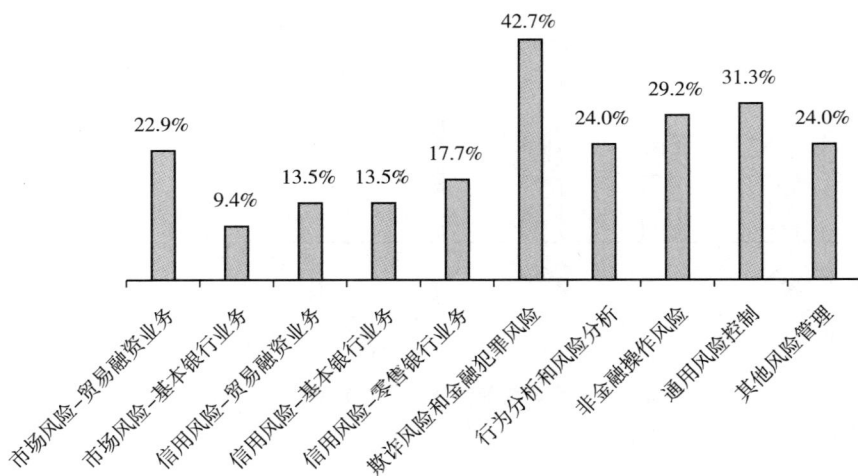

图 8 – 11 使用人工智能工具应对一系列风险管理挑战

资料来源：作者团队的调研。

我们在不同维度上定义成熟度的方式会驱动一定程度的变化。例如，一些受访者的机构在使用替代数据方面很成熟（例如，从贷款和债券文档中提取条款和条件以进行风险和交易分析），但并不认为自己是人工智能的"用户"，因为是提供替代恢复数据源的第三方供应商帮助他们处理的。

因此，对成熟度做出可靠的定义是一项非常细致入微的工作。

8.7.2.5 使用了哪些人工智能工具

如上所述，机器学习和数据挖掘是当今机构使用的主要人工智能工具。但是，还有许多其他工具正在使用中，包括 NLP、EP 和拓扑数据分析。

但是，我们认为 ML、NLP 和细分分析具有最广泛的应用程序和基础功能（见表 8 - 3）。

表 8 - 3   ML 和 NLP 在一系列用例中具有最广泛的适用性

类别	企业规划	细分分析	机器学习	图像分析	自然语言处理
监管报告			√		√
实时欺诈分析		√	√	√	
信用分析	√	√	√	√	√
市场风险	√	√			√
数据质量					√
条款与条件提炼			√		√
对手方风险	√		√		√
客户参与/行为风险		√	√	√	√
反洗钱风险		√	√	√	√
实时风险		√	√		√
贸易监督	√	√	√	√	√

数据挖掘具有广泛的基础功能，可以对一组变量进行分类、聚类和存储。它还可以利用 ML、拓扑数据分析、EP、马尔可夫模型和其他方法作为其基础计算体系结构。相比之下，NLP（一种多模型技术）已被广泛应用于多个领域和业务线的各种以数据为中心的应用程序中。但是，两者都具有灵活性和适应性，能够在一系列用例中加以利用。

8.7.3 人工智能的应用，数字化改变了许多领域的数据可用性

应用领域与人工智能项目的兼容性取决于数据的可用性和类型，以及与特定领域相关的监管水平。由于数据的自然属性，欺诈和金融犯罪是非常适合人工智能应用的领域。例如，欺诈分析对多变量数据（即大量不同的、通常是非结构化数据）进行操作，欺诈的发生率/倾向以高度非线性的方式与客户的特征相关联，使人工智能成为此类分析的最佳应用。

非金融运营风险（例如，运营弹性和 IT、网络和流程风险）传统上一直在努力应对可用数据的缺乏以及高度非线性和非结构化数据的普遍存在，也是人工智能项目的适合应用。

数字化为每个流程和网络的几乎所有状态提供了数字"足迹"，可以（通过人工智能）实时监控，然而这些庞大、复杂且几乎无法管理的数据集可能很难使用传统技术进行分析，这使得人工智能成为虚拟必需品。

然而，虽然这些技术显然在一系列场景中为用户带来了价值，但它们的采用可能会受到现有流程的稳健性以及监管的影响。在后一种情况下，流程与监管合规性的接近程度是决定采用人工智能的重要因素。例如，在股票期权定价的背景下，从交易前分析的角度对波动面①是否公平和准确的估计与监管合规性相去甚远。相比之下，《巴塞尔协议 III》下的市场风险报告更接近于监管合规性，因为细节和确切框架要么由监管机构强制规定，要么可能需要监管机构批准，使其成为一个不太有吸引力的用例。

8.7.4 实施人工智能的挑战

尽管数据驱动的项目非常普遍，但金融机构在实施人工智能工具时面临的一个关键挑战是访问适合于当前任务和工具的数据（见图 8 - 12）。不幸的是，金融机构经常发现自己要处理质量参差不齐的数据。例如，在资产定价中，大多数时间序列数据（仅最具流动性的资产除外）将具有显著的"跳

---

① 期权的波动性用于定价，它不是恒定的。"波动面"是一种计算股票期权隐含波动率的方法。

跃"特征，或者使用评估或内插的价格本身可能会给分析带来重大挑战。

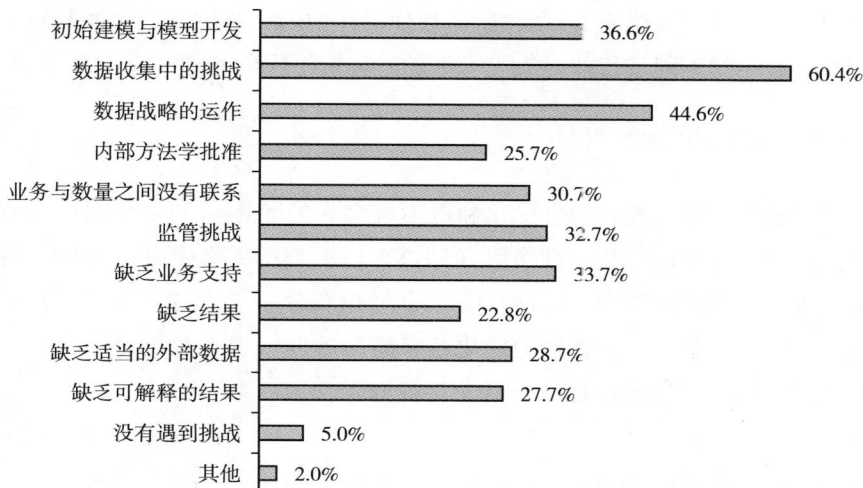

图 8-12 人工智能使用的挑战

资料来源：作者团队的调研。

　　实现成熟采用人工智能的另一个关键挑战是缺乏对人工智能工具及其潜在用例的认识。大量调查受访者声称不了解人工智能涉及一系列的技术。其中包括24%的人声称自己没有听说过 ML，以及大约30%的人表示对 NLP 和分割一无所知。在这两者之间，这三项技术构成了金融领域使用最广泛的人工智能技术，突显了缺乏意识，这对采用和总体成熟度构成了重大的拖累。

8.7.5 人工智能在银行和金融服务行业的 几个特定业务的趋势和驱动因素

　　人工智能项目的成熟度和部署是高度特质的，具体取决于相关的 LOB 用例。在整个 LOB 中，人工智能工具正被用于应对源自大型非传统数据集的挑战。在非金融风险的情况下，持续的数字化促进了非传统数据的广泛可用性，这些非传统数据现在可用于利用人工智能。在本部分中，我们将仔细研究用户利用人工智能工具实施所带来的当前和长期的特定优势。

本部分研究了人工智能工具在财富管理、零售、企业风险管理（ERM）和金融犯罪风险管理（FCRM）领域的实施情况，并附有有关金融犯罪风险管理的两个焦点，以说明 KYC 和欺诈管理工作中的一些更深层次的趋势。金融服务行业中的不同子行业对人工智能的好处有不同的看法。总结如下：

8.7.5.1　在财富管理部门

最大的机会在于投资组合优化和行为风险（见图 8-13）。财富管理本身描述了各种商业环境，从超高净值（UHNW）人群的基金管理一直到大规模精准服务。在许多类别中，标准投资组合优化和分析技术的全面应用没有经济意义。因此，基于人工智能的优化越来越受欢迎，现在几乎支持所有"机器人顾问"以及其他自动化或半自动化咨询服务。

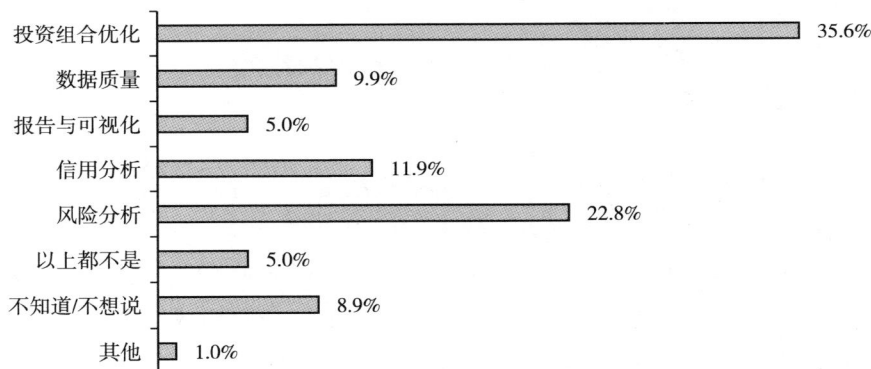

图 8-13　财富管理部门使用人工智能工具可能会带来收益的领域

资料来源：作者团队的调研。

8.7.5.2　在零售银行部门

用户行为建模是机构最受益的领域，而信用风险计算则遥遥领先（见图 8-14）。用户行为建模具有广泛的应用，是零售银行所有领域的基础元素。这包括管理欺诈、检查金融犯罪、管理信用以及解决零售资产账簿的 ALM 和财务需求。同样，我们注意到 NLP 在数据和文档管理中的广泛使用。NLP 和 ML 也被用于管理事件，例如风险评级和审查的触发器。

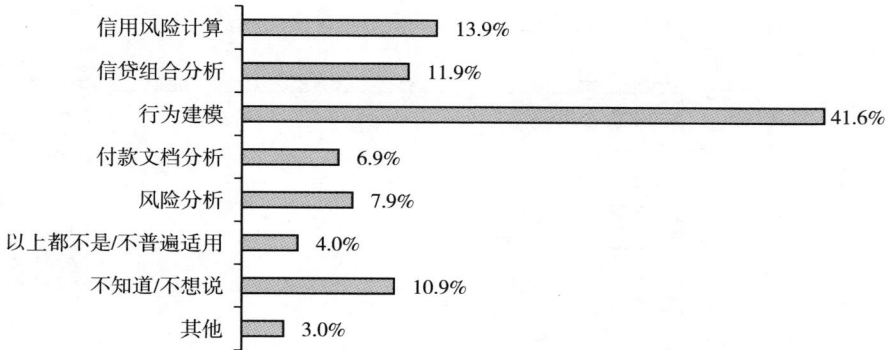

图 8 – 14　零售银行部门使用人工智能工具可能会带来收益的领域

资料来源：作者团队的调研。

（1）NLP 和 ML 用于在零售销售生命周期中进行风险管理，以推动洞察力并最大限度地减少负面的客户互动和结果。

（2）人工智能的进步通过增强用于早期预警和风险审查的外部风险因素，为风险预警提供了有希望的提升。

（3）在其他地方，当资本市场交易员将零售资产证券化时，例如住宅抵押贷款支持证券（RMBS）和商业抵押贷款支持证券（CMBS），迫切需要创建用户行为模型。这些可能非常复杂，具体取决于各种财务和非财务参数。它们可能包括宏观经济数据或特定客户状态（例如抵押贷款的性质或抵押的个人财产）或其他运营数据。机器学习技术提供了一个强大的引擎来映射这些类型的数据。

8.7.5.3　在风险管理部门

人工智能技术的使用侧重于非监管用例，例如预警信号的生成，以及对"假设"场景的分析，而不是监管报告项目（见图 8 – 15）。一家大型综合银行的受访者表示，他们使用人工智能（AI）构建了一个多样化且能够承受不同的压力和场景数据库，他们可以用它来扫描数以万计的基准结果和数百万个市场数据点，以查明潜在领域的风险点。对他们而言，ML 和 EP 的结合（即使用 EP 组件设置目标和边界）使他们能够使用他们在整个机构中应用的市场基准、信用曲线和其他市场变量的不同排列来系统地考虑情景。

图表数据：

压力测试 12.9%
违约风险计算 4.0%
预警能力 40.6%
统计计算–市场风险 5.0%
投资组合结构 2.0%
公司债券评估 4.0%
风险汇总 7.9%
数据质量 8.9%
报告与可视化 3.0%
损益分析 5.9%
普遍不适用 0
不知道/不想说 4.0%
其他 2.0%

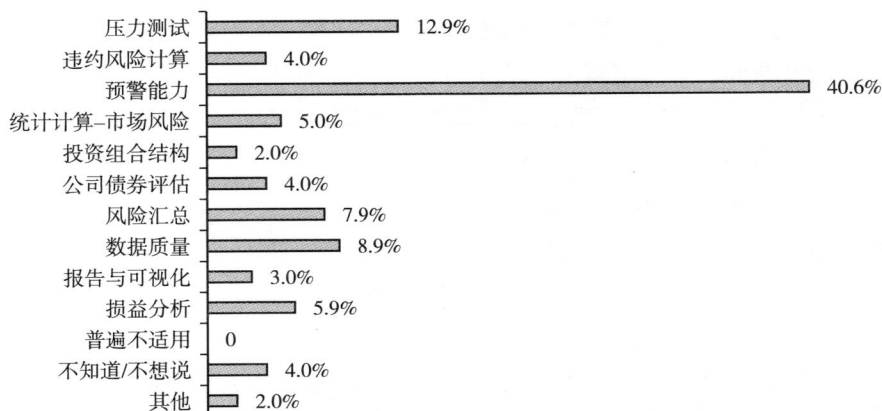

图 8 - 15　风险管理部门使用人工智能工具可能会带来收益的领域

资料来源：作者团队的调研。

8.7.5.4　在财务风险管理部门

受访者看到了在反欺诈、反洗钱和网络安全应用中的最大好处，其中 KYC 是一个越来越受关注的领域（见图 8 - 16）。使用外部风险因素进行的客户筛查，以及用于制裁筛查和交易监控的警报优先级框架，为金融犯罪信号的管理提供了更大的弹性。

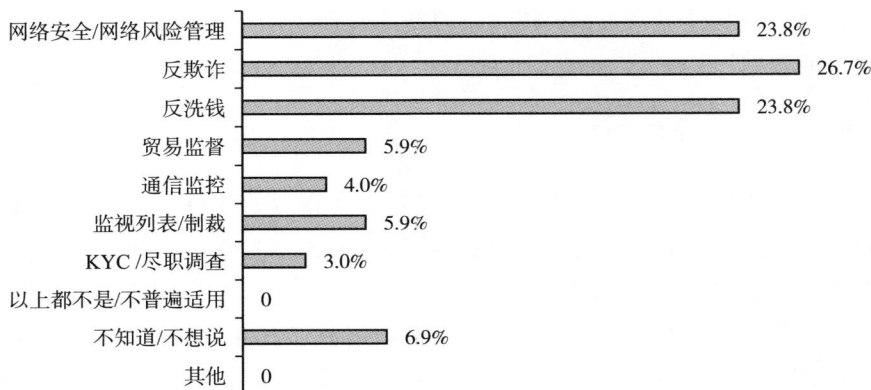

图表数据：

网络安全/网络风险管理 23.8%
反欺诈 26.7%
反洗钱 23.8%
贸易监督 5.9%
通信监控 4.0%
监视列表/制裁 5.9%
KYC/尽职调查 3.0%
以上都不是/不普遍适用 0
不知道/不想说 6.9%
其他 0

图 8 - 16　财务风险管理部门使用人工智能工具可能会带来收益的领域

资料来源：作者团队的调研。

8.7.6 人工智能在银行和金融服务行业几个关键部门的使用情况

8.7.6.1 人工智能在资本市场中的应用

如图 8 – 17 所示，尽管人工智能的使用倾向于以数据为中心，但与金融行业其他领域相比，它在资本市场的应用却超出了某些人的预期。我们的研究揭示的一些应用包括：

（1）NLP 用于公司债券条款和条件数据库的构建。

（2）ML 用于产量曲线和挥发性表面异常检测。

（3）用于产量曲线构建的 ML。

（4）用于项目组合构建的 EP。

（5）ML/EP 用于极限优化。

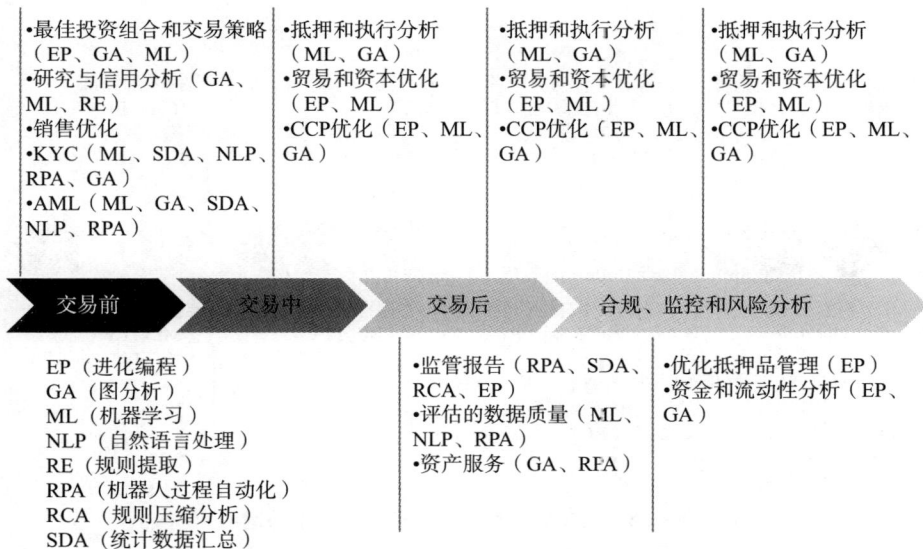

图 8 – 17　人工智能在资本市场价值链中的运用

资料来源：作者团队的调研。

在传统资本市场的核心领域，例如预测、风险衡量、定价、绩效分析和损益说明，人工智能的使用水平仍然相对较低。然而，这似乎主要归因于预先存在和完善的算法的可用性。我们相信，我们所看到的算法交易中越来越多地使用人工智能（以及算法交易过程本身的风险管理中），这就提供了一个案例说明人工智能如何帮助弥合这一差距，为未来人工智能的采用铺平道路。

8.7.6.2 人工智能在财富管理中的应用

如前所述，投资组合优化和行为风险是人工智能在财富管理中最强大的用例。全面应用标准投资组合优化和分析技术的经济案例充其量是微弱的，这为基于人工智能的优化打开了大门，现在推动了广泛的自动化和半自动化咨询活动。不过，如图 8 - 18 所示，人工智能可以嵌入整个财富管理价值链中。随着银行这一领域的成熟度不断加深，我们预计人工智能将扩大其影响范围。

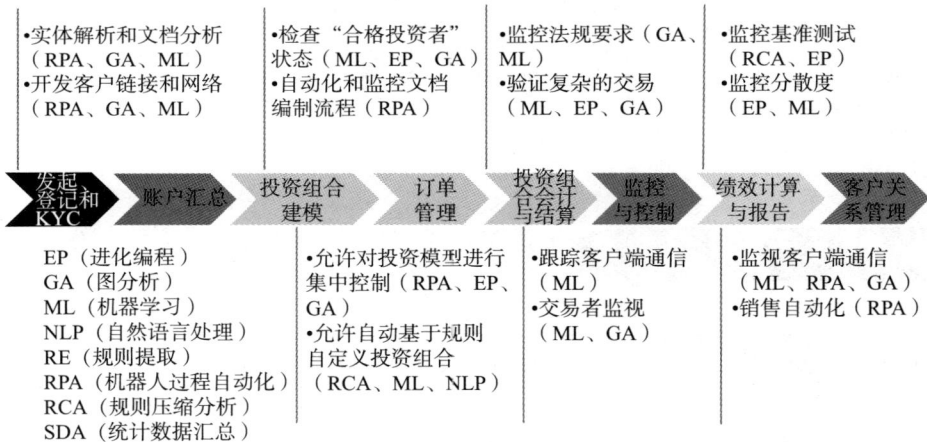

图 8 - 18　人工智能在财富管理价值链中的运用

资料来源：作者团队的调研。

8.7.6.3 人工智能在零售银行业务中的应用

人工智能在零售银行业务中的应用已经很广泛，但存在一些结构和监管边界（见图 8-19）。我们研究到的应用包括：

（1）作为信用评分的一个组成部分。

（2）客户细分和行为分析。

（3）客户分析和客户风险分析。

（4）用于项目组合构建的 EP。

（5）KYC/AML 支持（在细分和行为模型中）。

（6）结合使用图分析和 ML 进行实体解析。

（7）客户沟通管理和分析。

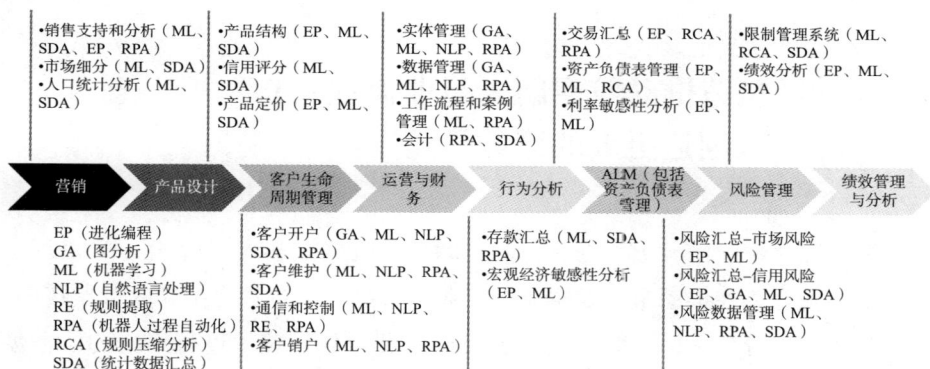

图 8-19　人工智能在零售银行价值链中的运用

资料来源：作者团队的调研。

8.7.6.4 人工智能在企业银行业务中的应用

从复杂的合同到各种操作流程，非结构化数据渗透到企业和商业银行生态系统中。然而，业务流程的数字化正日益使企业银行生态系统适应人工智能和自动化。此外，非传统数据在支持信用分析以及其他形式的风险分析方面正逐渐发挥着更重要的作用。然后，可以使用人工智能在内部或外部（来自供应商来源）适当分析和整理这些非传统数据源（例如库存数据和各种运营指标/结果）中的大部分。

9

航空航天行业与物联网
在数字化时代的应用

9.1 神经制造推动航空航天行业商业 4.0 转型：创造更大的商业价值

云计算、物联网、大数据、智能自动化、机器人和人工智能（AI）等数字技术的融合正在推动整个航空航天行业价值链中以技术为主导的重大转型。借助商业 4.0 行为框架，航空航天公司可以利用数字技术进行广泛的业务创新和转型，该框架定义了一种转型战略，该战略对于建立差异化能力以在数字时代建立竞争优势至关重要。这种变化需要战略眼光以及对风险和时间的渴望，以克服惰性并改变现状。此外，鉴于当前与新冠肺炎疫情相关的全球经济危机的背景，在数字化转型过程中走得更远的公司也更有能力应对此类困境。

9.1.1 航空航天行业数字化转型

过去 50 年互联网的出现加速了技术的发展，并迅速将工业从众所周知的工业 2.0 转移到工业 3.0，并进入了工业 4.0 时代。从 19 世纪 70 年代的电灯泡发明到 20 世纪 70 年代的互联网，与前 100 年的进步不同，过去 50 年的进步主要是由成熟的数字技术驱动的。

在工业 4.0 时代，航空航天工程已经从空气动力学、结构、电气系统和液压发展到软件和数字孪生主导的设计和开发。航空航天制造业不再局限于人工操作，而是为自动化、计算机数控（CNC）机器、机器人和智能工厂铺平了道路。新兴技术在这些产业演进中发挥着越来越重要的作用，技术创新和商业转型的步伐不断加快。

事实上，航空航天业正在经历大规模的数字化转型（见图 9-1）。例如，设想城市空中交通可以减少交通拥堵，在这个过程中，5G、物联网和云计算技术将发挥重要作用。无人驾驶飞行器（无人机）使用人工智能、云计算和实时数据自主导航地理区域。为了实现一个环境更友好的未来，该行业也转向电力推进和无人机进行货物运输。今天用于防御的高超音速防御武器的进步可能会导致明天 3 马赫客机的发明。增材制造（3D 打印）为企业提供了创新的方法来设计和快速制造以前用传统方法无法实现的全新飞机结构。在整个航空航天业务价值链中，数字技术支持的业务创新步伐不断加快。

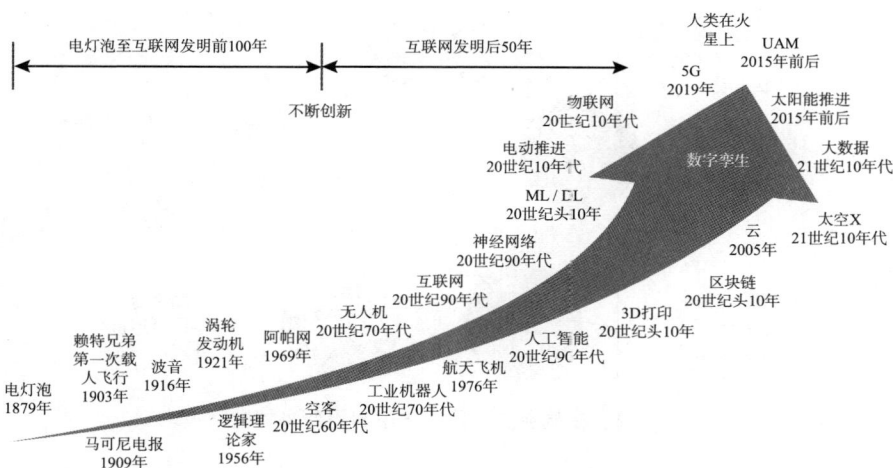

图 9-1 利用数字技术推动航空航天行业的创新

资料来源：作者团队的调研。

支持物联网的传感器满足了客户对低延迟按需数据需求的增长，这些传感器通过强大的数据分析提供了越来越丰富的数据洞察力。自主网络安全工具正在被用来搜索数字资产中未被发现的漏洞并优先应用补丁。与此同时，人工智能正在支持防御操作，平台级自主性通过最大限度地减少人类在其他高风险环境中的参与来提高安全性。此外，网络安全的进步将有助于远程监控和保护太空资产和技术支持的太空基础设施，例如离地基地、供应中心和轨道燃料站，使太空旅行更加安全。

虽然传统航空航天制造业的许多企业都不是数字原生的，但他们有机会采用人工智能、机器学习（ML）、深度学习（DL）、区块链、虚拟（VR）、增强（AR）和混合现实（MR）等新兴技术。无人机、5G、物联网和增材制造，以从技术主导的业务创新中收益并保持竞争力。

在整个航空航天业务价值链中，这些技术可以在许多方面创造业务价值（见图9-2）。

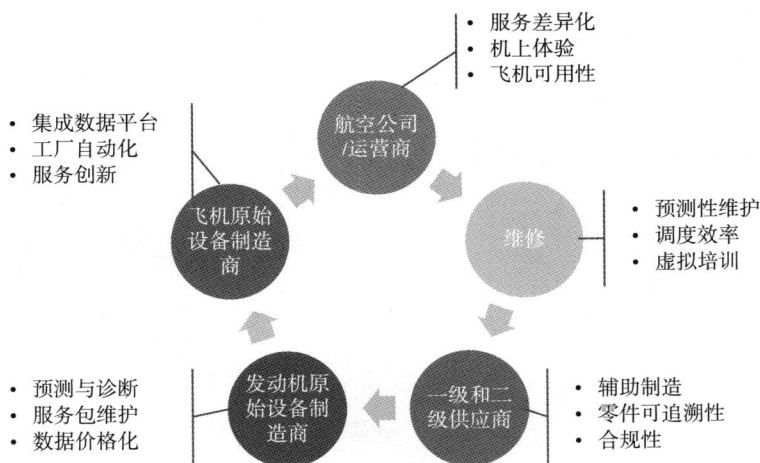

图9-2　在航空航天价值链中利用新兴的数字技术

（1）人工智能、ML和DL技术被称为"新电力"。它们将加强人类决策、自动化流程、改进自动化等。

（2）区块链相对处于航空航天应用的早期阶段，并准备在其他应用程序中显著改善零部件的可追溯性和认证。

（3）虚拟现实、AR 和 MR 技术套件已经有了许多用例，从产品设计工程到维修、维修和大修（MRO）空间的制造和培训。

（4）MRO 技术人员可以从数字工作卡和数字文档存储中获益。

（5）无人机不仅是一项单独的技术，而且在其应用中也无处不在，例如加强飞机检查、执行除冰任务等。

（6）5G 和无线技术大大提高了数据传输的延迟和速度，并将发现许多其他用处，从改善机场和飞行中的乘客体验到机场地面操作、连接飞机以及制造业务和安全。

（7）新的多谱传感器、物联网和工业物联网和云技术以前所未有的速度收集大量和特定体积的数据。它们在制造、操作、机器健康监测、工人健康监测和售后/维修业务流程中提供可见性。

（8）增材制造可以提高操作效率，最大限度地减少飞机往返（AOG）时间。它可以在设计工作流程的所有阶段实现，如概念模型、原型制作和定制生产到空间中的夹具、固定装置和 3D 打印。

（9）由 AI 和 ML 驱动的高级分析可以获得有用的洞察力，并驱动增强决策分析。

9.1.2　在航空航天业中利用商业4.0

要了解航空航天业如何使用商业 4.0 范式进行自我转型（见图 9－3），请参考一家飞机原始设备制造商（OEM），该制造商为其客户提供有关其机队健康状况的实时视图。原始设备制造商面临的固有挑战是说明每架飞机的维护历史并提供对服务公告、适航指令和定期维护的深入了解。原始设备制造商可以通过将物联网、云计算、大数据分析、人工智能等多种技术融合在一起来克服这些挑战，所有这些都属于商业 4.0 的范畴。商业 4.0 框架的四种业务行为可以指导航空航天部门的组织将这些技术市场货币化，从而确保它们在数字采用曲线上保持领先：

（1）推动大规模个性化：使用数字技术定制产品和服务可以在个人层面和规模上增强客户体验。

（2）创造指数价值：采用新的商业模式、创造价值和开拓新市场对于利用数字技术来发现增强客户服务的新机会至关重要。

（3）利用生态系统：确保外部合作伙伴之间的合作可以帮助企业将指数价值推向广泛的客户群。

（4）接受风险：通过数字技术支持的战略性、敏捷方法超越僵化的规划和运营障碍，可以使公司以较低的风险探索新想法。

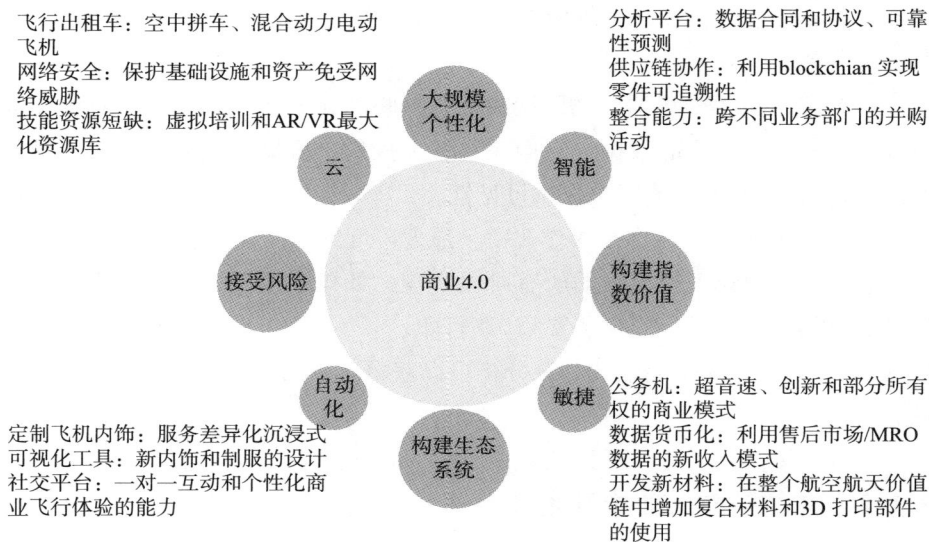

飞行出租车：空中拼车、混合动力电动
飞机
网络安全：保护基础设施和资产免受网
络威胁
技能资源短缺：虚拟培训和AR/VR最大
化资源库

分析平台：数据合同和协议、可靠
性预测
供应链协作：利用blockchian实现
零件可追溯性
整合能力：跨不同业务部门的并购
活动

定制飞机内饰：服务差异化沉浸式
可视化工具：新内饰和制服的设计
社交平台：一对一互动和个性化商
业飞行体验的能力

公务机：超音速、创新和部分所有
权的商业模式
数据货币化：利用售后市场/MRO
数据的新收入模式
开发新材料：在整个航空航天价值
链中增加复合材料和3D打印部件
的使用

大规模个性化　智能　云　构建指数价值　接受风险　商业4.0　敏捷　自动化　构建生态系统

图 9 - 3　从商业 4.0 的角度来看航空航天业

资料来源：作者团队的调研。

丰富的数据是商业 4.0 行为转型的核心。深思熟虑和创造性地使用数据是数字化转型的核心主题，可以带来重大的商业影响。在当前新冠肺炎疫情环境中，航空航天业可以在"新常态"中保持领先，需具有以下三个属性，以满足当前的形势。

（1）目标驱动：航空航天业必须超越它们制造和销售的产品，以达到其存在背后的目的，而这反过来又往往定义了它们转型之旅的蓝图。

（2）弹性：航空航天业能够承受系统的冲击，并迅速调整业务模式，推出新产品，或瞄准新市场，同时继续提供卓越的客户体验。

（3）适应性：敏捷、智能、自动化和云计算，成为航空航天业适应性核心或"数字脊柱"的基础。

9.1.3 航空航天价值链中的转型的整体方法

在创新步伐不断加快的时代，面向未来的企业处于不断转型的状态。成功的转型需要跨行业的多个跨职能部门及其直接的外部生态系统同步工作。整体方法可以帮助企业实现这种转型。成功的数字化转型的结果将使航空航天业提高敏捷性和弹性，不仅可以应对新冠肺炎疫情危机造成的需求中断，而且还将帮助它们制定长期目标，为未来做好准备。

生态系统将通过新的商业模式推动指数级增长。转型的第一步是评估公司生态系统中的各种元素（见图9－4）以及同行基准测试，以了解它们相对于该细分市场中其他元素的地位。

图9－4　一家航空制造企业的生态系统图

着眼于未来的商业趋势和客户期望，航空航天企业必须预测市场变化并发展其业务模式。为未来做好准备，成功的转型将包括各个方面，例如生态

系统思维、自动化和数字化、协作文化、结构变革以及准备好推动持续转型
的敏捷组织／技术核心。

目前的新冠肺炎疫情已导致包括航空航天工业价值链在内的各个行业的
大规模需求供应中断。该行业的许多公司必须立即进行危机管理，并准备向
新常态过渡。为了实现这些，航空航天业需要确保短期流动性，并重新规划
它们的业务运作和供应链，以提高效率，抵御干扰。按定义，许多数字技术
是提高效率的手段，同时也为未来做好了准备。

以数字技术为基础的商业 4.0 思维可以应用于整个航空航天产品生命周
期，从新飞机的设计、开发、制造、航空公司运营和机场服务到售后服务和
MRO。随着按小时计算功率模型的日益流行，在 MRO 运营中最大限度地提
高发动机可用性并最大限度地减少停机时间可以改善整个飞机生命周期的业
务成果。数字技术增加了收入渠道，创造了向上销售和交叉销售的机会，消
除了手动配置，并支持基于绩效的合同。这反过来又有助于航空航天公司，
从飞机发动机和机身原始设备制造商到航空公司运营商，为其客户提供更大
的价值。

9.1.4　航空航天业重新构想业务流程和运营

创造指数式价值要求企业采用两种思维方式：增量思维增强现有流程，
而指数式思维则以不同的方式思考，从而导致创新。数字技术使企业可以超
越既定的增强思维约束，并"转变"为指数思维方式。

新冠肺炎疫情大流行造成航空航天某些业务的中断表明，需要在整个航
空航天工业价值链中加速采用数字技术。航空航天和国防工业的企业可以将
这场全球危机转化为学习和转型的机会，并将随着时间的推移吸取的经验教
训融入它们的长期战略。这意味着非数字原生企业必须重新构想其业务流程
和交付模式，以实现数字核心。它们不仅需要预测客户需求，还需要分析数
据并获得盈利洞察力。这需要不断满足多个利益相关者的要求，评估组织的
变革采用能力，并提供可扩展的解决方案。最终结果：重新构想运营、增强
产品和服务、提高应对供需中断的弹性，以及改善客户和供应商的合作伙伴
关系。

9.2 物联网推动航空业商业 4.0 转型

9.2.1 物联网如何推动航空行业走向未来

航空公司是航空价值链中利润最低的节点，远远落后于全球分销系统、旅行社、维修公司和地勤人员。从历史上看，航空公司一直是数字技术和物联网技术的较早采用者，并且它们现在正在努力使其老的流程和系统现代化。数字技术一直处在向以客户为中心的服务转型以及简化而高效运营的转变的最前沿。展望未来，数字技术与物联网的融合将为航空公司带来更大、更深刻的转型机遇。

9.2.1.1 物联网是航空业的下一个巨大转型

数字技术使航空公司能够提供独特的客户体验、简化基础流程并提高员工生产力。合理的下一步是利用物联网探索数字化转型的全新领域。物联网与机器人技术和人工智能等其他技术的结合将为改善服务交付带来许多机遇。展望未来，一个智能的、整体连接的物联网生态系统将所有实体和资产汇集在一起的航空价值链可能成为新常态。

9.2.1.2 物联网战略的五个主要方面

为了充分利用物联网，航空公司需要围绕以下五个关键领域制定战略：

（1）超个性化：航空公司应该使用在每个交互点（无论是家中、机场还是飞机上）生成的数据对整个旅行体验进行超个性化。

（2）跟踪与追踪：物联网可以在智能和超链接的航空生态系统中实现一系列跟踪与追踪应用。今天，基于许可的跟踪允许向乘客提供交互数据、基于位置的信息，如等待时间、登机口变更和夜间延误。在完全传感器化的环境中，跟踪的好处可以扩展到提供广泛的服务和流程改进。

（3）主动警报和行动：面向客户的基础设施和流程的传感器化使信息和

服务的主动交付成为可能。现在的重点是预测和预防，而不是事后解决。

（4）更高的运行效率：大多数现代飞机发动机已经嵌入了一系列传感器，每次飞行都会生成 TB 级的数据。目前，该数据在飞行后下载用于飞行后分析。借助物联网应用，可以在飞行过程中分析飞行数据，创造真正变革性的可能性。物联网应用还可以通过及早发现潜在问题，帮助航空公司最大限度地利用机队并降低运营成本。

（5）产品或服务监控：从物理基础设施到飞机再到通过物联网生态系统连接的人员，航空公司还可以探索推动辅助产品和服务改进的机会。他们可以利用传感器数据（从位置到情感）来追加销售辅助产品，例如休息室使用权和快速通道使用权等。

阿联酋航空集团提供基于信标的解决方案，不仅可以提醒航空公司员工注意行李事故，还可以在行李到达行李提取区时通知客户。[①] GE 的飞行效率服务与亚航合作优化爬升曲线、估计燃料需求，并尽量减少辅助动力装置的使用。[②]

9.2.1.3 采用物联网应对挑战以确保顺利起飞

在开始大规模物联网实施之前需要解决的一些关键挑战包括：

（1）利益相关者多样性：航空业涉及多个利益不同的利益相关者，在许多情况下，还涉及他们自己的技术和系统生态系统。同时，这些利益相关者中有许多相互依赖。因此，随着航空公司采用物联网的发展，他们有必要超越"本地化"企业，并考虑与以共同物联网愿景为指导的其他利益相关者合作。

（2）地域分布：大多数航空公司在全球范围内跨多个地区运营，每个地域都有自己的文化背景和技术成熟度。因此，成功的物联网战略必须考虑这些地区差异。

（3）安全和隐私注意事项：航空公司在世界上最安全的环境之一中运

---

① The Emirates Group. Innovative Technology Paves the Way for Better Handled Baggage［EB/OL］. http：//www. theemiratesgroup. com/english/news-events/news-releases/newsdetails. aspx？ article ＝ 1187838，2016.

② GE. Analysis：How Airlines are Tapping into the Internet of Things［EB/OL］. http：//www. ge. com/digital/press-releases/analysis-how-airlinesare-tapping-internet-things，2016.

营。因此，对于航空领域的任何物联网计划，安全性和隐私性都必须放在首位。随着诸如面部识别之类的高级技术的部署，隐私也成为一个关键问题，其结果是，处理的私人客户数据量增加了很多。

（4）复杂的老系统：大多数航空公司的技术生态系统继续托管着复杂的老系统和架构。相比之下，许多物联网技术处于起步阶段，通信和安全协议仍在不断发展。考虑到这种差距，航空公司在物联网计划的初始阶段应将重点放在信标等成熟技术上，以及更易于集成的简单组件上。

对于航空公司来说，理想的物联网采用策略是采用"开始、学习、证明和改进"的方法，使它们能够以渐进的方式试验新技术。第一步是探索机会，将其转化为"有意义且有道理"的模型。这些计划本质上很容易实现，但提供的价值可以带来巨大的商业价值。下一步应该是增强不同组件的自我和态势感知。物联网部署过程的最后一步是将这些功能扩展到一个连接和协作的物联网网络，包括航空生态系统中的所有节点，以及一套在成熟度、信心水平和自学能力方面不断发展的强大机器学习和人工智能算法。通过这种方式，航空公司将准备好向真正认知的方向起飞，即企业自学、智能、自思考。具有发展成为这种认知型企业的愿景的公司会将物联网视为强大的推动者。

即使航空公司为物联网革命做准备，向商业认知时代的转变也已经开始。航空公司今天建立的物联网功能将在帮助它们明天发展为认知组织方面发挥关键作用。

9.2.2　航空运输业运用物联网——重新想象交通运输的方式

在竞争日益激烈的商业环境以及对客运和货运流动性需求急剧上升的情况下，全球运输业正在经历一个充满挑战的时期。行业参与者需要寻找创新方法来提高运营效率、控制成本和保持市场份额，同时培养客户满意度。

物联网（IoT）在交通运输行业前景广阔，可以为"智能"未来铺平道路。虽然互联生态系统将有助于应对行业挑战，但利益相关者的期望管理将是确保长期成功的关键。

9.2.2.1　运输业的瓶颈

在全球范围内，交通系统正受到车辆数量急剧增长的影响，预计车辆数量将从 2011 年的 11 亿辆增加到 2050 年的 25 亿辆。[①] 由此产生的拥堵的经济成本是巨大的——美国交通部估计它是每年约 2 000 亿美元，用于综合考虑所有运输方式。[②]

除了拥堵问题外，运输和物流价值链还存在瓶颈。

（1）客户期望不断提高，对面向未来的集成产品的需求迫在眉睫。

（2）劳动力优化和运输途中的可见性至关重要。

（3）在降低成本的同时，提高生产率和利润率的压力越来越大。

（4）监管义务正在扩大，监管费用和通行费在总运输成本中所占的份额可能会从大约 10% 上升至 15% ~ 25%。

（5）行业法规的变化将迫使港口、航空、铁路和卡车制造商确保环境的可持续性。

（6）迫切需要关注运营中的健康和安全。

以小时为记的需求是一种变革性的解决方案，一种在整个交通生态系统中注入知识和智能的解决方案。物联网使这样的解决方案成为可能。以互联平台、普及计算设备、先进移动网络、改进的安全性、隐私保护技术、复杂的数据算法以及模拟和可视化工具为特征，物联网驱动的生态系统是解决我们交通问题的答案。

9.2.2.2　智能运输承诺

智能运输能够应对运输和物流业者面临的所有挑战。它不是简单的单点解决方案，而是多种技术的融合，涵盖从运输和物流到电信，从自动化到机器对机器（M2M）交互以及从大数据分析到人工智能的各个领域。

---

① International Transport Forum. Transport Outlook：Seamless Transport for Greener Growth ［EB/OL］. http：//www. internationaltransportforum. org/pub/pdf/12Outlook. pdf，2016.

② The White House. An Economic Analysis of Transportation Infrastructure Investment ［EB/OL］. https：//www. whitehouse. gov/sites/default/files/docs/economic_analysis_of_transportation_investments. pdf，2016.

智能交通旨在将交通和其他基础设施连接起来，并将其集成到物理设备和服务的交互式系统中。最终，这些数字技术可以用于解决与发达和发展中地区的交通基础设施有关的人口、社会、经济和环境挑战。

9.2.2.3 确定协作运营的主要利益相关者

运输生态系统中的主要利益相关者包括：

（1）企业对企业（B2B）客户。

（2）第三方物流（3PL）或物流服务提供商（LSP）。

（3）设备的仓库和终端操作员。

（4）制造商或托运人。

尽管运输和物流依赖相互依存的参与者网络，但如今大多数都孤岛运作。缺乏集成意味着运营中缺乏端到端的可见性。

智能交通可以解决这些问题，前提是整个生态系统共享信息、协同工作并实施先进的技术解决方案。生态系统的所有成员（客户、供应商、运营商和托运人）都应该能够实时访问相关数据，并使用移动互联网、大数据分析和增强现实等数字技术，将数据转换为可操作的信息、洞察力和最后的智慧。

9.2.2.4 智能交通解决方案的基础

智能交通解决方案的关键组成部分必须映射到各种利益相关者的需求。这些构建模块可以通过物联网互连，以改善整体体验。

（1）智能车辆。智能车辆可以说是物流和运输中物联网设置的中心，如卡车、飞机、机车和船舶上布满了嵌入式传感器和处理器，这是大部分调节和监控的中心。

（2）智能资产和终端。大量的智能和传感能力可以嵌入终端的资产和结构中，包括移动式资产，如叉车、堆场拖拉机、集装箱装卸机、移动式起重机等设备；固定式或半固定式资产，如门式起重机、传送带、自动存储和检索系统；终端结构和入口点或出口点，如码头门、堆场入口或出口门、灯杆、地板、人行道和其他结构。

（3）聪明的劳动力。使用智能应用程序和平板电脑等移动设备可以帮助卡车司机避免交通堵塞、压力和延误。例如，在智能运输范式中，这种应用程序将允许司机更快地通过终端门，因为海关和货运单据号码可以直接传送到他们驾驶室的平板电脑上。

（4）智能规划。有了物联网，就有可能获得可操作的洞察力，并使用预测分析来设计基于历史数据的智能交通业务模型。

智能规划可以包括容量感知、规划和报告、路由优化、远程资产管理、能源效率管理以及主动故障检测和解决。它可以通过将捕获的信息反馈到反馈循环中来建立持续改进的机制，从而找到在该过程中产生价值的新方法。

（5）智能合规。运输和物流公司必须遵守一些监管任务，目前需要大量的人工努力。在智能传输场景中，许多都可以实现自动化。

9.2.2.5 智能运输解决方案的帮助

对于驾驶员车辆检查报告（DVIR），可以用物联网解决方案代替传统的纸笔方法，该解决方案结合了用于实时数据收集的传感器、移动应用程序和预测性分析，从而使 DVIR 检查更加智能和高效。

智能运输将为供应商和客户带来诸多直接好处，包括节省时间、增强安全性、可追溯性和保护货物。它还有可能对交通网络所面临的问题产生深远影响，包括交通拥堵、环境污染和事故。通过传感器实时传输数据，一旦实现智能传输，操作将变得更加安全和透明。通过更新实物资产的位置和移动，公司将在供应链运营方面获得更大的可见性。在实时数据洞察力的推动下，它们将能够减少碳足迹并优化燃料消耗。通过对运输文件进行数字化处理并建立一个提前通知运输延迟和重新路由选择的系统，可以显著减少拥堵。总体而言，企业将能够推动具有成本效益的运营并提高绩效效率。

根据国际运输论坛的统计，到 2050 年，旅客的出行将惊人地增长 200% ~ 300%，货运活动将增长 150% ~ 250%。[①] 由于传统的运输系统难以满足当前负载，因此需要一种重新设计的变革性替代方案，一种更智能的运输解决方案。这意味着在物联网的推动下，用于运送乘客和货物的系统将更加智能和

---

① International Transport Forum. Transport Outlook：Seamless Transport for Greener Growth （2012）[R]. 2016.

集成。由于物联网以有意义的方式连接了运输供应链中的不同资产和设备，因此它将生成大量的实时数据分析以获得有用的见解。这些将帮助提供商提高运营效率并部署面向未来的基础架构，同时为最终用户创建定制的、动态的和自动化的服务。

9.3 物联网转型：从物联网到物联网

最初，当技术专家鼓吹物联网时，物联网中的"事物"指的是"设备"。它的想象力没有延伸到讨论"会说话"的草莓、啤酒或葡萄酒的场景。

然而，随着物联网超越其模糊的阶段，任何事物之间连接的信任为零售业开辟了巨大的可能性，尤其是在供应链领域。

通过拥抱物联网，下一代零售供应链将进入一个智能设备、智能产品和智能仓库的时代，从而变得更加智能。仓库中的联网设备可以帮助监控整个设施的移动，联网产品可以更新实时库存，联网工人可以更有效地接单，联网草莓可以谈论从农场到餐桌的新鲜历程；甚至可以以最有效的方式跟踪、管理和优化运送订单的移动卡车。

本部分探讨了如何利用物联网重新构想供应链中的每个流程，使用最新技术增强整个生态系统，增加价值，并最终改变零售商和消费者的日常生活。

9.3.1 支持物联网的转型

物联网的转型目前专注于提高供应链的跟踪和感知能力，从而影响整个产品类别的收入和利润。尽管现在这种转型的范围似乎有限，但考虑到物联网可以在规划和执行职能中产生的客户价值，物联网的普及迫在眉睫。

表9-1和以下各部分重点介绍了在零售供应链中跨计划和执行职能进行基于物联网的转型的潜力，以及它可以产生的客户价值。

表 9 – 1　　　　　　　　　物联网驱动的零售供应链流程价值映射

零售供应链流程区	基于物联网的转型的未来趋势
预测	根据消费模式而非历史销售预测需求
采购	选择具有高度诚信和绩效的供应商
补货和分配	主动重新排序而不是被动
订单管理	基于对客户偏好的预测分析提前下单
DC 与配送	人 – 机器人 – 机器之间基于对话的交互
物流/最后一公里	从跟踪（司机）到控制（卡车移动），再到授权（最终客户）实时更新从农场到餐桌的订单

　　让我们探讨在智能物联网的驱动下，供应链中的一些核心流程领域如何变得更高效并提供更好的客户体验。

　　（1）预测：从"由内而外"到"由外而内"。虽然历史销售数据有助于在总体层面上得出合理准确的需求预测，但在粒度层面的预测上却不尽如人意。通过智能货架或设备（无论是家庭还是企业）提供消费点库存水平的可见性，物联网可以使零售商了解消费者的消费模式并预测他们的未来需求，转向由外而内的方法。这种新方法需要复杂的预测系统，该系统可以分析高速、大量物联网数据的实时流，并感知需求模式以根据提前期要求预测预期订单，从而实现动态补货。

　　（2）采购：人人皆知的旅程。大多数情况下，在产品到达零售商自己的供应链之前，零售商对入库产品的处理缺乏可见性。这使人们对向消费者做出的质量承诺和对不断变化的条件做出反应的能力产生了怀疑。通过实时了解运输途中的环境条件，物联网传感器可以帮助零售商就供应商绩效和运输库存做出明智的决策。此外，物联网传感器根深蒂固的透明度使消费者能够获得有关产品旅程的信息，使他们成为制定采购决策的重要利益相关者。此外，参与供应链编排的所有合作伙伴都能实时了解库存移动和消耗情况，为协作计划、预测和补货（CPFR）带来新维度，并促进敏捷供应链的创建。

　　（3）补货：自动下单将成为新的生活方式。智能设备和货架可以跟踪产品消耗（重量或单位）以及影响保质期的其他属性（颜色等）。由此产生的库存可见性和需求感知能力可以帮助零售商在消费点（无论是在仓库、商店货架还是客户家中）实现主动重新订购，从而确保最佳库存水平。这将挑战当今大多数仍基于传统需求预测数据和大量静态参数的补货系统。转向支持物联网的补货需要灵活的系统和流程，能够根据提前期和计划方面动态的实时消费数据处理频繁的补货。

（4）订单管理：一种预期方法。最终的客户体验是让产品在没有客户干预的情况下到达客户家中。通过跟踪消费水平，零售商可以根据客户订单的历史模式抢占订单。例如，如果检测到消耗速度更快，那么一周内（定期）消耗的四包牛奶可以提前发货。这反过来又缩短了订单生命周期，使交付给客户的速度比预期的要快得多。零售商甚至可以利用物联网设备为自动订单配置"订阅"功能。这必须得到补货系统的支持，补货系统可以将预期的客户订单聚合到预期的履行节点。

（5）配送中心/配送操作：互联互动和智能互动。物联网将把配送中心（DC）内的机器人与机器人之间的互动提升到革命性的水平，使产品可以在几乎不进行集中干预的情况下跨履约运营进行转移。配备有智能货架，连接的物料搬运设备（MHE），车辆和员工的设施将有助于自动消除拥堵并平衡工作量，从而实现由服务水平驱动的编排。

（6）物流：从"运输中的盲点"到"始终在控制中"。通过为驾驶员提供实时协助以及对交付进度、拖车环境和车辆健康状况进行集中监控，连接的"最后一公里"在动态车队和履行管理方面大有帮助。附在产品或包装上的传感器设备甚至可以在收到产品之前帮助确定潜在的损坏。在"移动资产"的背景下，即时做出决策更具挑战性，因为它依赖于企业中心的系统。它也可以证明是昂贵的。当响应时间至关重要时，在边缘进行局部分析可以帮助减少延迟。即使没有与中央云的连接，驾驶员也将收到严重警告；减少的数据量还节省了远程物联网设备使用的带宽和能源。可以通过边缘学习应用程序启用此功能，这些应用程序由直接在物联网设备上运行且仅偶尔与云交互的自学习算法支持。图9-5列出了智能物联网可以提供的功能，以实现更好的"最后一公里"控制。

车队的管理   驾驶员监控
车辆健康监测   驾驶行为监控
车队追踪   严酷的驾驶警报
舰队和拖车利用率   空转和里程跟踪器
维修计划   在各个站点花费的时间
电子印章监控   途中延误
负载分配   下班后使用
新鲜度跟踪   简化文件处理
                          特殊处理说明

动态路由   增强客户能力
交通与天气监控   动态投放位置
理想路线协助   动态时间表变更
计划重新路由   接送点变更
路线偏差检测   服务等级
地理围栏警报   退货收集
智能路由   交货及时性跟踪
到达估算   实时通信

图 9 – 5   基于物联网的解决方案的"最后一公里"功能

9.3.2   超越追踪：数据驱动的智能

物联网在产品历程的各个接触点以及相关供应链运营中的应用越来越多，导致连续实时传输大量数据。产生的大数据是一个复杂的混合体，是从位置信息到环境信息的复杂组合。满足服务需求的库存/消费量，以及从关联资源到产品移动状态的操作交互。

这个庞大的物联网信息数据库可能是一座金矿，使零售商能够利用数据分析并从历史数据中学习来推导出模式。此外，实时企业供应链数据与连接设备数据、社交媒体、新闻、事件和天气更新的外部存储库相结合，可以增强构建智能供应链流程的能力。

数据驱动的智能将如何增强未来供应链中的物联网应用的示例包括：

（1）自动重新订购：提高对客户库存（水平和条件）和购买模式的可见性可以帮助预测未来的订单。基于此，补货系统将能够启动预拣货并运送到最近的聚集点。这些预期发货最终将被通过物联网订单管理系统（OMS）交互创建的实际客户订单消耗。

（2）最大化家居生活：实时跟踪条件和位置可以确保严格控制产品环境

并减少供应链提前期。因此，产品将在更长的时间内"由零售商销售"和"由客户消费"。由于可以利用传感器数据通过保鲜度监控来保持完整性，因此可供客户使用的产品的使用寿命将更长一点。通过部署机器学习来预测产品的家庭生活并不断改进它，可以进一步利用这些数据。

（3）下一代物流：由无人驾驶汽车、机器人和无人机实现的下一代交付将利用嵌入人工智能的物联网设备来导航拥挤的住宅区。为此，需要使用边缘计算实时进行计算和处理，因为任何延迟都可能非常危险甚至致命。

9.3.3　启用物联网：谨慎是关键

虽然通过支持物联网的平台实现的物理数字连接将改变供应链的运作方式，但零售商需要通过清楚了解公司的战略目标以及随之而来的业务实践和人际互动的变化来进行采用。

（1）过分强调物联网可能会导致零售商连接和感知世界上的所有事物。优先考虑来自整个供应链的所需数据来源是实施之前的关键决策点。过分强调物联网可能会导致零售商投资于广泛的物联网网络，导致从端点检索的昂贵设备、极端依赖互联信息进行决策、成本超支以及考虑到物联网平台缺乏成熟度和安全漏洞不断发展的标准。例如，一个高度校准的网络，其决策完全基于实时传送，可能会导致卡车（带有货物）由于网络故障而无休止地等待来自中央控制塔的指令。

（2）物联网不能作为独立的解决方案使用，而必须与现有的业务解决方案集成。供应链可能是零售业的一个单一业务领域，与大量实体打交道，其中一些实体为第三方所有。因此，物联网不能作为独立的解决方案使用，而必须与现有的业务解决方案集成。然而，这个领域主要由提供需求和预测、补货、仓库管理系统（WMS）和运输管理系统（TMS）等特定解决方案的供应商主导。

物联网与内部和外部数据源的集成可以将现有解决方案的决策能力提高到难以想象的水平。例如，在特定港口检测到拥堵可能会扰乱补货计划。在这种情况下，集成物联网可以判断拖车环境中的偏差，启动替代采购供应商的识别，并触发将新鲜农产品动态分配到商店而不是仓库，以减轻货架寿命的缩短。认识到这一点，许多领先的解决方案供应商正与预测分析方面拥有深厚专业知识并拥有从世界各地物联网设备收集的实时大数据的巨大存储库的组织合作。

（3）确保欺诈参与者的安全变得非常重要。为了应对物联网带来的巨大安全漏洞风险，有必要创建低功耗的自主物联网来收集数据。这些网络必须能够在不需要中央网络授权的情况下运行；但这正是安全性可能受到损害的地方。

必须有一个使用密码术操作的共识机制，以验证参与者（传感器）在交易处理期间是否已被篡改。随着由支持物联网的资源做出的智能和动态决策的数量增加，物联网生态系统中的每笔交易都必须通过区块链技术支持的去中心化和自治平台来保护。

9.3.4 结论

毫无疑问，物联网可以发挥关键作用，为从"农场到餐桌"或"森林到房间"的供应链提供"端到端"的可见性。然而，零售商正在整合资源以加入物联网潮流，但没有明确的策略利用来自连接实体的实时信息。

无处不在的物联网生态系统具有巨大的潜力，可以通过主动和及时的决策能力动态改变供应链运营过程。只有当物联网接触点与供应链执行系统无缝交织时，这种敏捷的供应链才会成为现实。如果事件检测和动态决策继续依赖于静态规则，那么物联网旅程是不完整的。它需要增强能力来学习和智能识别异常，以便最终能够自我修复以实时解决供应链问题。显然，有一种尚未开发的智能可以利用物联网为现有供应链带来敏锐度，并通过从单纯的感知到解决业务问题的成熟来促进价值零售。

10

技术驱动商业 4.0 转型

10.1　商业4.0时代，敏捷时代真正到来

10.1.1　数字时代发展需要敏捷

20世纪90年代以来，以"网络全球化""市场全球化""竞争全球化""经营全球化"为主要内容的全球经济一体化趋势明显加快，包括服务、资金、技术、人力资源、知识和信息都在全球流动。网络技术的飞速发展打破了时空对经济活动的限制，为企业间经济关系的发展提供了新的方式和条件。随着全球经济一体化的建立和完善，经济系统越来越成为全球系统。正如世界贸易组织总干事鲁杰罗所言，全球经济一体化过程已经进入了"无边界阶段"，世界各国之间在经济上越来越多地相互依存，国际经济贸易交往与合作更加频繁和紧密，竞争愈来愈激烈。竞争的加剧促使企业利用一切可以利用的资源，主动地寻求市场机遇，敏捷地响应客户多样化的需求，高质量地为全球客户服务，以响应市场机遇。

1. 企业赢得竞争优势的战略重点正在发生变化，更多地体现在速度的较量上。

竞争的加剧使速度显示出特殊的意义。市场机遇稍纵即逝，企业是否拥

有驾驭变化的能力已成为能否赢得竞争的关键。谁能在技术开发、产品制造及新产品上市等过程中领先对手，谁就能抢占制胜先机，尤其在高科技领域的竞争中，速度就意味着优势。由此，艾尔弗雷德·钱德勒提出了"速度经济"，以示新经济的速度特征。世界著名的芯片生产商英特尔公司，正是凭借自身快速的能力，引导着整个芯片产业的更新换代，从而获得了极大的成功。理论和实践表明，企业赢得竞争优势的战略重点正在发生变化：规模世纪年代、成本世纪年代、质量世纪年代及以后速度与服务世纪年代等。

2. 不确定性日益增加的市场环境。

传统的企业理论建立在企业外部环境具有确定性和可预测性的假设基础之上，21 世纪的市场特征使这种假设基础不复存在。市场竞争主要围绕着速度竞争而展开，企业能否根据用户的需求，快速重组资源、组织生产、提供用户需要的个性化产品，已成为企业能否赢得竞争与不断发展的关键。在市场动态多变的新形势下，没有哪个企业能同过去一样长期独占某个市场，也不可能庞大到可以独自拥有变化市场所需求的各种新产品技术，以及独立开发与生产这些新产品的人才、资本和设施。即使有这样的巨型公司，也不可避免地由于机构过于庞大，导致效率下降，缺乏对市场的反应速度和适应性，被其他公司取而代之。

3. 消费者需求个性化，生产、产品、市场概念发生根本变化。

工业 4.0 时代企业的特征之一是"标准化基础上的规模经济"，而数字经济时代的企业则是"个性化服务基础上的范围经济"。数字经济时代，消费者能够十分便捷地与企业间建立全天候、零距离的互动联系；同时，选择和交易商品或服务的成本却显著降低，选择的机会却极大地增多。消费者的价值观念和消费行为正在发生根本性的变化。具体表现在：

（1）对产品的品种规格、花色式样、需求数量呈多样化和个性化的要求，而且，这种多样化和个性化的要求随时间的变化而迅速变化，稳定性很差。

（2）对产品的功能、质量和可靠性的要求日益提高，而且这种要求提高的标准又是以不同用户的满意程度为尺度的，这就产生了由于用户的购买目的、个人素质、经济能力等因素差异而造成标准的不确定性。

（3）要求交货期愈来愈短，这就要求生产者要对消费者需求和市场变化有更加灵敏的反应。

（4）对价格合理性的要求，即企业必须增强适应价格变化的承受能力。

生产观念正在发生根本变化。产品概念正在发生根本变化。由实体产品向"知识信息服务"转变，企业提供给客户的产品实际是一组"解决方案"，产品的知识信息含量明显增加，产品价值的中心已经从制造转向服务，信息产品生命周期日益缩短，批量不断减少，品种不断增加，客户对产品交货期、价格和质量的要求日益增高。各种市场的细分正在加速进行，一切产品市场都在不断变化，唯一固定不变的是必然涌现出新的产品模式和更多品种。

10.1.2 数字时代，敏捷 + 智能，以技术为核心的演变

1. 互联网技术的迅猛发展，使企业运营模式发生了根本性改变。

随着互联网技术发展，企业迟早会成为一个网络结点。特别是随着将来区域企业网络、国家企业网络甚至全球企业网络的创建和运行，网络的"零距离和全天候"运行方式，将使企业与全球任何角落的伙伴快捷有效地组织起来，使分布在世界各地的、彼此孤立的企业资源协同甚至集成成为可能，从而在世界范围内实现高效的信息传递和资源共享。网络经济条件下，企业的"可视性"与"通透性"大大增强，交易成本显著下降，信息阻隔现象大大减少，传统的竞争规则可能失去效用，今天的优势可能成为明天的劣势，企业间博弈正在"重新洗牌"。

网络交易平台将成为主流交易平台。网络为企业向客户推销自己的产品提供了全新的舞台，成为商业竞争的新战场，更为资本寻求最佳的资源配置和经营手段创造了更为广阔的活动空间，便于资本在全球范围内追逐利润。透过英特网，人们开始从价值流的角度重新审视企业的运行模式以及企业资源的分布和配置，并由此派生出一种新型的商务操作模式——电子商务模式。

随着网络经济和知识经济的快速发展，新技术的更迭越来越快，产品的生命周期日益缩短，顾客的需求日益个性化，使得 21 世纪的企业环境持续多变而又不可预测。这必然要求企业具有驾驭不确定性环境的敏捷竞争能力。在这种背景下，一种集中于核心能力、能够快捷地重组内外部的能力和资源、从而能够快捷地响应市场机遇的企业脱颖而出，这种企业被称作敏捷企业。

国内外对敏捷企业的研究日渐重视。

2. 数字化时代推动敏捷企业理论的发展。

敏捷的基本思想是以快速满足客户的需求、实现客户利益为目标，以共同获利和合作双赢为理念，通过把虚拟组织、先进的柔性生产技术和高素质的人员进行全面集成，从而使企业能够从容应对持续多变而又不可预测的市场环境，以获得长期经济效益。它是一种以提高企业敏捷竞争力为核心的全新制造组织模式，其实质是通过采用现代电信技术、集成技术和与管理技术等，与供应商、客户、合作伙伴在更大范围与更高程度上集成，组织动态联盟，迅速地响应客户需求，及时交付新产品并投入市场，从而赢得竞争优势的一种制造新模式。它是吸收了多种先进管理思想和制造哲理而发展起来的一套适合多变环境的全新制造哲理。

敏捷企业理论正成为研究热点，在新的竞争背景下，速度正成为赢得竞争优势的焦点。网络环境的快速变化改变了企业竞争的游戏规则，"快鱼吃慢鱼""赢家通赢""合作双赢""协同一切可以协同的力量去与竞争者竞争"，以及"与竞争者竞争不是你死我活的竞争，在竞争中也存在合作"等潜规则正逐步成为商务法则，改变着企业的运营方式。新的竞争规则需要在战略、组织、产品诸方面变得更敏捷。而敏捷是对迅速变化、不断细分的市场以及高质量、定制化的产品等挑战做出的全面反应，也就是说企业能够在市场不断变化、难于预测的竞争环境中赢得竞争。这时，企业的战略目标应能丰富客户价值，产品应是敏捷的产品，需要客户参与设计，能充分满足客户的个性化要求；同时，组织形式也随之出现网络化、虚拟化状态。敏捷竞争彻底改变了大批量生产企业的惰性，促使企业开发寿命周期短、高度差异化的产品，培养高适应性、敏捷性的员工，造就广泛分权、灵活决策的企业。

正是在这种背景下，美国为了建立一种超越对手（当时主要针对日本制造业）的竞争优势，研究提出了敏捷制造理论。该理论提出后，立即在全世界范围内产生了广泛而深刻的影响。中国在"863计划"中也进行了跟踪研究，特别是在敏捷制造理论、敏捷供需链理论、敏捷虚拟企业理论等方面投入了很多的资源进行研究。

许多国际跨国公司，如戴尔、英特尔、耐克、波音、亚马逊、利丰等，按照敏捷企业的理论，集中于核心业务、边缘业务外包，并通过建立伙伴间的网络集成，实现敏捷产品开发、生产，从而快速满足客户的需要，实现了快速发展，并赢得卓越的竞争能力。例如，波音公司的各分支机构和日本三菱重工等 5 家公司曾围绕波音 777 喷气式客机组成企业联盟。该联盟由先进的电脑网络协调，实现计算机辅助无纸设计和无纸制造，分散在世界各地的工程师可随时从 777 型客机 300 多万个零部件中调出任何一种在计算机屏幕上观察与修改。从 1990 年 10 月到 1994 年 6 月，只用了 3 年 8 个月就一次试飞成功，投入正常经营。敏捷设计、敏捷制造、动态联盟在该项目上的成功令人咋舌。①

3. 敏捷 + 智能，以技术为核心的商业智能演进之路。

数字化时代，众多企业以数据驱动业务为目标，从数据中发现价值，从而对业务决策带来辅助支持，以数据为中心的企业管理正在成为常态。而商业智能作为企业发展过程中的数据工具，一直受到众多企业的青睐。

随着技术的不断演进，商业智能工具也在不断变化，以满足企业市场的不同需求。在商业智能发展的几十年中，商业智能工具也越发成熟，从传统商业智能走向敏捷商业智能，加之人工智能的智能化能力，商业智能不再只是一个查看数据报表、优化业务流程的软件工具，而且还是可以帮助企业提升创新能力，改变工作效率，成为增强核心竞争力的得力助手。

4. 商业智能技术的快速发展。

商业智能最早是出现在 IBM 计算机科学家汉斯·彼得·卢恩（Hans Peter Luhn）1958 年撰写的一篇文章中，其中描述了商业智能的价值和潜力，他将"智能"定义为"对事物相互关系的一种理解能力，并依靠这种能力去指导决策，以达到预期的目标"。

商业智能是一个将数据变为信息的过程，可以将来自企业中的各个业务系统中的数据，按照一定的规则进行抽取、清洗，然后加载到集中的数据库中，进而完成数据分析和处理以及报表展现，而这些分析和展现的结果将能成为企业决策的重要数据支持。

过去，业务人员要想看到这些展现的数据，都是通过程序员或者 DBA 手

---

① 日本三菱、川崎、富士、东丽、全日空是如何瓜分波音 787 客机的？ ［EB/OL］. https：//www.sohu.com/a/304063984_194632.

工撰写 SQL 语句来进行查询，由于业务人员不能直接操作，因此报表数据的查看相当受限制。由此产生了很多报表工具，主要是解决了业务人员在周报、月报等方面的问题，方便业务人员进行查询。但是，由于报表工具大多是静态的，而很多企业的报表分析都是需要交互分析，于是又出现了 IBM Cognos、SAP BO 等商业智能产品。

商业智能发展至今，已经出现了很多新一代敏捷的商业智能工具，例如 Tableau、QlikView 等，以更加易用的分析能力，赋能给业务人员。随着人工智能的快速发展，商业智能 + 人工智能的组合也得到了业界的认可，商业智能的敏捷再加上人工智能，赋予了企业业务决策支持更多的可能性与准确性。

5. 敏捷化与智能化的相辅相成。

商业智能的研发方向重点在敏捷和智能化两个方面，二者是相辅相成的，并且这一趋势是不可逆转的。某上市公司研发部门总监说："过去我们都认为，报表工具是比较难用或者是相对比较专业的，需要有 IT 背景的人才能使用。但是从商业角度来看，大家需要解决的是商业或者业务问题，业务人员是希望可以降低 IT 门槛，更加便捷地使用商业智能工具，从而更快速地响应变化，提升业务价值。"该部门总监强调，敏捷需要做到六点才能帮助业务人员更好的使用并且得到结果。这六点即功能强大、简单易用、计算性能高、弹性可扩展、移动端适配展现和自服务功能。过去，将制作报告的能力开放给业务人员后，商业智能就已经变得很敏捷，但是现在不同了，企业用户还需要自服务查询、自服务的数据准备，而这些敏捷的需求也都来自客户。

10.1.3　敏捷时代总结

1. 敏捷已经成熟。

自从软件开发开始二十多年以来，敏捷就跃上了轨道。每个业务功能都受益。大型公司了解敏捷成功的要求：

（1）使用数字技术重塑商业模式。

（2）使用无线传感器监控产品性能。

（3）个性化与客户的互动。

（4）挖掘按需计算能力。

2. 跨企业拥抱敏捷。

公司需要迅速变得敏捷，才能与原生数字化的颠覆者竞争。它们必须：

（1）改变人们的组织方式。

（2）在企业级别计划敏捷之旅。

（3）优先考虑速度需求。

（4）实验、学习和适应。

（5）快速失败而无所畏惧。

3. 敏捷与位置无关。

全球企业必须在多个位置部署敏捷团队，为了成功，它们必须能够：

（1）应用合适的敏捷模型，有四种变体（从局部到高度分散）可供选择。

（2）改善团队的敏捷能力，并计划跨多个位置的工作分配。

（3）评估组织的需求，工作的紧迫性和波动性以及技能的位置。

4. 将创新推向前沿。

敏捷可以推动整个企业的创新。公司必须考虑有利于创新的三个要素：

（1）战略制定，解释公司通过创新活动寻求实现的目标。

（2）文化转型，要求授权面向客户（外部边缘）以及支持功能（内部边缘）。

（3）专注于实验，提供创新渠道，确保财务可行性和市场相关性。

5. 坚定信念。

敏捷组织需要仆人式领导的文化。这就需要对传统模型进行更改。敏捷领导者必须：

（1）指导团队并赋予它们权利，使决策从错误中吸取教训，并在每次迭代中不断改进。

（2）参与和培养人际关系，并分析这种新行为的影响。

（3）灌输高水平的承诺并支持实施敏捷方法的团队。

（4）关注他人并根据他们如何帮助他人成长建立奖励和奖励。

6. 向大型公司进行敏捷教学。

大型公司必须重新设计自己才能获得精益的启动功能。它们必须：

（1）放开它们对失败的恐惧。

（2）搜索新的业务模型，而不是执行现有的业务模型。

（3）像创新者一样思考而不是管理员。

7. 重写敏捷规则手册。

独立的团队可以利用技能、知识和速度来实现数字化转型。为了成功，它们必须：

（1）确保智力和谐，所有成员必须对领域和术语有共同的理解。

（2）促进角色平等，每个人的专业知识都应受到尊重。

（3）强力保护，必须保护分散的团队免受内部攻击。

（4）广泛转换，持怀疑态度的高管必须了解敏捷对企业成功的好处。

10.2 商业4.0时代，技术驱动体验经济

在数字经济时代，科技公司始终处在创新的最前沿，其产品和解决方案可实现跨行业的数字化转型。它们通过创建更小巧、功能更强大的芯片组、5G 等下一代连接技术以及通过智能设备带来的新的和改进的体验，来迎接智能互联世界。由于客户群的多样性以及正在发挥作用的复杂业务动态性，科技公司在当前新冠肺炎疫情等危机期间很容易遭受重大波动。

除了显著改变消费者的行为和影响市场动态之外，封锁和市场距离还导致供应链中断，这影响了产品工程、销售、客户服务和制造领域的业务运营。尽管没有现成的方案可以应对这种前所未有的变化，但我们认为科技公司需要通过采用数字干预措施以在短期内增强弹性来拥抱商业4.0 的思维方式。建立数字核心，简化并创建网络规模的平台，以期在中期带来敏捷性和适应性；构建生态系统以创建体验经济并实现其目标，这将使科技公司获得成功的定位，并帮助它们在新冠肺炎疫情后的世界中生存和发展。

10.2.1 技术行业的当前市场动态

如表 10-1 所示，科技公司将看到其业务各个方面的变化。要了解疫情

对科技公司的影响，让我们检查运营商网络空间。由于短期供应链中断和封锁，这里的公司将在 5G 网络部署方面放缓。对更高速度、更高带宽、低延迟、海量机器类型通信和边缘计算的需求将推动跨行业垂直领域的下一波转型浪潮，并将导致智能校园、熄灯工厂、远程医疗和顶级（OTT）媒体服务等的兴起。因此，尽管存在短期挫折，但我们看到 5G 部署在长期内有所回升。

表 10 - 1　　　　　　　　　新冠肺炎疫情对技术公司的影响

颠覆性的产品创新	①产品工程和创新活动的颠覆 ②配置和部署挑战
波动性销售	①削减可自由支配的开支 ②固定现场销售和营销 ③潜在客户流失和潜在客户生成不足
供应链颠覆	①供需不平衡导致积压或短缺 ②制造和供应链运营颠覆
财务影响	①营运资金压力 ②反倾销边际压力 ③现金流波动
工作场所封锁	①生产力影响：沟通与协作 ②更高的 IP、数据和安全风险
陷入困境的客户服务	①受影响的现场服务 ②SLA 和合同承诺的风险 ③继续兑现客户体验承诺

由于资本支出投资减少，企业网络公司的增长将面临压力。然而，由于企业鼓励远程工作，协作产品、虚拟专用网络（VPN）、防火墙、虚拟桌面基础设施（VDI）和用于安全访问的网络安全产品等部分将出现高速增长。随着公司将云用于企业和最终客户工作负载以提高弹性和规模，网络规模的路由器和交换机将有更高的需求。

由于汽车、航空航天、电力和能源行业的低迷，半导体电子市场将出现显著衰退。对智能手机、智能手表和电视等消费电子产品的需求放缓将反过来导致对连接、应用处理器和调制解调器芯片组的需求减少。自动化和远程操作将推动人工智能（AI）硬件加速器、增强和虚拟现实（AR/VR）设备、无人机和机器人技术的半导体增长。与新冠肺炎疫情相关的医疗电子产品（例如呼吸机和诊断工具）的消费量将急剧增长。对网络处理器的需求将跟随运营商和企业网络行业的需求，并将随着5G和云网络部署的增加而增长。

尽管疫情带来了一系列改变市场动态的新挑战，但这场危机也为公司带来了独特的机遇。科技公司的短期重点应放在业务连续性和危机管理上，但也应加快产品、服务和商业模式的转型，以开发新的差异化体验，从而创造可持续的竞争优势。我们认为，科技公司应重点关注以下几个方面（见图10-1）来应对这场危机并加快其增长和转型之旅。

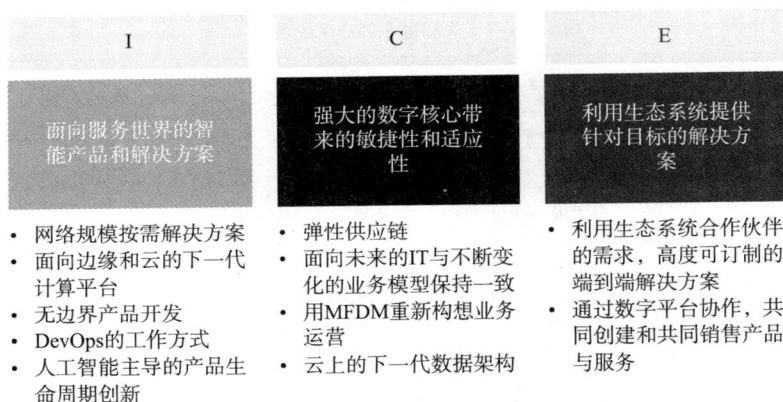

I	C	E
面向服务世界的智能产品和解决方案	强大的数字核心带来的敏捷性和适应性	利用生态系统提供针对目标的解决方案
• 网络规模按需解决方案 • 面向边缘和云的下一代计算平台 • 无边界产品开发 • DevOps的工作方式 • 人工智能主导的产品生命周期创新	• 弹性供应链 • 面向未来的IT与不断变化的业务模型保持一致 • 用MFDM重新构想业务运营 • 云上的下一代数据架构	• 利用生态系统合作伙伴的需求，高度可订制的端到端解决方案 • 通过数字平台协作，共同创建和共同销售产品与服务

图 10-1　ICE：技术公司的应对策略

10.2.2　面向服务世界的智能产品和解决方案

10.2.2.1　网络规模的按需解决方案

智能手机时代改变了消费者的行为，他们现在寻求随时随地访问产品的方式。这反过来又促使越来越多的垂直行业公司转向轻资产和按需消费产品和服务的模式。当前的危机正在大大加速各垂直行业公司的数字化转型路线图，同时也增加了它们不愿采用任何资本支出密集型模式的意愿。为了应对这种不断变化的消费模式，科技公司反过来需要加快从以硬件为中心的转型，向数字化公司转型，在云端提供端到端的解决方案。它们需要重新构建网络、计算和存储设备、联络中心、安全和协作产品，以采用云原生方法和即时服务模式。此外，由于科技公司需要迎合全球需求，它们需要使这些产品具有网络规模，并以智能和非接触式的方式提供给它们，以便根据不断变化的客户需求做出敏捷响应。总之，产品需要以软件为中心，针对通用硬件进行优化，支持开放标准，并在云端可用。

10.2.2.2　无边界产品开发

科技公司不断面临加速产品创新的压力，因此需要缩短产品发布周期。研发基础设施按产品线、地域划分，并分布在多个区域数据中心。研发环境配置复杂，需要大量人工干预，阻碍产品创新。它们也往往是资本支出密集型的，并且由于缺乏集中的资源管理而导致利用率低。在完全重新构想工作场所协作的情况下，当前的危机正在成为研发组织开发按需工程环境即服务的催化剂，以最大限度地利用实验室设备，使研发投资合理化，减少基础设施足迹，并降低运营成本，同时大幅缩短供应环境的周转时间。这将帮助它们在物理接近或手动干预管理工程资源并不总是可行的情况下保持创新步伐。

10.2.2.3　适用于边缘和云的下一代计算平台

在新冠肺炎疫情后的世界中，跨行业垂直领域的公司将加速在产品、服务和业务运营中采用人工智能。它们将需要采用人工智能，以实现进程内智能和自主操作，这将是疫情后世界的关键。这些解决方案可以自主感知、理解、决定和行动，以提高业务敏捷性和客户体验。例如，零售业将专注于在店内实现非接触式客户互动，并实施智能店面运营，以处理复杂的数据，包括店内图像和视频流。零售商还将在提高运营敏捷性和改善客户体验的同时确保安全和保障。同样，科技公司的发展和无处不在，加上不断变化的市场动态，将加速智能解决方案在智慧城市、智慧工作场所、智慧工厂和智慧零售等其他领域的采用，从而推动对智能边缘的需求。

另外，随着医疗保健和制药公司努力应对危机并为新冠肺炎疫情寻找疫苗和药物，药物发现、基因组测序和医学成像等用例将推动对下一代高性能计算（HPC）的需求以在云上快速处理此类复杂的工作负载。因此，在边缘和云端都会出现大量人工智能解决方案。

为了满足人工智能解决方案的需求，半导体公司一直专注于为边缘和云创建下一代处理器，例如 GPU、HPC 处理器、FPGA 和人工智能硬件加速器。有几个人工智能库和框架可作为开源计划的一部分使用，它们已成为人工智能解决方案开发的主流。只有当这些库和框架被移植并针对它们进行优化时，才能实现新硬件平台的真正力量。此外，创建由学术界、初创公司、开发者论坛和开源社区组成的生态系统对于快速采用这些新技术至关重要。因此，为了让人工智能普及，半导体公司需要采用一种综合方法，将创建一流的处理器与优化人工智能库和框架相结合，以创建一个推动采用的生态系统。

10.2.2.4　DevOps 工作方式

为了向客户交付价值，产品团队必须齐心协力，将创新更快地推向市场。在当前的新冠肺炎疫情下，不断变化的市场动态迫使科技公司重新构想产品和解决方案，以抓住机遇并在竞争中保持领先地位。还存在提高开发速度以满足客户和市场的需求。为解决这个问题，科技公司正在采用 DevOps 来调整业务、产品工程、安全和 IT 团队的流程、技术和工具，并在整个想法部署生命周期中引入全面的自动化方法。

科技公司提供的现代智能解决方案是跨多个产品的下一代硬件、开源软件、目的驱动的编程工具、嵌入式工程、人工智能和行业联盟驱动的标准的组合，所有这些都是自主开发的或收购来的。很多时候，不同的工具和框架在构成服务的不同产品团队之间以及在单个产品上工作的不同团队中使用。在这样的环境中，在这些产品和服务的整个生命周期中部署集成流程和平台将协同团队的工作方式。为实现这一目标，各科技公司正在构建自定义工具、平台和框架，以实现集成规划、协作开发、加速测试和部署以及自动化操作。这还将协同不同团队的产品路线图，以加速向市场推出创新解决方案。

10.2.2.5 人工智能主导的产品生命周期创新

当前的危机使科技公司比以往任何时候都更需要平衡短期和长期优先事项。一方面，科技公司面临着缩短产品发布周期和不断添加符合市场和客户期望的新功能的压力。另一方面，它们需要确保缩短修复客户报告缺陷的周转时间并确保客户满意度。这导致需要提高特征速度并缩短回归测试时间。

为此，科技公司应在研发活动中采用人工智能，以提高生产力和产品质量。有多种领先的开源人工智能解决方案可用于协助产品开发团队开展诸如错误分类和根本原因分析、神经代码搜索、自动检测错误的代码审查工具、从测试日志跟踪受影响的代码区域以及自动回归测试用例识别。

采用人工智能将在整个产品生命周期中带来敏捷性，并使开发团队能够更快地响应现场报告的问题。它们可以快速确定根本原因并自信地提供解决方案，而不会引入会影响产品质量的新缺陷，从而改善客户体验。

10.2.3 强大的数字核心的敏捷性和适应性

10.2.3.1 弹性供应链

在新冠肺炎疫情等危机中，快速反应的能力对于技术公司确保供应、合同制造和物流运营免受干扰并在竞争中保持领先至关重要。实现这一目标的关键是将风险管理流程系统化和编码。这种方法应该使技术公司能够扮演协调者的角色，全面实时了解合同制造站点、组件供应商、第三方物流和仓储合作伙伴的可用性、容量和能力。该平台应使业务风险监控团队能够直观地分析对供应链的影响，按产品线量化影响，模拟和权衡各种选项，并快速启动业务连续性策略。

10.2.3.2 使用 MFDM 重新构想业务运营

现在，技术公司比以往任何时候都更需要在整个价值链中采用"机器优先"的方法，因为渠道转移导致非标准交易量呈指数级增长。传统的共享服务模型需要大量人工干预才能执行有条件的复杂企业对企业（B2B）功能，包括需求规划、采购服务、订单处理、物流和财务结算。在当前危机之后为运营带来适应性的关键是构建一个由自动化技术驱动的 B2B 系统，该系统可以通过模仿共享服务团队来协调复杂的 B2B 运营。系统应该模仿人类行为从生态系统中收集信息，智能地验证不同的输入集，然后跨 IT 系统处理交易以实现"端到端"的流程自动化，而不是仅仅提供点自动化解决方案。这将为业务运营带来敏捷性和弹性。

10.2.3.3 面向未来的 IT 以适应不断变化的业务模式

科技公司应该有能力快速自信地适应不断变化的业务和技术格局，成为引领行业新变化的领导者。它们需要有流程和系统来销售和交付硬件、软件和服务包，并支持新的商业模式，如服务和订阅。此外，它们需要支持向直接销售渠道而非间接销售渠道的转变，以与客户建立长期关系。这要求它们重新构想整个生命周期中的客户参与度，并建立机制来应对与转变渠道策略相关的不断增加的交易量。它们可以通过简化和标准化整个价值链的流程来提高业务速度并采用将行业流程与最新云技术相结合的软件即服务（SaaS）解决方案来实现这一目标。

此外，在新冠肺炎疫情期间，主题专家（SME）的供应短缺。中小企业在购买过程的每一步都拥有重要的产品和领域知识，可以配置和建议解决方案来帮助客户和合作伙伴。数字电子商务加上引导式配置报价（CPQ）平台和智能推荐引擎可以解决这一短缺问题。这种智能商务解决方案将帮助科技公司以低接触的方式为其客户提供统一的体验。

10.2.3.4 云上的下一代数据架构

随着我们从这场危机中走出来，利用数据的力量获得实时可行的见解并创造新的收入流的科技公司获得了可持续的竞争优势。公司可以通过投资在云上使用高级数据分析和人工智能的面向未来的数据架构来产生可操作的见解。这将帮助公司在客户行为、潜在客户生成、需求预测、库存规划和优化、制造等领域获得情报，从而提高公司的收入和利润。

例如，制造质量保证过程是高度劳动密集型的、依赖专家的并且容易出错。此过程包括异常检测、缺陷关联和预测性维护，这些是实现最佳产量和盈利能力的关键。由于疫情造成的劳动力限制和不可用影响了许多半导体公司的制造吞吐量。科技公司应利用下一代数据平台处理制造过程中的大量数据，并利用人工智能模仿人类专家进行缺陷识别分类和根本原因分析。自动化将最大限度地减少由于劳动力短缺造成的中断，并将帮助公司提高制造质量检查过程的弹性，同时确保更高水平的缺陷检测准确性。

10.2.4 利用生态系统实现目标驱动的解决方案

作为数字化转型的一部分，公司需要超越自己制造的产品，专注于在智能互联的世界中为客户创造新体验。这将成为公司如何重新构想自己的强大驱动力，并将决定它们如何定义自己的目标。

科技公司需要通过在整个生态系统中编排服务来创建按需、高度可订制和端到端的解决方案。除了合作创建联合解决方案之外，公司还必须利用生态系统在设计到部署的整个生命周期中协作、共同创建和共同销售产品和服务。合作不仅会发生在网络技术和半导体公司、设备制造商和通信服务提供商之间，还会发生在传统技术生态系统之外的参与者之间，例如医疗设备制造商和汽车制造商。这些公司将联合起来为它们的客户提供端到端的解决方案和差异化的体验。通过数字平台实现的超链接生态系统将加速它们的创新并帮助它们为客户提供指数价值。

10.2.5 结论

虽然新冠肺炎疫情将以前所未有的方式影响行业，但除了在客户的数字化转型中产生重要影响外，它还为科技公司提供了重塑自我和加速转型的新机会。

当前的形势将使科技公司反思什么对它们来说最重要，它们真正的价值来源是什么。商业 4.0 心态将成为引导它们数字化转型之旅的灯塔，因为它们专注于加速产品创新、拥抱新的商业模式并为客户提供大规模个性化服务。

10.3　技术应用案例

10.3.1　英国政府利用大数据推动养老分析[①]

传统上，养老金领域的客户不得不费力地阅读行话和复杂的计划。毫无疑问，这是一种体验阻尼器。此外，在英国政府的自动注册计划之后，养老金提供者的成员基础显著扩大，但参与度严重不足。本部分探讨了养老金提供者如何通过强大的大数据分析策略显著提高参与度并建立牢固的关系。

10.3.1.1　当前的养老金格局

由于自动注册规定，英国养老金提供者正在见证新成员的激增。虽然这增加了会员基础，但它降低了供应商和会员之间的互动质量。在被雇主注册后，在选择提供商方面没有发言权，许多成员并不完全了解他们的钱去哪里了。虽然一些成员会激活或验证他们的账户，但他们可能仍然对基金中的小额余额不感兴趣，如此推断其退休收入相当低。此外，大多数养老金门户网站仅提供基本功能，进一步加剧了会员的不满。

通常情况下，会员无法在一个位置查看他们所有的养老金，并且必须通过多个提供商跟踪多个账户。因此，跟踪退休储蓄成为一项挑战，这进一步影响了他们有效规划未来的能力。这使得提款变得困难，因为成员们试图巩固底池，同时找出可能的最佳退休结果。

显然，尽管少数精通数字的养老金提供者做了一些出色的工作，但养老金计划的成员仍然是一群不参与和不满意的人。养老金提供者必须做的是建立以数字技术和强大的大数据分析框架为基础的创新参与模式。虽然更大的金融服务领域几年前就面临这个问题，并且已经成功解决了这些问题，但养老金领域在这方面还有一些工作要做。

[①]　作者团队的调研。

10.3.1.2　在养老金中建立创新的参与模式

为了提高养老金领域的参与度并以客户为中心，提供商除了实施数字创新来推动门户业务外，还需要利用数字技术和强大的大数据分析框架。要实现这一点，就需要专注于一些关键方面：

1. 拥有 720 度的视野。

养老金提供者必须专注于获得会员的 720 度视角，以了解他们的个人期望和需求。为此，除了可用的内部数据外，提供商还可以利用社交媒体平台来获取有关会员背景和重要生活事件的信息。高级分析框架可以从这些数据源中收集关键见解，以帮助提供商主动向会员提供建议并提供适合其个人情况的个性化服务。例如，当会员更新他们关于晋升的 LinkedIn 个人资料时，养老金提供者可以主动联系他们，提供建议，将他们增加的收入的一部分留作退休储蓄。详细的推断表明，额外 5% 的捐款可能对他们的最终退休金产生的影响可能会对成员如何处理他们新获得的收入产生巨大影响。这种相关建议将在推动参与和改善体验方面大有帮助。

2. 保护个人资料。

随着欧盟《通用数据保护条例》（GDPR）的生效，养老金提供者必须采取措施保护其成员的个人数据，以免造成巨大的惩罚性损害。提供者必须出于正确的原因而获得成员的同意才能使用其数据（社会数据以及内部系统中的数据）。考虑到现在可获得的大量数据，安全性至关重要。养老金提供商必须采用云服务来获得所需的必要可伸缩性、弹性和安全性。

10.3.1.3　实施数字增强功能以提高参与度

养老金门户网站不要求会员定期加入，而且会员经常流连忘返；一种吸引他们注意力的方法是通过数字渠道与他们互动。对会员喜欢如何参与（例如移动设备或台式机）的深入了解将有助于养老金提供者适当地制定其参与战略并整合正确的数字能力。例如，"千禧一代"可能更喜欢自助服务，而不愿人际互动。因此，养老金提供者必须着眼于注入操作性增强功能，例如游戏化和人工智能驱动的机器人聊天，以促进参与和推动成员行动。

1. 游戏化。

鉴于退休是一个遥远的事件，成员们通常对今天的储蓄不感兴趣。提供者可以使用游戏技术引入乐趣元素，并激励成员们增加贡献。可以利用游戏化技术为单个成员设置任务，并为完成任务提供适当的奖励；但是，应注意个性化任务以及奖励以吸引成员的注意。例如，如果社会分析表明会员定期来星巴克喝咖啡，则可以提供免费咖啡以增加退休金。这可以扩展到所有成员，从而在养老金领域实现大规模个性化。

提供者还可以利用游戏化技术引入一项功能，该功能允许成员们定义退休后的生活方式，并将其与他们根据当前"退休金池"的推算能够负担的生活方式进行对比。例如，如果某个成员当前住在一栋大房子中，拥有多辆豪华车，并且每年需要两次或三次国外假期。假设对他们目前的退休基金余额进行推断表明退休后他们可能不得不放弃异国假期和豪华车，而搬到一室公寓，这可能会促使他们为退休储蓄更多。通过确保将获得的见解用于为成员和提供者创造更好的结果，这将改善分析框架的投资回报率。

2. 聊天机器人。

聊天机器人可以用来解决老年成员查询的问题并改善服务结果。当前，许多养老金提供者仅在工作时间内提供查询服务支持，但是这种模式必须改变。可以部署聊天机器人来提供全天候的支持操作，而不是在非工作时间花费大量人力资源。这些机器人拥有可以利用的知识库，可以"学习"适当的响应以解决最常见的查询。机器人提供的知识库和响应应由操作员进行管理，以确保具有"人性化"的感觉。

3. 数字金融健康平台。

研究发现，财务状况不佳会影响员工的生产力并导致旷工。雇主越来越多地考虑包括财务健康计划在内的退休计划，以表明他们对员工财务状况的关注。退休基金提供商必须启动数字财务健康平台，以解决会员的个人财务问题并提高参与度。当前，财务计划通常是通过冗长的问卷调查表进行的，这些问卷调查表对会员不利。为此，养老金提供者可以使用机器人通过开放银行平台连接并利用所获得的见解来提供财务建议，从而分析会员的消费习惯。

我们相信，通过数字增强功能，使成员对自己的未来生活有更清晰的了解，将大大改善成员在养老金领域的参与度；最终，这将使成员被迫定期缴纳养老金。

10.3.1.4　展望未来

尽管自动注册在使人们加入退休金计划方面表现出色，但它还没有创造一个人们可以主动计划并为退休储蓄的环境。只有在遥远的将来，当会员年满 55 岁时，才能使用养老基金，这通常会导致人们对目前的高度不满。大多数人没有足够的储蓄来退休，我们认为养老金提供者必须积极地向会员指出这一点。我们认为，参与是使这种积极行动成为养老金领域规范的重要前提。敬业的会员将获得多项好处：

（1）全面了解其需求并可视化其未来财务状况。

（2）更好地了解退休金计划的运作方式以及退休后如何最佳利用积累的资金。

（3）通过现有关系，更容易进行验证，以方便快速获取其退休金信息。

养老金提供者也将受益：

（1）减少了验证查询，并且由于成员未更新其详细信息而降低了操作障碍，例如退回的帖子。

（2）交叉销售机会，涵盖会员的投资选择变化或购买其他产品。

（3）捐款增加可能会导致手续费收入增加，同时推高管理资产总额（AUM）

展望未来，数据分析将引领推动养老金领域的参与。为了获得竞争优势并保持领先地位，养老金提供者必须建立基于强大分析框架的数字参与模型。

10.3.2　区块链技术在跨境电子商务中的应用

随着各国收紧边界并加强监管，供应链的透明度比以往任何时候都更加重要。区块链是身份、信任、安全性和可见性的新守门人，它将彻底改变全球贸易运营，提高效率，同时减少时间和成本。

区块链可以应用于整个供应链的众多示例，包括货运跟踪、产品溯源、贸易文件共享、供应链金融等。考虑到收益的程度和示例的多样性，区块链在海关和边境服务中实施不是问题，而是何时实施。本部分着重介绍区块链物流在海关保税仓库业务领域的优势。

10.3.2.1　跨境贸易的增长：机遇与挑战

随着数字越来越成为吸引客户参与电子商务的方式，各国的零售商都在吸引海外的在线购物者，以分得更大的一块蛋糕。弗雷斯特研究公司（Forrester）预计跨境电子商务将超过国内增长，2017～2022 年的复合年增长率为 17%，而整体 B2C 电子商务的复合年增长率为 12%。① 这种跨境销售需要在到岸成本方面具有足够的竞争力，同时为买家提供丰富的交货选择和交货保证。然而，跨境电子商务物流中的一些限制阻碍了零售商更好地管理买家的期望。

一些限制因素包括：由于不同地区的物流服务提供商之间的合作关系，运输状态的可见性存在差距，较长的运输时间阻碍了与当地零售商的竞争力，以及不同的关税和税收增加了跨境电子产品的到岸成本。其他挑战包括：无法提供货到付款、退货和退税等增值服务；促进零售商和买家之间的安全支付；确保货物在运输途中的信任。

好消息是这些限制为物流服务提供商（LSP）提供了为跨境电子商务零售商提供差异化服务的机会。然而，实现这个机会取决于建立一个支持区块链的保税仓库服务框架，其中：

（1）零售商的产品由物流服务提供商以海关保函根据该国的预期销售额批量运往目的国家，物流服务提供商管理保税仓库中的库存直至其出售。

（2）收到在线购物者的销售订单后，将货物分装并交付。

在以下各节中，让我们深入探讨由区块链解决方案创造的机会。

10.3.2.2　了解海关保税仓库运营中的挑战

海关保税仓库是跨境贸易的重要实体。它们执行不同的功能，如图 10 - 2 所示。

---

① Grandview Research. Blockchain Technology Market Size Worth USD 7. 74 Billion By 2024 ［EB/OL］. https：//www. grandviewresearch. com/press-release/global-blockchaintechnology-market，2018.

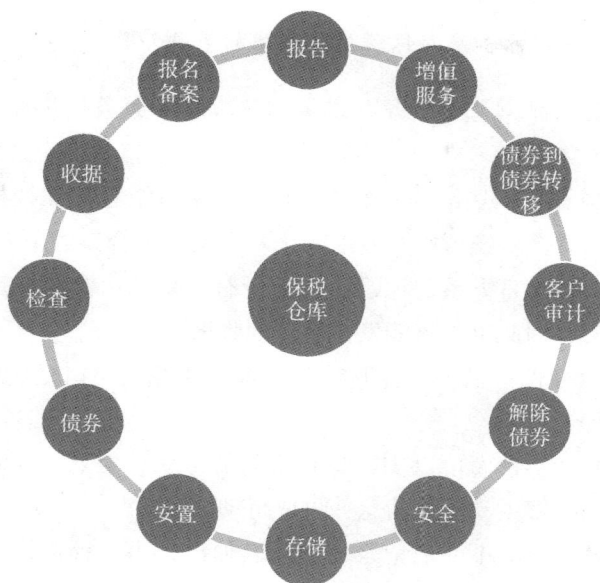

图 10 - 2　海关保税仓库的各种功能

　　但是，对于物流服务提供商（LSP）而言，跨越各种功能的过程通常会面临许多挑战。

　　（1）安全性：确保货物在存储和运输过程中的安全性。

　　（2）合规性和文件编制：维护准确的文件以供海关当局审核。例如，仓库进入、存储、转移、解除绑定、完税、损坏、清算/再制造、差异和遗弃。

　　（3）可见性：确保使用保税运输工具在保税仓库之间运输货物，从而在存储和运输过程中全面了解货物。

　　（4）欺诈：使用第三方海关保税仓库运营商的服务时增强可信度。

　　2014 年发生在中国的某金属骗局即使在今天也具有相关性。① 这是缺乏可见性和安全性如何导致仓库中的欺诈行为的一个例子，给交易员和银行家带来灾难性的影响。

———————

　　① Reuters. Qingdao Scandal Casts a Long Shadow over Metal Markets ［EB/OL］. https：//www. reuters. com/article/us-qingdao-metals-ahome/qingdao-scandalcasts-a-long-shadow-over-metal-markets-andy-home-idUSKBN0JW18620141218，2018.

10.3.2.3　区块链技术，应对保税仓库挑战的灵丹妙药

启用区块链的保税仓库服务可以帮助解决物流服务提供商（LSP）面临挑战的五种方法如下。

（1）减少欺诈：区块链的一个关键功能是将系统管理和授权分散到计算机网络。这意味着区块链可以有效地防止一个或几个合谋的个人超越控制权，或者非法更改或删除官方系统记录。由于所有文件均由参与共识机制的各方进行验证和核实，因此也不可能发行伪造的收据。

（2）提高合规性：以区块链平台为基础的 IT 系统可以轻松地遵守海关规则、法规和文件。

①海关官员和零售商可以实时看到货物的保税、检查、存储、拆解等交易，从而使他们能够主动分析信息并采取行动。

②在区块链中一成不变地记录动作及其输出，为监管机构创建了审计追踪以验证合规性。

③解除绑定过程完成后，智能合约可以用于支付关税，确保准确付款并减轻罚款和处罚。

（3）减少对账问题：区块链提供的可见性和共识有助于减轻各方之间的纠纷，包括与库存对账、征收的费用、服务水平协议、计费等有关的争执，从而显著减少时间和成本。

（4）提高安全性：区块链可以确保授权人员进入仓库以及存储中货物的安全。数字身份管理与固定在货盘上的标签或传感器相结合，可以确保仅授权人员访问，并且区块链平台会记录并警告任何对货物的篡改。

（5）提升客户体验：在大多数情况下，收货人将预估算的税款预付给托运人，很少支付已付的超额税款或将其退还。区块链为收货人提供了所有实际支付的费用和关税的可见性，为收货人创造了额外的价值。

10.3.2.4　边境的区块链是必经之路

区块链在实现透明度和不变性方面的潜力引起了企业和政府的关注。全球运输和物流巨头马士基最近与 IBM 成立了一家合资企业，以改善全球贸易

和数字化供应链。① 美国海关和边境保护局（CBP）成立了一个咨询委员会，以评估 14 个可以改善贸易的用例。② 使用机器学习（ML）解决方案对商品进行自动分类并将信息登录到区块链共享分类账中，可以轻松解决海关经纪人与 HTS 分类有关的争议。这将有助于减少报关行的误解，并为货物放行提供准确的视图。同样，各种贸易文件，如原产地证书、自由贸易协定、产品质量、许可证等，都可以在区块链上签发，以证明其真实性并减少文书工作。

在跨境贸易的效率如何与合规性齐头并进方面，区块链使思维发生了翻天覆地的变化。随着区块链从好奇阶段转向实验和概念验证阶段，物流服务提供商（LSP）是时候释放这种颠覆性技术的潜力了。

10.3.3　数字技术推动邮政企业的转型应用

随着全球各地的国家邮政运营商（NPO）进行放松管制和自由化，数字服务将在推动邮政组织更有意义的转型方面发挥关键作用。为了弥补其核心、高利润邮件业务量的下降，邮政组织正在寻找可以创造新业务途径的多元化机会和数字创新。

与此同时，中小企业（SME）正在寻找具有集成端到端数字平台的交付合作伙伴。它们可以利用其交付合作伙伴的网络、影响力和品牌价值来有效满足最终客户的要求。邮政公司和中小企业需求的独特融合为这两个实体创造了重要的机会，可以使用强大的数字平台加以利用。在本部分中，我们将讨论这种基于平台的解决方案的各个方面。

10.3.3.1　电商增长与邮量下滑的错位：抓住机遇

在过去五年左右的时间里，欧洲的电子商务业务显著增长。因此，包裹递送已成为整个业务领域的焦点。随着电子商务行业的蓬勃发展，包裹量只

---

① Maersk. Maersk and IBM to Form Joint Venture Applying Blockchain to Improve Global Trade and Digitise Supply Chains，（January 2018）［EB/OL］. https：//www. maersk. com/press/press-release-archive/maersk-and-ibm-to-formjoint-venture，2018.

② CCN. US Customs and Border Protection Discovers 14 Blockchain Use Cases［EB/OL］. https：//www. ccn. com/us-customs-and-border-protection-is-looking-into-theapplicability-of-the-blockchain/，2018.

会增加。这为包括邮政公司在内的包裹递送运营商提供了大量机会。这适用于西欧、北欧以及亚太地区。然而，在利基物流公司以及电子商务公司建立的交付网络的激烈竞争中，邮政公司尚未在这一领域立足。

这就提出了一些棘手的问题。在这种情况下，邮政公司如何成长？它们如何利用数字技术在这个竞争激烈的市场中脱颖而出？对于邮政公司来说，一个明显的机会是满足尚未开发和服务不足的中小企业电子商务市场的需求。通过一系列基于价值的产品，邮政公司可以将目标锁定在中小企业上，以推动更高的交付量并扩大其服务组合（见图 10-3）。

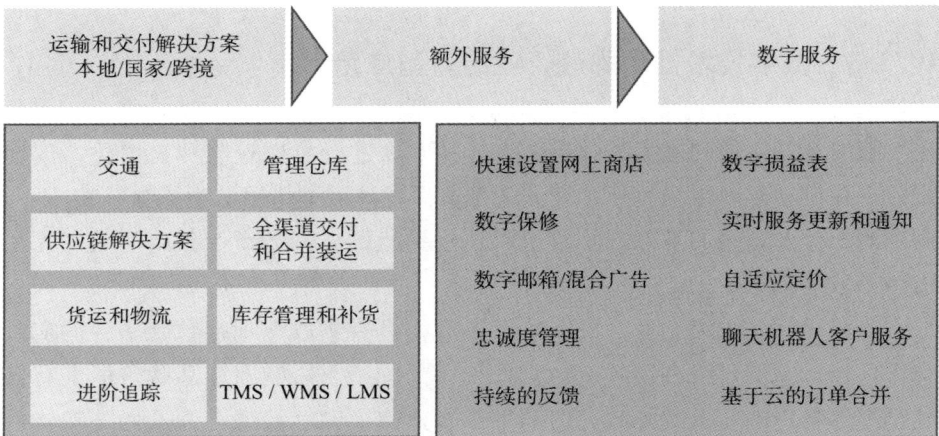

运输和交付解决方案 本地/国家/跨境		额外服务	数字服务
交通	管理仓库	快速设置网上商店　数字损益表	
供应链解决方案	全渠道交付和合并装运	数字保修　实时服务更新和通知	
货运和物流	库存管理和补货	数字邮箱/混合广告　自适应定价	
进阶追踪	TMS / WMS / LMS	忠诚度管理　聊天机器人客户服务	
		持续的反馈　基于云的订单合并	

图 10-3　邮政企业作为中小企业的数字合作伙伴的角色的演变

理想情况下，拥有最大网络的物流公司也应运载最大数量的货物。但是，对于通常具有大型网络的邮政组织而言，这不是现实。那么，邮政公司要赢得包裹交付业务将需要什么呢？必须针对未充分利用的资产和资源（例如交付网络、仓库、枢纽、码头、车辆和业务通信员）提高利用率。开发独特的、不可复制的解决方案，以与既定参与者抗衡，这也将有助于这一事业。最后，推出对中小企业有利的产品和服务可以帮助邮政公司从这个服务不足的市场中抢占一席之地。关键的中小企业市场的深度和广度为邮政公司提供了巨大的机遇。仅在北欧地区，就有约 99.8% [1]的企业（挪威 99.8%、丹麦 99.7%、瑞典 99.8% 和芬兰 99.7%）被归类为中小企业，该地区拥有 200 万中小企业的市场。比利时和新西兰的相似数字分别为 99.8% [2]和 95% [3]。地方政府认为中小企业在国家建设中将发挥关键作用，这通常会转化为有利于增强这些企业能力的政策。市场上存在各种各样的中小企业（见表 10 - 2），邮政公司需要满足这一多样化的要求。

表 10 - 2　　　　　　　　　跨地区的关键中小型企业类别

国家和地区	种类 1	种类 2	种类 3	种类 4
北欧	机器部件；汽车零部件	一般商品；体育用品	服饰；配件；家具；玩具	全渠道电子休闲用品
比利时	机械设备	运输设备	化学品	食品
澳大利亚	电信设备及零部件配套服务	体育器材	化妆品和服装；老人护理和卫生保健	奢侈品；配件；手表；珠宝
新西兰	机械	水果和食品	个人护理产品	服装；鞋类美容

10.3.3.2　中小企业在成长历程中面临的挑战

中小企业在将产品和服务推向国内外市场时面临着若干挑战。客户的信任是有限的，它们需要可信赖的品牌的支持以提供物流支持。它们需要针对

---

① Eurostat. Statistics on Small and Medium – Sized Enterprises（September 2015）［EB/OL］. http：//ec. europa. eu/eurostat/statistics-explained/index. php/Statistics _ on _ small _ and _ medium-sized _ enterprises，2017.

② Eurostat. 2015 SBA Fact Sheet（September 2015）［EB/OL］. http：//ec. europa. eu/DocsRoom/documents/16344/attachments/3/translations/en/.../native，2017.

③ Ministry of Business Innovation and Employment of New Zealand，Small Businesses in New Zealand（May 2016）［EB/OL］. http：//www. mbie. govt. nz/info-services/business/business-growth-agenda/sectors-reports-series/pdf-image-library/the-smallbusiness-sector-report-and-factsheet/small-business-factsheet-2016. pdf，2017.

其产品、定价和消费者策略采用行业最佳实践。一站式的运输管理，供应链、物流、履约、咨询和商业支持可以大大缓解它们的组织挑战。物流合作伙伴应有能力为全国网络提供服务，并提供进入跨境运输和海外市场的通道。

使用电子商务市场及其相关的交付网络对两者来说都不是一件容易的事。由于对市场的依赖，中小企业的品牌被稀释。客户对市场的忠诚不可避免地使中小企业变得脆弱。它们可能会在现有平台上被低估和边缘化。虽然它们的产品很容易被复制的威胁是真实存在的，但访问平台的费用在本质上也令人望而却步。此外，与大卖家不同，平台上未经审核的负面反馈会显著影响新进入者。卖方政策的复杂性通常有利于买方，并使中小企业处于不利地位。最重要的是，大多数市场平台的设计都针对零售消费者而非卖家进行了优化。中小企业还面临着此类市场上销量低于预期和品牌认知度低的挑战。

10.3.3.3 为中小型企业设计下一代数字平台

邮政公司的机会在于提供下一代数字平台，以解决中小企业在转型过程中面临的关键业务挑战，并为数字时代做好准备（见图 10-4）。这样的解决方案可以帮助邮政组织使用快速实施的端到端 IT 平台将数字功能和辅助服务扩展到中小企业及其客户。

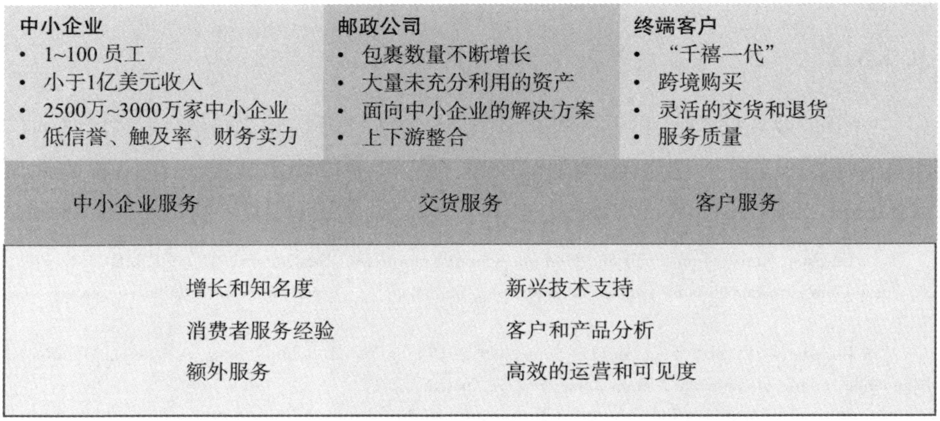

中小企业	邮政公司	终端客户
• 1~100 员工 • 小于1亿美元收入 • 2500万~3000万家中小企业 • 低信誉、触及率、财务实力	• 包裹数量不断增长 • 大量未充分利用的资产 • 面向中小企业的解决方案 • 上下游整合	• "千禧一代" • 跨境购买 • 灵活的交货和退货 • 服务质量
中小企业服务	交货服务	客户服务
增长和知名度 消费者服务经验 额外服务	新兴技术支持 客户和产品分析 高效的运营和可见度	

图 10-4 邮政企业为中小企业服务的新可能性

该平台可以设计为支持创新的数字服务，包括数字保修、订单合并、忠诚度管理、数字地址和其他解决方案，从而扩大服务范围。它还可以进行推送实时更新，并从客户那里收到有关产品、服务和功能的持续反馈。

这种平台的关键功能可能包括近实时发布实时价格，并通过物理和数字渠道向客户发送混合营销通信的功能（见图 10 - 5）。本质上，这样的平台将通过个性化和订制的客户联系计划为中小企业的最终客户提供个性化的体验。

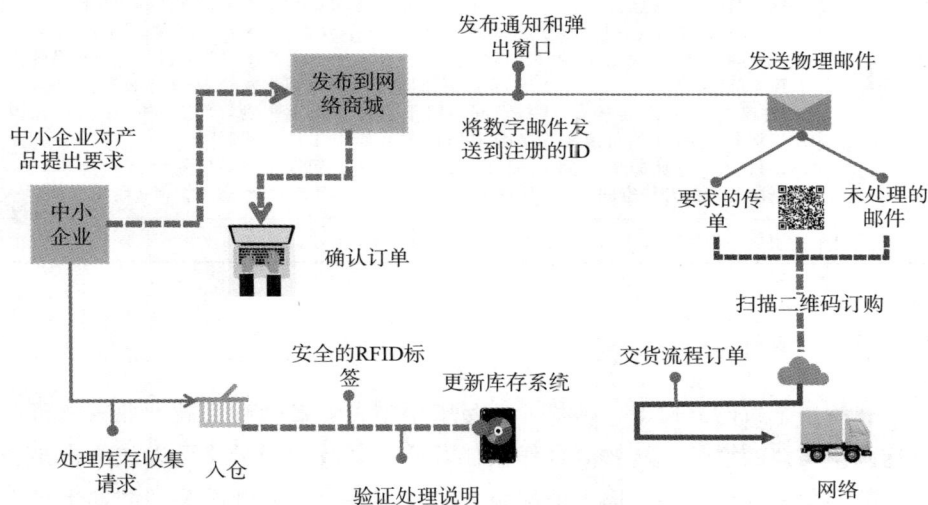

图 10 - 5　通过整合物理和数字服务的数字包裹解决方案的工作方式

该解决方案的功能可以根据中小企业的行业细分而变化。表 10 - 3 列出了针对不同类别的中小企业可以纳入解决方案的一些可能的服务。

表 10 - 3　　可以纳入针对不同类别的 SME 的解决方案的服务

项目	情况 1	情况 2	情况 3
行业类别	汽车零部件制造商	化学品制造商	服装制造商
中小企业说明	在线汽车配件零售商	化学品制造商	无品牌服装的合同制造商

续表

项目	情况 1	情况 2	情况 3
规模	小型	中型	小型
产品	减震器、顶杆支座、螺旋弹簧、手闸瓦、线传感器、电缆、恒温器、点火线圈和清洗泵	基础金属、橡胶和塑料零件	男女皆宜的服装，冬季服装及配件，工业制服和安全服，服装面料
服务	• 交货：隔夜交货，包括特殊交货到故障地点 • 托管仓库服务：用于存放库存和库存管理服务的仓库空间 • 快速的网上商店服务：用于促销产品（如可复制的组件）和专业服务（如维修服务）的在线空间	• 仓库服务：在线解决方案，用于为化学品和处理说明划定单独的存放区；共享仓库 • 网上快速商店服务：在线空间，用于宣传自有品牌的家用耗材，如防水产品，以及专业服务，如建筑物清洁服务	• 电子履行服务：产成品库存管理、提货和包装 • 品牌服务：根据订单要求对服装进行包装和品牌化 • 产品分类服务：产品列表、产品分析、产品生命周期管理 • 客户分析 • 海关管理：跨境退货
服务模式	使用数字功能进行产品交付，物流和专业服务促销		

10.3.3.4　展望未来

在数字平台的支持下，邮政公司与中小型企业之间的互利商业关系将促进这两个实体的增长。从物流合作伙伴开始，邮政公司最终可以成为中小企业的数字化推动者。一个提供详尽服务的数字平台将使邮政公司能够满足中小企业的各种需求。这样，邮政组织可以在市场中独树一帜，扩展其现有的交付能力，并在将来进一步为中小企业开发创新的数字服务。

10.3.4　云计算正在推动商业模式变革

2007 年夏天，27 岁的谷歌工程师克里斯托夫·比希利亚将一份云计划的报告摆在总裁施密特的案头，9 个月前发端于教育领域的 Google 101 项目，已发展成为一个战略级计划——云计划。施密特敏锐地意识到，这项计划将创造一个重构世界的机会，开放、免费和随时随地将成为这个新世界的主要特征。随后 4 年的发展，证明了施密特的敏锐。① 云计算果然开始在全球各地、各行业一朵朵地浮显，虽然分散，但足以引起注意。

10.3.4.1 云计算与传统的互联网技术相比有什么不同

云计算和传统技术的重大区别是，它能够把各种业务相关的上下游企业及顾客整合到一个基于云的统一应用、信息共享的虚拟化商业平台上，甚至实现跨行业的信息整合，从而实现外部经营模式的创新，协同业务伙伴共同创造竞争蓝海。云计算带来的商业变革体现在四个方面：第一，云计算解决方案提供了模块化部署和按需租赁的灵活应用模式。第二，投资支出的大量减少，降低企业行为及项目的风险溢价，可以让用户从容投入新的实验，降低了创业成本与经营失败的成本。第三，自助服务。通过一个简单的网络门户，而非繁复的 IT 采购、审批、部署、维护链，来配置各种应用与服务，这使得企业真的能够"一蹴而就"地实现既定目标。第四，降低复杂性。长期以来，复杂性一直阻碍着 IT 创新。但"云 + 端""软件 + 服务"的模式则大大简化了新的应用程序编写流程，并让全球用户能随时随地通过各种终端访问云中的资源。

10.3.4.2 云计算似乎是革命性的技术，那么，它将给商业带来哪些变化

1. 云计算推动 IT 产业分工由垂直、水平走向矩阵式。

IT 产业从最早期大型机、小型机时代的"卖盒子"式的封闭而垂直，发展到 PC 时代微软开创全新的软件商业模式后，变成了不同企业有各自专攻，这是横向开放。在接下来的五年里，云计算将催生矩阵式的分工。以微软为例，微软提供包括 IaaS（基础设施即服务，如芝加哥云计算数据中心）、PaaS（平台即服务，如 Windows Azure 云计算平台）、SaaS（软件即服务）在内的垂直方案与服务，同时微软也提供包括 Windows、Office、Xbox、Kinect、Windows Phone 7 等软件、硬件和互联网服务在内的横向产品。简而言之，就是在"云和端"两个领域，都能提供"软件、硬件、服务"任选的灵活方案。

---

① 晓忆. 云计算驱动商业变革［EB/OL］. http：//www. ceconline. com/ARTP_8800062417_170000_MA. HTM，2011－08－01.

　　云计算可以让 IT 部门成为推动企业盈利的发动机。充分利用云计算，首库信息官（CIO）可以将 IT 部门由一个传统的运营支持、设备维护的后台服务部门和成本中心转型为一个推动企业业务发展的创新中心，并通过 IT 整合能力做数据挖掘，在正确的时间把正确的数据提供给正确的业务部门或领导，以做出正确的决策，推出正确的产品到一个正确的市场，成为企业步入蓝海经营的利润发动机。

　　云计算对企业的运营会产生直接的改变。企业首先可以考虑如何使用云计算，减少服务客户的成本。其次可以帮助客户提供更优质的服务，比如客户可以随时登录云端，实时解决一些问题。研华公司将来会把服务客户的资讯记录并储存在云端。公司用户只要登录云端，就可以下载研华公司最新的软件，公司通过后台，可以实时看到销售、下载的情况。

　　例如，微软的商业模式并非一成不变，从最初售卖 Dos、Office 和 Windows 的许可，到提供包括 MSN、Hotmail、Bing 和广告平台等在线服务，再到云计算场景下的 IaaS（如芝加哥云计算数据中心）、PaaS（如 Azure 平台）、SaaS（如 Office 365）。微软已经从全球最大的计算机软件提供商转型成为全球五大云计算公司之一。

　　云计算对 IBM 公司的商业模式影响体现在三个方面：第一，IBM 已经把内部的许多服务转移到云平台上，员工可以随时随地工作访问各种业务系统，提高业务流程效率。每天都有上万的员工使用云平台，这个系统保证数据一致性，对我们做各种分析提供便利。第二，降低运营成本，因为通过云计算提高计算力，不需要许多的设备和场地投入。第三，基于现有的云技术，可以提供更加有竞争力的产品和安全服务。IBM 在美国推出公有云，在全球建立了 6~7 个数据中心，所有数据中心的管理可以通过一个总数据中心来实现，成本大大降低。这使我们提供给客户的云端产品，如一个虚拟主机的价格可以低到 10 美分/小时，而普通客户的可靠程度可以达到 99.5%。

　　2. 云计算在其他行业的运用，技术和业务的融合。

　　金融企业希望云计算方案可以帮助它们缩短新金融产品推向市场的时间。IBM 等 IT 公司提供的开发测试云，可以帮助企业缩短开发测试周期，节省开发资源，提高客户的开发质量。近期，一家银行使用 IBM 提供的开发测试云计算方案，原定 18 个月完成的项目已经提前到 8 个月内完成，新产品推出时间明显缩短。

在金融行业，银行能通过云计算更好地为在电子商务平台上的网店和小企业提供小额贷款，提高中间业务；更好地发展三、四线城市的中小企业的贷款业务，摆脱现在的把贷款批发给当地商业银行的模式；银行可以通过云计算平台介入流通业提高短期拆借业务和贴现业务；更好地发展移动银行业务等。同时银行又可以有手段管理和监管这些放贷，更好地跟踪企业的健康经营状况，防范潜在的风险。

例如，国内某服装零售企业在全国有几千家门店，它们的问题是加盟店的管理往往跟不上直营店。现在它们正在 CCIC 的协助下，通过云计算把整个公司的 IT 转型为服务，不仅让加盟店初期在管理上的成本变得经济，还能进一步提供多种细分服务，例如供应链管理等。如今这家企业已经有几百家门店开始使用上述服务，它的成功甚至可以推动整个零售连锁业务模式的转型。

另一类 CCIC 的合作伙伴是独立软件开发商（ISV）。软件开发商部署软件的传统方式需要完成大量客户现场的系统集成和部署工作，在人力和物力上极具挑战。我们的客户正尝试将一款服务中小企业的管理软件迁移到 Windows Azure 平台上，以实现最大限度地减少进入海外市场和国内边远地区市场的成本。

参考文献

［1］ 白云朴．"工业4.0"时代下未来我国商业模式创新方向的思考［J］．通信管理与技术，2015（1）：46 – 49.

［2］ 曹毓飞．我国保险业数字化转型发展趋势［J］．中国保险，2021（3）：13 – 16.

［3］ 陈初．谈旅游酒店的个性化服务［J］．旅游纵览（下半月），2014（24）：108，110.

［4］ 程宏亮．数据驱动助推智能制造转型升级［J］．软件和集成电路，2021（5）：72 – 73.

［5］ 程楠．数字化医疗［J］．数字生活，2001（3）：35 – 35.

［6］ 程琬清，孙明春．人工智能技术在金融业的应用与挑战［J］．现代金融导刊，2021（2）：7 – 13.

［7］ Dean J．大数据挖掘与机器学习：工业4.0时代重塑商业价值［M］．林清怡，译．北京：人民邮电出版社，2015.

［8］ 邓宇．后疫情期智能化网点发展困境与数字银行创新［J］．银行家，2020（6）：121 – 124.

［9］ Gartner．Gartner 公布将模糊人机界限的五大新兴科技趋势［J］．智能制造，2018（9）：26 – 27.

［10］ 黄舜．金融科技在金融风险管理中的应用探析［J］．商场现代化，2020（10）：94 – 96.

［11］ 纪瑞朴．5G时代商业银行的挑战与变革［J］．银行家，2021（1）：64 – 68.

［12］金莫涵．人工智能在金融领域的应用研究［D］．长春：吉林财经大学，
     2019．

［13］李鸿磊．工业4.0时代商业模式的特征与趋势［J］．现代管理科学，
     2017（5）：58－60．

［14］李南平．重新思考医疗/保健生态系统中生命科学公司的角色［C］．
     2012弗戈制药工程国际论坛，2012．

［15］李伟．金融科技创新与发展研究［J］．金融电子化，2018（8）：12－13．

［16］李伟．中国金融科技发展报告（2020）［M］．北京：社会科学文献出版
     社，2020．

［17］梁宇亮．商业模式4.0［M］．北京：人民邮电出版社，2018．

［18］廖素琴．组织惯性视角下分布式领导与开放式创新对商业模式创新的
     影响研究［D］．合肥：中国科学技术大学，2019．

［19］林克亮，杨子芃，林世杰，等．精准医疗未来发展之大趋势［J］．台湾
     医检杂志，2017，32（4）：25－37．

［20］林喆．"互联网＋"成就航空运输新机遇［J］．大飞机，2015（4）：
     65－67．

［21］刘力，张哲宇，何大勇．金融科技赋能商业银行合规智能化转型策略
     研究［J］．上海金融，2019（6）：84－87．

［22］刘曦子．大数据能力影响互联网金融平台企业竞争优势机理研究［D］．
     北京：对外经济贸易大学，2018．

［23］卢阳光．面向智能制造的数字孪生工厂构建方法与应用［D］．大连：
     大连理工大学，2020．

［24］马晓宝，徐杰．大数据＋云计算＋人工智能背景下"物逐人"商业模
     式的探究［J］．科技风，2019（29）：90．

［25］门冲．物联网时代下航空企业信息化发展［J］．电子技术与软件工程，
     2017（11）：214．

［26］闵庆飞，刘志勇．人工智能：技术、商业与社会［M］．北京：机械工
     业出版社，2021．

［27］屈丽丽．新商业模式决定"人人都是CEO" 2015新海尔无边界［J］．
     商学院，2015（2）：60－62．

[28] 石丹. 大数据驱动商业 + 工业 4.0 [J]. 商学院, 2015 (Z1): 82 - 84.

[29] 苏越. 基于敏捷方法的智慧研发管理体系研究 [D]. 北京: 北京交通大学, 2020.

[30] 王东华, 葛静燕. 智能商业时代的敏捷战略框架 [J]. 企业管理, 2020 (10): 117 - 119.

[31] 王栋. 云计算环境下运营商商业模式的创新策略 [J]. 数字通信世界, 2019 (1): 154.

[32] 王雄. 云计算改变商业模式的途径 [J]. 计算机与网络, 2019, 45 (7): 47.

[33] 危昱萍. 德国工业 4.0 七年: "数字化双胞胎" 催生数据商业新模式 [J]. 中国中小企业, 2018 (6): 63 - 65.

[34] 魏炜, 朱武祥, 林桂平. 设计共生体: 为你的 "利益相关者" 设计商业模式 [J]. 深圳特区科技, 2013 (1): 64 - 75.

[35] 吴宁川. 一文了解下一代云计算模式: Docker 正掀起个性化商业革命 [J]. 电脑与电信, 2016 (5): 1 - 4.

[36] 谢运博. 保险公司数字科技化转型的实践与启示 [J]. 特区经济, 2019 (1): 149 - 151.

[37] 熊励. 网络协同商务链的理论与方法研究 [D]. 杭州: 浙江大学, 2002.

[38] 杨涛. 对人工智能在金融领域应用的思考 [J]. 国际金融, 2016 (12): 24 - 27.

[39] 杨文斌. 人工智能在金融领域中的应用分析 [J]. 金融科技时代, 2017 (12): 32 - 35.

[40] 杨永芳, 张艳, 李胜. 新零售背景下实体零售数字化转型及业态创新路径研究 [J]. 商业经济研究, 2020 (17): 33 - 36.

[41] 于东智, 夏小飞. 银行数字化转型思考 [J]. 中国金融, 2021 (4): 45 - 47.

[42] 于建彬, 邱轲. 智能化转型背景下提升现金服务的路径选择 [J]. 金融发展研究, 2020 (8): 82 - 85.

[43] 袁丽洁, 李莉. 旅游酒店个性化服务探讨 [J]. 东方企业文化, 2018

（S1）：221.

［44］袁征. 电信运营商对智能数据终端行业应用的商业模式创新研究［D］. 北京：北京邮电大学，2012.

［45］曾鸣. 智能商业［M］. 北京：中信出版社，2018.

［46］张超，李慧. 物联网技术在国内航空制造业的应用［J］. 航空制造技术，2012（Z1）：96－99.

［47］张敬文. 智能商业：从模式变革到战略组织管理［J］. 行政与法，2020（6）：32－40.

［48］张书乐. 人工智能＋金融的几道"坎"［J］. 金融博览，2017（4）：50－52.

［49］张宇摘. 个性化医药对医疗保健服务产生重大影响［J］. 国外药讯，2008（10）：40.

［50］张允. 论航空公司商业模式：面向"新零售"的价值链重构［J］. 民航学报，2019（2）：1－6.

［51］赵延博. 基于敏捷方法的商业智能系统的研究与实现［D］. 广州：华南理工大学，2012.

［52］周逢民. 走近金融科技［M］. 北京：中国金融出版社，2019.

［53］周庭锐. 商业4.0，你准备好了吗？［J］. 商学院，2015（2）：57－58.

［54］朱烨东. 中国金融科技发展的现状与趋势［J］. 金融博览，2020（2）：11－13.

［55］Zook C，Allen C. Repeatability：Build Enduring Businesses for a World of Constant Change［M］. Boston：Harvard Business Review Press，2012.